U0934401

中国青年政治学院新闻与传播系系列学术论坛

Media Convergence

Media Convergence

Background

News Report

黄楚新 主编

媒介融合背景下的新闻报道

Media Convergence Background News Report

ZHEJIANG UNIVERSITY PRESS
浙江大学出版社

目 录

媒介融合与新闻传播教育

媒介融合与新闻报道

序

“媒介融合”是现今传媒学界和业界最热的话题之一，中国青年政治学院新闻与传播系一贯重视学科的前沿热点研究，因为热点研究带有启示作用，常常有力地推动学科整体的发展。所以我们举办了“媒介融合背景下的新闻报道学术研讨会”。

第一届研讨会是从新闻业务整合角度展开的研究，这些研究包括：媒介融合案例介绍与分析、媒介融合过程的分析、媒介融合实现的现实条件、媒介融合策略研究、媒介融合的规制政策调整、媒介融合研究的难点与问题等。将新闻报道放在媒介融合大环境下进行研究是首届研讨会的初始意图。今后每年召开一次研讨会，研究视角和范围会扩大，比如从媒介所有权融合角度展开研究、从技术融合角度展开研究、从媒介融合功能及影响方面展开研究。也准备进行跨学科的交叉研究，比如：在传播学和社会学、心理学、教育学等多学科的广阔视野下，探讨媒介对青少年发展的影响、媒介融合背景下的新闻传播教育等。

考察以往“媒介融合”的研究成果，可以发现国内近些年的研究有这么几种。一是介绍西方传媒业融合的现象。2003年，美国西北大学教授戈登便归纳了美国当时存在的五种“媒介融合”的类型：所有权融合、策略性融合、结构性融合、信息采集融合、新闻表达融合。学者戴默等人提出了“融合连续统一体”的概念，界定了“融合新闻”的几种模式，包括交互推广、克隆、合竞、内容分享和融合五个方面。二是对中国媒介融合的实践给予关注与探索。蔡雯在《媒介融合前景下的新闻传播变革与新闻教育改革》中指出，新闻传播将在三方面发生变革：新闻信源结构与新闻传播主体、新闻媒介组织结构与工作流程和新闻载体性能与新闻传播方式。汶川地震中，受众拍摄的画面，成为电视媒介不可多得的一手资料。“媒介融合”使得传者和受众的界限变得模糊，互动成为新媒体传播过程中的一大特点。三是对媒介融合概念及内涵进行界定。“媒介融合”是新兴事物，对其进行研究时，首先面临的问题就是界定此概念的内涵和外延。但令人遗憾的是，迄今为止，中外学界对于“媒介融合”概念仍未形成一个公认的界定。目前，为国内学界所熟识的是由美国西北大学教授 Rich Gordon 和美国鲍尔州立大学学者 Lori Demo 分别归纳的两种关于“融合新闻”类型的界定。国内学者对此概念界定尚停留在“描述”状态。

探索、描述和解释是我们研究“媒介融合”的目的，当研究者接触他感到陌生的议题，或议题本身比较新时，总要先提供对议题的初步认识。随着认识的深入，研究不可能再停留于对国外媒介融合理论的评述、对国内媒介融合实践的描述上。科学研究始于观察，但最终需要对所观察到的事物进行解释，需要采用某种方法解释，比如社会学的方法、传播心理学的方法。分析角度或研究方法与众不同，才会有新的观点，对世人和学科才有启迪作用。这也是中国青年政治学院新闻与传播系召开研讨会的目的。

会前，大会组委会面向海内外新闻传播学界、业界致力于“媒介融合”研究的专家学者征集了论文，与会代表也提交了不少高质量的论文。现将本届大会的优秀论文编辑成册，抛砖引玉，希望下届研讨会提交的论文研究视角更广、研究方法更多、理论探索更深入。

“媒介融合”研究在业界正如火如荼地展开，但还需要把轰轰烈烈变成扎扎实实的研究，学理研究更待增强。“一夫善射，百夫决拾”，我们很愿意搭个平台，让研究者和实践者来进行对话，各自畅所欲言；希望学术界与业界的碰撞能擦出火花，相互得到启发。我们每个人都有自己的知识构成，也有自己更熟悉的媒体或研究领域，对话可以开阔我们的视野，拓展我们的视角。相信经过一年一度研讨会的不懈努力，围绕媒介融合的研究一定会更加深入。

戚　鸣

媒介融合与传媒发展 >>>

传统新闻界面临的十大挑战及对策分析

李希光*

今天，全球的新闻界都生活在一个网络媒体和数字媒体给传统新闻界带来巨大挑战的时代。

一、传统新闻界面临的挑战

挑战1:很多城市将会成为没有报纸的城市

由于报纸运行成本越来越高，在今后5年或10年后，很多城市将会成为没有报纸的城市。据报道，芝加哥已成为第一个没有报纸的城市，旧金山很可能成为第二个没有报纸的城市，巴尔的摩也快变成了没有报纸的城市。很多获得过普利策奖的新闻记者失业或被解雇了。据报道，2009年，《巴尔的摩太阳报》记者总数从400人裁减到150人，《费城问询报》600名记者裁减到300人，《旧金山纪事报》500名记者减少到200人，《洛杉矶时报》1100名记者减少到600人。报纸倒闭的主要原因有多种，一者记者采访费用、工资稿费高；二者纸张成本和发行成本高；三者报纸本来就是为城市居民服务的，而城市居民逐渐往效区迁移。拿北京来讲，本地的居民越来越多搬往郊区住，住在城里的越来越多的是外来流动人口。外来人口本身不被广告商看好。国外这些主流报纸大幅度裁减记者，裁减的是驻首都的记者、驻州府的记者、政府事务记者、经济新闻记者、科学与健康记者。而这些记者正是报道重大主题新闻的记者。没有这些记者的结果是什么？人们将不知道政府大楼里、中南海里、京西宾馆里、人民大会堂里发生了什么。

---

* 作者系清华大学新闻与传播学院常务副院长。

挑战 2:传统媒体的新闻不再准确和真实

美国皮尤研究所 2009 年 9 月发布的《新闻准确性跌入低谷——1985—2009 美国新闻媒体公共评估》报告中有两张图①。图 1 显示的是美国大众获取国内和国际新闻源的调查结果。其中上方曲线是电视、下方曲线是互联网、中间曲线是报纸。这张图显示,电视在走下坡路,报纸也在走下坡路,而互联网蒸蒸日上。随着互联网的发展,新闻界是在进步还是在退步?回答这个问题要从新闻学最基本的价值观角度来看。新闻的基本价值观中,最重要的要素是新闻报道的准确性。新闻准确性是指新闻报道不带个人感情,不带个人观点,直接陈述事实。但是图 2 显示,新闻界的职业和道德底线在退步,在大幅度滑坡。图 2 中的上方曲线是记者对新闻事实的直接展示,下方曲线指的是把事件的对立双方对事件的观点对称地展现出来。这张图显示,新闻界在这两方面的表现都在大幅度地下滑。

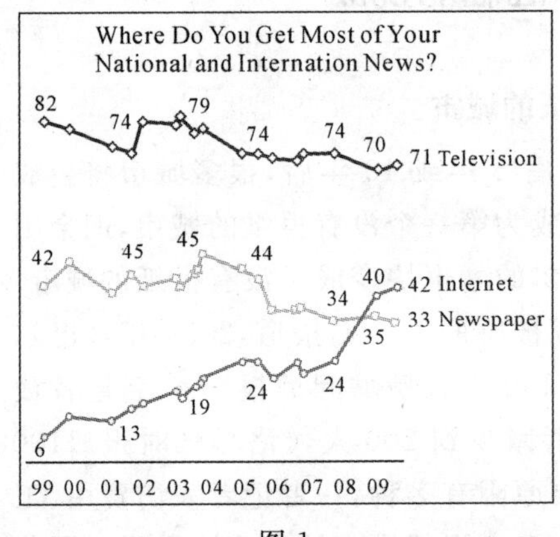

图 1

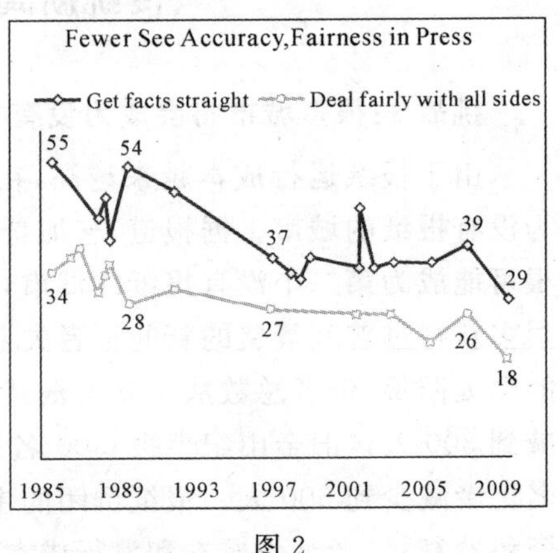

图 2

挑战 3:新闻制作和传播的个人化

今天的媒体是由这样几个部分构成的:网站,博客,社交媒体,图像、文字、声音,观点、新闻、信息(见图 3)。这种数字化的网络传播带来的信息更多的是个人化的:个人的观察、个人的活动、个人的观点和个人的信息。与当今新闻界最大的不同是,传统媒体的记者编辑要经过新闻学院学习或新闻媒体的编辑培训后,方可成为合格的记者。传统媒体的记者编辑是公共信息的守门员,有一套职业的操守和做法。而今天的传播活动更多的是个

① *Public Evaluations of the News Media*: *1985—2009*, Pew Research Center, Sept. 12,2009.

人化的。在这样的媒介环境里，人们获得信息有点像在垃圾堆里寻找有用的和有价值的东西。我不是说垃圾就是没用的，我是指人类进入了信息垃圾社会。当然，在垃圾里也可以捡到知识性的信息。当知识升华，就有可能会变成智慧。

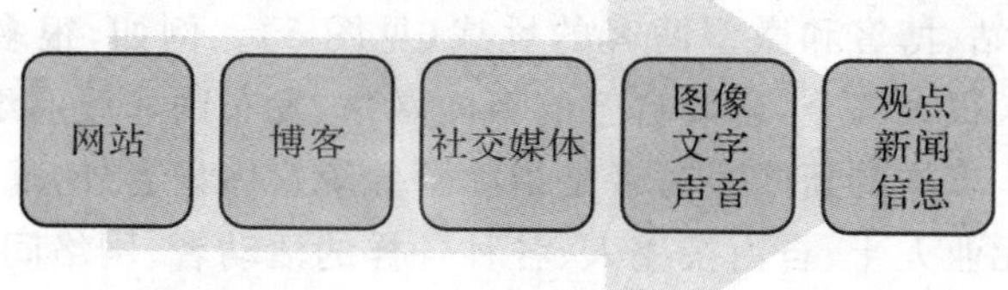

图 3

为新媒体服务的网络新闻写手不同于传统媒体的记者编辑。传统媒体的记者编辑像医院的医生，记者是一种职业。但是，网络世界里的记者不再是一种职业，谁都可以随时随地当记者、发布新闻。记者可能是在校大中学生、待业青年、民工、记者、学者、官员、公关公司雇员、各种各样的活动者和各种各样的政治经济利益集团的代言人和私人博客。其中最重要的网络传播应该是博客空间的新闻传播，包括 2009 年兴起的微博空间的新闻传播。

这样一个兴旺发达、蒸蒸日上的新媒体传播给传统媒体带来了巨大的冲击，甚至开始引发传统媒体大众新闻传播体系的崩溃。具体体现为有线电视、数字媒体带来的小众化正在摧毁由广告支撑的大众新闻传播体系（见图 4）。《华盛顿邮报》最近把全美国的记者站都关闭了，下一步可能要关闭海外记者站。传统媒体记者队伍的削减和记者站的关闭，意味着传统媒体在新闻传播市场份额的减少，传统媒体的新闻版面和新闻时段将越来越少。

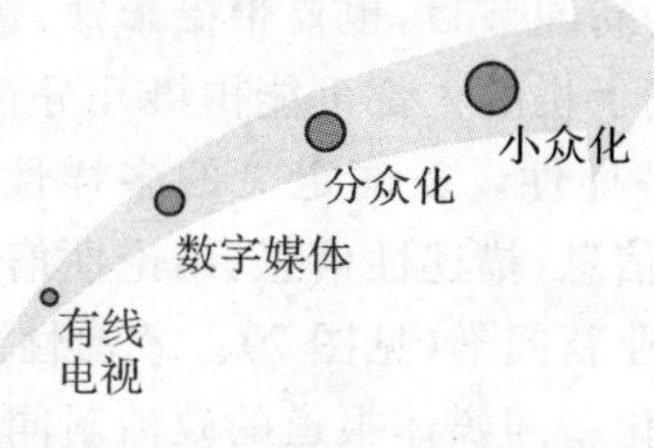

图 4

一个崭新的新闻传播景观诞生了——多样的新闻采写者、多样的新闻定义、多样的新闻形式、多样的新闻出口、多样的新闻采集者和多样的新闻节奏。

挑战 4:多样的新闻采写者

传统媒体网站的新闻传播正在面临来自政府网站、非政府网站、基金会网站、个人网站、博客和微型博客的挑战(见图 5)。例如,很多非政府组织和基金会投入很大资金,建设自己的新闻网站,发布跟非政府组织和基金会有关的信息。多样的新闻采写者是指除了传统媒体记者外,现在很多学者、官员、学生、无业人士、自由撰稿人、各种各样的活动者、网络间谍、私人博客都在写新闻稿件。在今天的社会里,任何使用数字媒体的人都可能是一个潜在的网络新闻采写者。

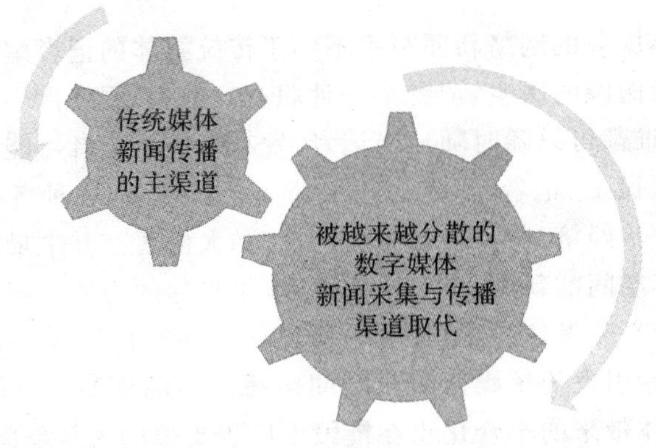

图 5

挑战 5:新闻定义的多样性

过去,中央电视台要拍摄制作一段纪录片,那是要费很多人力的。比如,电视台要做一分钟的新闻节目,也要带摄影师、音响师、文字编辑和灯光师。今天,任何一个使用手机的人都可能拍摄几分钟的新闻短片(见图 6)。结果,新闻定义出现了多样性。新闻定义的多样性包括主观新闻、客观新闻、事实性信息、观点性信息、描述性信息、结论性信息、政治性信息、非政治性信息、政治新闻学、商业新闻学(见图 7)。政治性新闻又分党的新闻媒体报道的政治新闻和商业化新闻媒体报道的政治新闻。

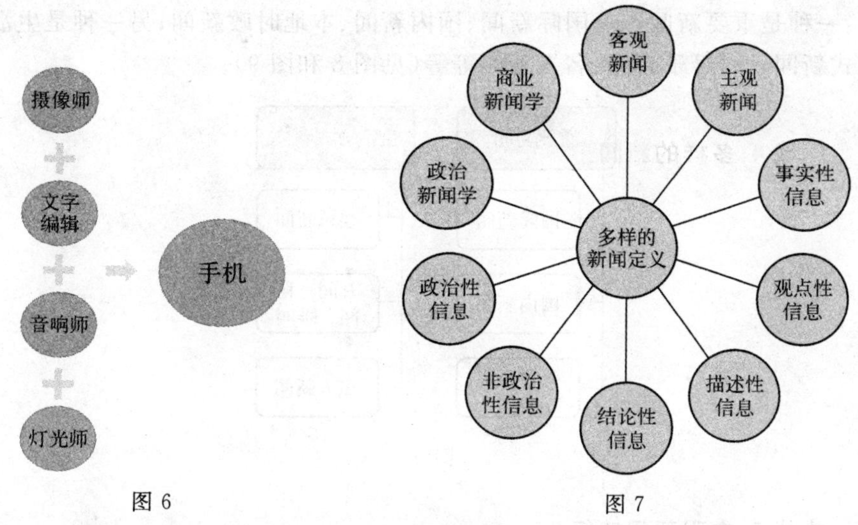

图 6　　图 7

挑战 6:生活方式新闻压倒公共事务新闻

过去,传统媒体强调的是新闻报道的重大选题。而在媒介融合的环境下,新闻选题和新闻价值的判断标准发生了重大变化。按照传统的新闻定义,新闻是刚刚发生的事实的报道。这种新闻是和人民的利益密切相关的重要事实。按照这样的价值判断,传统媒体重大新闻的选题往往是指国家安全、国防建设、社会进步、经济建设、学校教育、社会治安、人类健康、国际关系、生态环境等等。这类新闻是为人民参与社会发展提供信息,确保人民有知情权、表达权和民主决策权。从传统新闻学看,人民群众的知情权更多的是指对上述重大信息的知情权。

图 8

但是,媒体的融合产生了多样的新闻关注点。在传统媒体,无论是中国的主流媒体还是西方的主流媒体,过去更多关注的是政治新闻、公共政策和公共事件;而今天,媒体更多关注生活方式新闻,其中包括时尚新闻、名人新闻、娱乐新闻、丑闻、秘闻和绯闻等等。结果,媒体制造了两种不同的新闻需求：一种是重要新闻——国际新闻、国内新闻、本地时政新闻；另一种是生活方式新闻——娱乐新闻、名人新闻等等(见图 8 和图 9)。

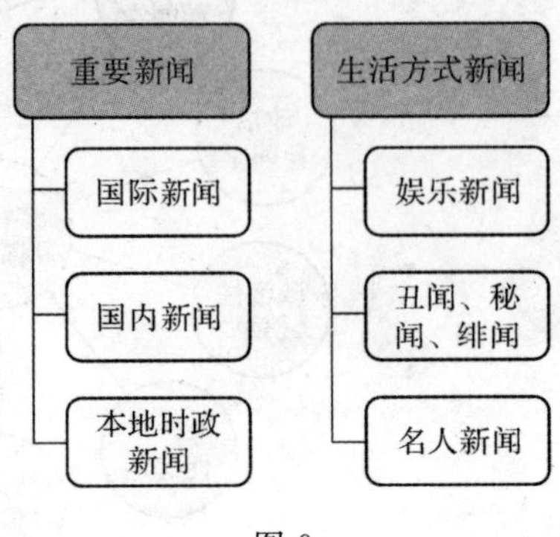

图 9

挑战 7:主观新闻盛行

在媒介融合时代，主观新闻已经渗透到了传统媒体。出于收视率、发行量或者减少劳动成本考虑，越来越多的传统媒体上把新闻栏目和新闻时间让给了谈话秀和专栏文章。很多报纸的新闻版面和新闻评论版面大量刊登博文和网络上下载的新闻和言论。很多政治经济利益集团都在利用媒介融合技术渗透到新媒体和传统媒体的新闻传播平台，导致大量的主观新闻成为了一种主流新闻。这些主观新闻背后的利益集团包括倡导组织、商业机构、基金会、活动组织、政府部门、非政府组织和智库等(见图 10)。

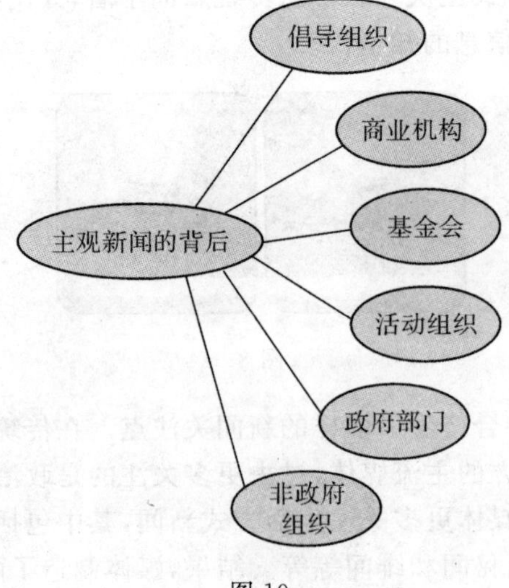

图 10

挑战 8:新闻生产方式和运作资金来源的多样性

传统新闻媒体当前面临的挑战主要为报纸运行成本高。传统上作为公众可靠新闻源的报纸已经无法依靠广告生存了,它们需要新的资金来源。由于媒体的新闻份额的减少,新闻的生产无法靠单一的广告收入来源了。传统媒体时代,新闻是由专业新闻媒体独立生产的,生产过程是非参与性的。但是,在媒介融合时代,新闻的生产是多方参与的。今天的新闻既有传统媒体独立生产的,也有多家媒体联动、合作生产的,或由新闻媒体与社会组织、基金会、政府机构协同生产。在新媒体环境下,媒体的运作资金来源也是多样的,广告户、政府机构、基金会、慈善机构、社会组织、非政府组织和个人。《华盛顿邮报》名誉总编最近写报告给国会,建议政府来拯救当前正在衰败的美国新闻界。

挑战 9:新闻传言取代新闻核实

从新闻的采集、新闻的分发、新闻的定义到新闻的结构,我们看到数字媒体的优势在于新闻易得性和广告的廉价性。但是,网络世界的新闻直接挑战新闻的真实性。在网络世界里,新闻真实性不是第一位的,新闻的第一时间报道才是第一位的。

传统媒体不在乎早一分钟报道新闻,它在乎的是第一时间报道的是真实的新闻,而不是道听途说的传闻。传统媒体强调的是:新闻是事实,新闻产品是经过核实、核实、再核实的产品。而今天网络流行的新闻常是未经核实的,包括越来越多的传统媒体也不再核实新闻。几乎每天都会看到这样的标题:《疑某某人被警方拘捕》、《某某人或携款外逃》、《传某某人奸杀女学生》、《某某经理因贪污被解聘?》等等。这些新闻标题显示,报道的新闻都是没有经过核实的,是不可信的。结果,新闻的定义发生了变化,新闻不再是真实、透彻、可信、原始的。由于今天的记者受到巨大的生存压力和发稿量压力,他们没有时间更没经费去做新闻原始资料的采集和调研。结果,在报纸上,我们很少看到记者第一手采写的原始新闻。

挑战 10:社会正失去由共享现实构筑的交流平台

媒介融合促进了媒体的发展和新闻传播的多样性。但是,随着传统媒体在新闻传播市场份额的减少,过去围着主流媒体转的精英被新媒体分化了。传统媒体新闻传播的主渠道被越来越多样的新媒体新闻出口取代了。在这些多样性的背后,缺乏的是什么?在数字媒体时代,由于每个人都是记者,任何组织都可以发布新闻,今天缺乏的不是新闻,缺乏的是能够真正服务公众并正确引导公众的新闻议程和社会共识。在传统媒体时代，记者作为知识的传播者，构建了一个由共享知识托起的社会交流平台，引导公众共同行动，从而推动社会进步。但是，在网络媒体时代，由于知识传播碎片化、窄众化，社会正失去由共享知识和共享现实构筑的交流平台。

因为每个人接触的媒体不一样，大家对世界的认识也不一样，由此形成了非共享的媒介化现实，形成了众多的媒介化现实和对立的媒介化现实。这种对立的媒介化现实加剧了社会矛盾和社会分化。一个社会和民族的凝聚力来自哪里？来自于共享的议程、共享的信息、共享的媒介化现实和共享的新闻价值。在这个信息碎片化时代，有没有办法形成共享的议程和共享的现实？2009 年 10 月，我在华盛顿参加了一个由哈佛大学新闻政治与公共政策中心马文·卡博教授组织的研讨会。参加研讨会有《华盛顿邮报》总编、《今日美国》总编和哥伦比亚广播公司总裁。他们在会上讨论了《华盛顿邮报》名誉总编、亚利桑那大学新闻教授伯莱德里给美国国会提出的国家救助报纸的议案。这项议案建议，为了确保新闻自由，国家该掏钱给每个人订一份报纸，订什么报纸每个人自己决定，国家应该给报销。要形成共享的议程，得有成熟、高水平、有经验的报纸记者来提供准确、真实的信息。

二、传统新闻界的对策

为拯救传统新闻学的核心价值和保住新闻职业道德底线，我提出如下对策建议：

1. 变主流新闻媒体为非营利性的教育机构

国家不向新闻媒体征税。记者像大学教授那样，有固定的、终身的、较高的收入。国家像扶植大学教育那样资助新闻媒体，确保新闻媒体建立类似大学教授那样的人事制度，以保证记者在新闻报道中的自由。用纳税人的钱办报纸的好处，可以确保真正的新闻自由，确保传播科学知识，确保新闻媒体的教育功能，确保社会的高尚文化生活，避免利用媒体开展人身攻击，预防媒体代表某一利益集团干预政治，预防某一利益集团利用媒体制造压力，确保不同信源的并存，预防有人对新闻进行检查。因为媒体是使用纳税人的钱办的，每个纳税人都有权在报纸上发表自己观点，有权要求媒体停止传播低级下流的东西。来自不同利益集团的纳税人发现报纸没有表达自己的声音，他们有权向报纸抗议，预防报纸受到某一利益集团的压力，只发表一种意见。纳税人还有权要求报纸刊登不同信息来源的对同一事件的描述。用纳税人的钱办报还可以进行新闻检查，以防报纸只发某个纳税群体的意见，而忽视另一个纳税群体的意见。

用纳税人的钱办报听起来有点像社会主义计划经济办报。但事实上，西方发达国家政府一直在拨款支持公共广播。这里有一组西方对公共广播事业的拨款数字：美国人均公共广播拨款1.35美元，加拿大、澳大利亚和德国人均公共广播拨款25美元，日本是60美元，英国是80美元，丹麦是100美元。如果纳税人不掏钱支持报纸的新闻报道，就会发生类似不久前美国新闻界发生的丑闻：2009年12月31日《华盛顿邮报》发表的《要求解决国家负债的呼声高涨》这篇新闻稿，是由一个自称为“独立报道财政新闻的数字新闻出版公司”提供的。这家公司是由华尔街富商Peter G. Peterson资助的。Peter G. Peterson长期以来要求削减社会保障预算，而这篇报道传递的正是这样一个信息。

今天，中国的媒体无论是广播、电视还是报纸都没有成为真正为全体公众服务的公共新闻媒体。中国的广播电视媒体由于靠广告生存，商业化程度非常高。除了党报外，如《人民日报》，大部分报纸都是商业化的，靠广告运营和投资方支持。如果报纸收入减少，首先要裁减的可能就是记者和编辑。记者和编辑的减少必然带来新闻质量的下降。由于中国缺乏真正的公共媒体，在今天的媒体上，准确、透彻、权威的新闻报道越来越少了。

2. 新闻媒体与社会合作生产新闻

未来新闻媒体生存的另一条道路是新闻媒体与社会组织合作、与大学合作、与博客合作、与微博合作、与读者合作。新闻记者、新闻学者和网络用户联手共创新闻报道新形式。在美国，基金会、慈善机构、非政府组织，包括议会政府都与新闻媒体合作生产新闻。美国的一些新闻媒体利用廉价的大学新闻学院学生，通过实习生制度，开始与大学合作。此外，主流媒体与博客合作、与读者合作，在这种合作中创造新闻报道新形式。同时，记者的采访形式、信息来源要有大的转变。

3. 将数据库和搜索引擎作为主流新闻源

由于数字化的到来，各种数据库如雨后春笋般涌现。新闻媒体要学会利用数据库的资源，其中包括政府的数据库、基金的数据库、利益集团的数据库、商业数据库。现在很多国际组织和机构都在利用数据库发布信息并设置议程。这对于中国媒体的发展是一个机遇。国家投资几百亿、几千亿建数据库，记者要学会利用数据库，特别是政府数据库，从中发现报道线索和有价值的信息。

4. 新闻学院要创新办学模式，培养下一代新闻人

在这样一个媒介融合时代，中国新闻界需要观念创新、人才培养模式创新、制度创新和技术创新。但是，在创新的同时，中国的新闻教育还承担着继承和维护传统新闻核心价值观的使命，其中包括新闻报道的准确性、透彻性、原始性。要确保下一代新闻工作者在新闻报道中尽量做到客观、真实，并把传统新闻媒体的好的报道形式、元素和新闻价值观融入互动新闻报道、实时新闻报道、网络直播、博客、微博等之中。

尽管我们面临上述种种挑战，但是我们还是要按照传统的价值观教育新闻与传播的学生。我们要明确告诉他们，未来理想的新闻媒体模式仍然是要培养优秀记者队伍的商业模式。在这种模式下，读者买报纸是要看好记者的作品，而不是因为报纸上刊登了一些名人丑闻、明星绯闻。就像读者买小说是因为小说的作者是一个好作家。新闻学院培养好记者是非常重要的，这个社会仍然需要一份读者愿意花钱买的报纸。中国现在有九百多个新闻与传播院系，大概有 30 万在校生。目前新闻与传播教育的困境是，毕业就等于待失业，除非他改行。新闻与传播院系还有没有未来？大学的新闻与传播院系可以利用充足的学生资源自己办通讯社；或者与媒体联手，搞一个新闻生产联合体。当然，这对新闻与传播院系的教师提出了新的要求，要求他们要有能力指挥学生采访、写作和编辑稿件。为了生存，未来新闻与传播院系可能的运行方式是，学生上课就是采访写稿，放假就是去媒体实习。

媒介融合与电视直播

陆小华*

在理论层面，媒介融合至今依然是一个充满困惑与挑战性的话题，吸引着诸多的智者努力探索；而在实践层面，则是一个充满碰撞而又充满机会的选择。人们深知，必须看重并参与媒介融合。尽管并不能确定每一个尝试都会导向成功，但可以确定的是，一个小小的选择就可能引领意义重大的变革。在传媒发展史上，新的传播工具、传媒形态的出现，往往是始于这些小小的选择，比如，1992 年第一条通过计算机向手机发出的短信，是短信发明的开始；而通过短信发送新闻，则是短信媒介化的开始。值得注意的是，把一些新的传播工具媒介化的，往往并不是传统意义上的传媒人。短信的媒介化，即时通信工具的媒介化，都是非传统的传媒人做出的选择。

一、媒介融合表现的五个特征

媒介融合的表现特征很多，从世界范围观察，可以描述为传播工具的泛媒介化、传媒形态的全媒体化、传媒业态的多媒体化、融合取向的新媒体化、运作模式的跨平台化。

所谓传播工具的泛媒介化，是指一切可以用来传递、传输信息的工具，都在被试图用来介入传播信息，被试图用来充当一种传播工具，而不仅是传输工具。这首先是因为人们不愿意只充当信息渠道，还要做信息传播者。从中国移动几年前悄然把“移动通信专家”的自我定位改为“移动信息专家”，可以看到移动通信业对固定通信业几乎沦为信息渠道的深深担忧。迅雷从提供下载服务向提供传播平台服务的转型，可以看到互联网世界的传输手段在如何媒介化。以往，人们总是从技术层面讨论通信网、互联网、广

---

* 作者系新华社音视频部副主任。

播电视网的融合，实际上，信息传输工具的泛媒介化，才是最集中的融合选择。总体来看，泛媒介化给社会带来了更为丰富的信息来源，也给传统媒体带来了更多的竞争者。

所谓传媒形态的全媒体化，是指在媒介融合的过程中，尽管融合进程充满变化和陷阱，一些强势传媒仍通过购买、创办等形式介入各种媒介工具以维持强势，或是通过介入以往未曾进入的领域来获取更多价值。新闻集团的并购清单就体现了这一点。这样的媒介融合，不全是传统媒体向新媒体的融合。引人注目的 CNN 开始向美国的报纸用户提供文字稿件，开始进入通讯社领域。CNN 是美联社电视供稿业务的最大用户之一，它的这一举措，深深影响了美联社向报纸用户供稿的传统业务。

所谓传媒业态的多媒体化，是指在媒介融合的进程中，媒体的运营模式发生变化，更趋于同时、综合运用多种媒体形态或运用多媒体形态。传统媒体不再满足于仅仅依靠报纸、广播、电视等单一业态保持市场占有率和竞争力，转而希望建立多种媒体业态以适应传媒的变革，增强生存能力与竞争能力。今天的报社，已不只是生产报纸的专业组织，而越来越趋向成为内容产品的生产和提供者，成为同时拥有报纸、网站等各种媒体形态的专业组织。业态，就是经营、运营模式的固化。在新媒体时代，传统传媒行业界限、传媒分工界限弱化，进入门槛在技术、市场与组织层面都在降低，政策准入门槛也在发生变化。从世界范围看，多媒体传媒业态正在成为传媒，特别是大型传媒集团的共同选择。

所谓融合取向的新媒体化，是指平面媒体、电子媒体纷纷以介入新媒体领域、运用新媒体工具、融入新媒体运作理念作为媒介融合的基本取向。电子媒体进入平面媒体的风潮正趋于平静，取而代之的是传统媒体纷纷以各种方式进入新媒体领域并与之融合。更值得注意的，是媒体运作理念中的媒介融合因素。它不仅包括互动、多媒体化等，不仅包括传统媒体跟进网上热点，更包括传统媒体愿意以多种方式使用公众制作的内容，更包括传统媒体接纳所谓的网上传播的草根属性。互联网已经走过体现技术属性、媒介属性的阶段，正处于技术属性、媒介属性、社会属性同时呈现的阶段。网站、视频分享平台、社交网站等等新媒体工具之所以可以吸引人们在网上观看视频，就是因为在上面可以分享网上普通人制作的东西，而不是只遵循专业人士制作、大众分享接受的传统模式。

所谓运作模式的跨平台化，是指在媒介融合的推动下，传媒的运作模式更趋于跨平台运作，传媒集团内部、新老传媒间更趋于分享内容资源、品牌资源和渠道资源等。总体上看，这种资源的分享和共享的结果，体现为提高了资源利用效率和信息共享水平。

媒介融合的表现，集中体现为传媒移动化变革。传媒移动化变革，可以称之为移动化，或在移动化中变革。而这种变革，既源于技术进步的推动，更源于生活方式的变化、人们信息需求方式的变化。在这样的变革过程中，便利性决定有效性、必读性支配可能性、耐读性体现有用性的规律在更强有力地起作用。屏幕式接受逐渐成为信息传播的主流（从电视屏幕、户外屏幕、手机屏幕到物联网式的屏幕）。便利性等要求不仅预示着传媒终端将走向便携化（这已经迫使报纸小型化，出现更多借助便携终端的信息产品），也将改变传媒的传播理念、产品形态和生产流程。

在过去的一年，我们更清晰地看到技术变革与生活方式的变化在如何推动着媒介融合。

这一年，媒介融合，已经从学界的讨论话题变为业界的关注焦点和努力方向，已经从观念层面的理性预测到实践层面的本能反应和选择。今天，业界不再仅仅把媒介融合视为理论的预测，因为大家都已经看到，在这样一个新媒体时代，媒介之间的竞争是存在的、是激烈的，但是媒介之间的互补、借鉴乃至一定程度上的融合是每一个参与竞争者的必然选择。

这一年，媒介融合已经从先知先觉者的创新尝试到压力下的应急选择。人们容易看到，平面媒体遇到了一系列困难，《纽约时报》等著名平面媒体在以裁员、财务重组的方式应对危机；但更应该看到，电子媒体和网络媒体同样在遭受挑战。今天，新媒体与老媒体之分，并不是因传播介质的不同，而是以媒体观的新旧、传播理念的新旧，特别是对媒介融合前景的认知和应对措施的选择。

这一年，各媒体对媒介融合的探讨和使用，已经从工具的共用到模式的共用。人们越来越明显地看到，在受众移动化和传媒移动化双向互动作用下，媒体正在走向剧烈变革，以更有效地影响移动中的受众。在这样的互动与变革中，不同媒介的传播理念与传播模式的共同之处会越来越多。

这一年，媒介融合已经从渠道共用趋于内容产品的多用，生产方式正在变化。理念的变化正在变成实际的结果，最终将出现新的媒介。

今天，探讨媒介融合，有一个问题不能回避，那就是还可能有什么样的传播工具会媒介化，会演变成新的传媒形态。谁忽视更为年轻的传播工具与传媒形态，谁就会失去整个世界。对于政治家是如此，对于普通公众同样是如此。回顾历史我们会发现，短信的媒介化、即时通讯工具的媒介化，以及诸多新的传播技术演变为新的传播手段乃至新的传播形态，首先的尝试者或者推动者并不是传统意义上的传媒人。传媒人本该对传播、对媒介理解得更深，但是为什么没有看到新的传播技术、传播手段媒介化的可能？这是运作媒体、研究媒体的人们应当反思的。这不仅需要传媒学界与业界共同探讨，还需要更多的年轻人加入这种探索与思考。

也许可以说，观察、研究媒介融合，应当从观察生活变化开始，从观察自己的体验开始。

二、媒介融合时代的电视直播

直播的历史，就是多种传播手段结合的历史。电视与卫星的结合才使电视成为全球性媒介，人们熟知的 CNN、HBO 在 20 世纪 60 年代按照今天的标准可能是很小的地方媒体。HBO 率先和卫星结合，把他的节目传到美国另外城市，使得他的用户量大为增长。斯卡看到 HBO 的成功，采用了运作手段，借用了卫星，把他的信号发到天空，才使他当初拥有的小小电视网络迅速变大，才有了 Discovery 等一系列频道，也才有他 20 世纪 70 年代创办 CNN 这样的举措。电视不仅是活动影像传播的渠道，从媒介融合的角度说，我们认为电视同时也是多种形态的内容产品传递的平台。通过屏幕不仅可以看屏幕影像，也可以看静止影像，或者静止影像的电视化处理，甚至静止影像、活动影像与文字的结合。人们对于信息的追求不仅是丰富，还要有深度；不仅是快速，而且最好同时。因此，不仅是报纸，电视也是同样，不仅要传递影像、信息、快乐，还要传递分析、传递思想、传递观点。就此而言，文字以及图片等等表现手段也是电视媒介骨架的组成部分。从这个意义上说，媒介融合时代的电视直播就应当是媒介融合的平台。在今天，电视直播报道应当走向多现场、多信息流、多表现手段、多信息窗口、多终端。多种信息同时在直播窗口中出现，既可以传递影像、传递现场，让观众感知事件的过程，揭示事件的结果，同时也传递背景、传递分析、传递观点。

在今天，电视直播报道的发展越来越呈现为多种内容产品、多种媒体手段、多种传播理念的结合体。新华社在 2009 年国庆节主控一场连续 22.5 小时的大型电视直播报道，其中新华社自己采制的电视报道共有 18 小时。新华社在天安门广场、长安街、境外各地、海外三地设置了四个系统，四个层次，共 59 个拍摄点，其中一些拍摄点实行了多机位二级切换。这样的直播报道，其理念是以正面专题片为骨架，以现场直播画面为血肉，以思想性为灵魂，以设置在天安门广场的线上演播室为特殊表现手段，多侧面、多方位、多信息流表现国情盛典这一伟大的历史事件，深刻阐述国之典与民之庆的关系、一个国家的生日和人民的幸福之间的关系，以生动的画面借力长画卷的展现方式，让人们从多个角度看到阅兵部队从出发、行进到结集、返回、欢庆的过程。这样的直播报道既提供现场画面，也提供新闻；既提供现场访谈，也提供分析点评，让人们从多个角度、多个层面观看到国庆日当天重要活动的情况。这样的多现场、多信息流的电视直播报道赋予了观众一个超越现场的观看角度，进而具有比单一现场报道更为强劲的说服力，因为它甚至可以提供现场观众难以获得的视觉感受与深刻体验。

三、电视直播的发展

在媒介融合时代，电视直播本身也在发展。从媒介融合的角度说，首先电视直播的形态会发生变化。不仅今后的电视媒介直播将常态化、大时段化，而且电视直播将成为常规手段，新闻频道都会以大时段连续直播、现场直播与演播室访谈结合的方式来体现报道艺术、反映速度和见识高度。

基于媒介融合观念，电视直播的产品实际上可以再开发，比如它的内容可以多次利用。因为任何的采访既可以独自完成，也可以借助直播镜头完成。现场记者包括出镜记者在直播镜头面前的采访，在后端实际上可以直接处理为包括文字报道在内的其他形态的新闻产品。如此，采集与前端处理的环节就可以分离，生产效率将进一步提高。

基于多种内容产品处理的要求，电视直播的形态、操作理念、操作方式等将发生变化。今后的电视直播报道虽然会采用现场的二级切换，但不再只是传回现场切换后的信号，而将会是现场执行二级切换各个摄像机，同时挂带记录，获得多重视角、多种用途的影像资料，以完成进一步的开发。

在媒介融合时代，电视直播报道将失去轰动效应而成为基本手段，但是可以通过多重开发、多种手段利用、多个终端展示、多个窗口呈现得到进一步增值。因而，在媒介融合理念之下，对电视直播产品的多重利用可能将成为新的讨论焦点。

媒介融合与政府监管

董年初*

随着传播技术的飞速发展，媒介融合已经渐渐成为现实。在探讨这一问题的时候，我们需要注意：媒介融合不仅关乎技术融合，还涉及相应的政府监管措施。笔者结合自己在广电总局工作25年的体会，着重探讨两个问题：媒介融合的主要表现形式，以及政府监管的几个关键问题。

一、媒体融合的主要表现形式

媒介融合涉及多个层面，这里只讲技术、网络、业务和终端的融合。

第一，技术融合。技术融合是媒介融合的基础，是媒介融合的原始驱动力。最基本的技术是数字化技术和网络化技术。数字技术将所有的信息、所有的媒体内容变成一种形态，可以在一个平台上处理。基于IP的网络技术可以将所有的内容在一个平台上传输。

第二，网络融合。网络融合不是网络的替代，而是业务相互准入。我们常讲的三网融合，实际上是三个网络分别往各自的方向发展，分别形成下一代通信网、下一代计算机网和数字广播电视网。业务准入主要包括两个业务：一个是互联网业务，一个是视频业务。相互准入从国际国内的发展政策来看，都是不对称的开放，也就是说，先对广电网开放，再对电信网开放。

第三，业务融合。业务融合内容是多种多样的，涉及面很广。主要包括两方面内容。一是以网络为核心的融合。即网络对不同业务形态的融合，体现的是渠道为王。其营运模式是不断挖掘每个用户的ARPU值，让用户多投钱。二是以内容为核心的融合。即内容向多渠道的传播，通过多次传播，使内容价值最大化，体现的是内容为王。内容为王、渠道为王是两个并

---

* 作者系国家广电总局新媒体研究所所长、研究员。

行的发展方向,谁也不会完全替代谁。

第四,终端融合。现在,三个终端成了大家都在争的终端。一是电视终端。数字化后的电视终端可以开展单向数字电视服务、数据广播服务、交互电视服务等等,已经成为一个多媒体终端。现在电视机厂商还生产了一种可以直接上网的电视机。二是电脑终端。电脑终端是目前融合业务最全的终端,不用多讲了。三是手机终端。手机终端因为便捷性和综合性,将成为最有发展前途的一个终端。每一种终端都有自己独特的定位。电视终端的发展方向是高清化,手机终端的优势是便捷,电脑终端的优势是海量。今年还有一个比较热闹的提法——三屏融合,即将一种业务在电视、手机、电脑三个显示屏上打通,由上海文广率先提出,是一个很有意义的发展方向。

二、政府监管问题

在媒介融合时代,国外监管的发展方向是统一监管,美国、英国、韩国等等都是这样。国外这种统一监管体制之所以能够成功,是因为它具备了特定的条件:内容与网络分业运营,市场主体同一。

国内现行监管体制是渠道与内容的分业监管。在新媒体业务方面,工信部负责网络服务监管,十余个部委负责内容监管,广电部门负责视听内容监管。我们国家现阶段完全实行统一监管体制的条件还不成熟,分业监管这种手段还要保持下去。

监管手段包括法规手段、行政手段、技术手段、行业自律和社会监管。法规方面已经出台了《互联网视听节目服务管理规定》和一系列配套性文件。行政方面已经实施行政许可制度,开展网络视听业务必须取得《信息网络传播视听节目许可证》。技术手段方面已经建立视听节目监管中心。行业自律方面已有数百家机构加入广电总局倡导的自律组织。社会监督方面已经建立投诉中心,依靠大众进行监督。

这里重点谈谈三网融合的政策走势问题。第一,广电与电信如何相互准入。三网融合是三个网的融合,不是单网融合,更不是一个网吃掉其他两个网。三网融合应该是技术上的互联互通,业务上的相互渗透,政策上的相互准入;应该是尊重现实基础上的合作与共赢。单方面的融合既不合理,也不现实。第二,三网融合必须以信息安全为前提。具体涉及三个方面的安全。一是技术安全。互联网、通信网和数字电视网以 IP 技术为框架进行融合是现阶段网络发展的趋势。IP 技术的优点是能实现异构系统的互联互通，可以顺利地对多种业务数据、多种软硬件环境、多种通信协议进行集成、综合、统一，对网络资源进行综合调度和管理。但是 IP 协议无法提供端到端的服务质量控制和安全机制，特别是在安全机制上都是先发生、后处理，对实时性和安全性要求很高的业务非常不利。二是经济安全。融合应该带来业务量的增长和经济总量的增长，不能带来整体效益的下降。VoIP 业务之所以不能推广开来，正是因为它影响到了普通话音业务的开展，造成了话音业务整体收入的下降。三是文化安全。广电部门首先是宣传部门，党和政府的喉舌性质不能动摇，确保内容安全和文化安全是广电部门首先要考虑的。第三，三网融合是一个复杂而渐进的过程。三网融合涉及技术、业务、政策等各方面的融合，涉及部门之间的利益均衡。三网融合不可能一蹴而就，可能会分为以下三个阶段：一是电信网与互联网的融合，这一融合会走得比较快，因为两网已经实现部分融合；二是广电网与互联网的融合，即利用广播电视网开展数据业务，这需要从政策层面取得突破；第三阶段才是广电网与电信网的融合，广电网与电信网的合作可能是从线路租用到部分业务准入再到全面开放的渐进过程，这将是一个非常漫长的过程。

媒介融合时代的受众与测量

刘燕南*

被誉为“21世纪的麦克卢汉”的美国麻省理工学院教授亨利·詹金斯(Henry Jenkins)曾经指出,当今世界的两大潮流,一是媒介间的壁垒被逐渐打破,媒介融合的速度和广度在不断推进;二是参与性文化蓬勃兴起,新技术尤其是互联网技术为受众创造了更多参与信息内容的生产和实践的机会。

媒介融合时代的来临,受众参与传播机会的增大,不仅对传统受众形态、受众概念和受众研究范式形成了巨大冲击,对受众和媒介测量也提出了新挑战。

传媒学界和业界关于媒介融合概念的界定和分析,可谓百花齐放、异彩纷呈。媒介融合“可以描述为传播工具的泛媒介化,传媒形态的全媒体化,传媒业态的多媒体化,融合取向的新媒体化和运作模式的跨平台化”①;媒介融合“包括技术融合、网络融合、业务融合、终端融合等多渠道融合”②,乃至内容融合、品牌和广告资源的分享。笔者基本同意上述观点,同时认为,媒介融合并非媒介技术功能的简单整合和叠加,而是一种具有化学性的结构变化,即朝着新媒体平台嬗变。如今“内容产品化,产品平台化”是传播领域的一大趋势,平台成为人们关注的重心,而互联网,则是目前最具影响力的新媒体,也是最具普及性和发展潜力的媒体平台。

在不同媒介环境下,受众角色和受众研究具有不同的特点,但任何媒介环境下,受众都是最主要的研究对象。不可否认,由于传媒新技术提供的可

---

* 作者系中国传媒大学电视与新闻学院教授、博士生导师。

① 参见陆小华《媒介融合与电视直播》,在中国青年政治学院“媒介融合背景下的新闻报道”会议上的发言,2009年11月29日。

② 参见董年初《媒介融合与政府监管》,在中国青年政治学院“媒介融合背景下的新闻报道”会议上的发言,2009年11月29日。

能性，“传统的受众角色——被动的信息接受者、消费者、目标对象将终止，取而代之的是搜寻者、咨询者、浏览者、反馈者、对话者、交谈者等诸多角色中的任何一个”①。今天的受众，不只是读者、听众、观众的代称，不再只是受传者，他们还是主动的用户、网民和传播者。不过在概念上，本文仍然沿用受众这一传统术语，其缘由，主要是考虑在文章篇幅有限以致无法对相关概念进行更多元、更有效的界说的情况下，在与读者们分享和探讨一些学术概念和学术成果时，能够保持学术话语的统一性、共享性和延续性。

以下本文将从互联网新媒体角度出发，对受众特点及其变化进行分析，并就网络受众的测量方式进行探讨。

一、受众嬗变与范式转换

受众是传播的起点和归宿，也是传播学界和业界的一个非常重要的研究领域。传统上，受众被称为受众者，通常指传播过程中讯息的接收者，也是读者、听众、观众的统称。在港台地区，受众又被译为阅听人，不少人认为这个译名一定程度上淡化了“受众”一词的被动色彩，相比内地学界将“Audience”译为“受众”，似更合理。不过今天，从媒体融合的观点看来，“阅听人”一词仍然存在局限，仍然是传统媒体下的概念。因为今天的受众，不只是扮演被动的受传者的角色，而且具有了更多主动传播的能力。

西方最早的受众研究源于追求传播效果的需要。为进行军事战争中的“心战”宣传、政治上的竞选运动，尤其是商业方面的广告传播，为取得良好的效果，便需要系统科学地研究受众。今天，随着媒介融合时代的来临，受众行为有相当一部分转化为媒介平台上的各种交流和交易，受众研究和媒介测量的重心有所变化，但是追求传播效果，以及“双重售卖”模式在网络上的延续，尤其是广告商/广告主对广告效果的追求，仍然是受众研究和媒介测量的重要部分。

翻开任何一本教科书，不难发现在传播效果各种模式的背后，隐藏着受众角色和受众观的变化。从“魔弹论”中孤立无助、完全被动的受众，到“有限效果论”中顽固的受众，以及“适度效果论”中相对主动的受众；从被视为市场和消费者的受众，到被视为公民的受众……随着传播技术的发展，受众

---

① 丹尼斯·麦奎尔著：《受众分析》，刘燕南等译，中国人民大学出版社 2006 年 3 月版，第 158 页。

参与的可能性不断增长，今天的受众不只主动性在增强，主体性也在增强。这种主体性不只是指接收的主体性，还指参与传播的主体性，甚至被认为是一种本体性、自主性在增强。

具体从传播的角度说，受众从一个信息的接收者变为一个信息传播的参与者。从效果反馈的角度说，过去的受众，在媒体测量中，基本上以“数字受众”的面容出现，是一种由收视率、收听率、阅读率所概括的受众，一种量化受众；如今有了新技术平台的支撑，受众逐渐成为“意见受众”，他们更注重自己的意见表达，更注重反映和表达他们的主观愿望，能够一定程度上反制和主导传播，这是一种质化的受众。在这两种不同的受众背后，是两种不同的受众观。前者是一种被测量的、简略的、非人格化的、被动的受众，后者则是一种主体性的、个人化的、主动的受众。

与变化中的受众相呼应，受众研究的视角和范式也在发生变化。著名传播学者丹尼斯·麦奎尔曾经将传播学从兴起直到今天，历史上所有的受众研究进行了一个提纲挈领式的归纳，将它们划分为三种不同的研究传统，即结构性、行为性、社会文化性研究①。这三种研究传统，分别反映不同的研究目的、不同的研究方法，以及背后不同的哲学思想和意识形态观念。结构性受众研究源于媒介工业的需要，其目的是为了获得有关受众规模和媒介接触行为的一些数据，如收视率、收听率、阅读率等等，这些数据与广告和媒介市场的需求也密切相关。行为性受众研究旨在分析和改进传播效果，通过了解受众的媒介选择、使用和态度等方面的信息，来解释媒介的影响，为决策提供参考。两者主要采用调查统计和心理实验等量化研究方法。到20世纪80年代前后，受众研究开始范式转型，即出现了社会文化研究范式尤其是接受分析。这一范式眼中的受众，不再是非人格化的、完全被动的群体，受众对于文本具有主动解读能力，传播者对受众并没有绝对的主导力量。这类研究主要采取定性研究方法，试图在社会和文化的意义上全面深入地把握受众，强调对“人”的再发现。

稍后，有两位学者阿伯克龙比（Abercrombie）和朗赫斯特（Longhurst）也将受众研究概括为三种范式，即行为范式、合作/抗拒范式、观看/表演范式。如表1所示。值得注意的是，这三种范式在谈及传播者与受众的关系时，所采用的核心概念不同，受众在三种范式中的主体地位也是不一样的。

---

① 丹尼斯·麦奎尔著：《受众分析》，刘燕南等译，中国人民大学出版社2006年3月版，第11页。

表1 阿伯克龙比和朗赫斯特的三种范式

	行为范式	合作/抗拒范式	观看/表演范式
受众	(社会环境中的)个人	(由不同阶级、性别、种族形成的)社会类别群体	由观看和自恋自盼所形成的社会建构与再建构
媒介	刺激(讯息)	文本	媒介景观
社会结果	功能/负功能,宣传、影响、使用、效果	意识形态的合作与抗拒	日常生活中的身份建构与再建构
代表性研究和方法	效果研究 使用与满足研究	编码与解码 莫利(1980) 拉德威(1987) 迷研究	西尔弗斯通(1994) 赫米斯(1995) 吉利斯皮(1995)
年代	20世纪50年代—60年代	20世纪70年代—80年代	20世纪90年代
核心概念	暴露/接触	权力	认同
受众角色	接受主体	诠释主体	表演主体

资料来源:*Audiences: A sociological theory of performance and imagination*(N. aBERCROMBIE & B. Longhurst,1998)和笔者的综合整理。

在行为范式中,我们看到的受众,是作为个人怎样"暴露"在媒体的传播之下,如何"接触"和接受媒体信息,扮演一种接受主体的角色。而在合作/抗拒范式中,受众与文本之间的互动呈现三种不同的特征,一种是支配性解读,一种是抗拒性解读,还有一种是协商性解读,"权力"成为关注的重点;这一范式中,受众对文本具有较强的能动作用,扮演的是诠释主体的角色。到了观看/表演范式,核心概念则是"认同",受众已经不是传统意义上的受传者,而是一个自主的甚至自恋的表达或表演主体,他们具有足够的能动性和自主性来表达自己、表现自己、演出自己,当然,其前提是拥有足够的技术条件满足他们的这种需求和欲望。

值得注意的是,阿伯克龙比和朗赫斯特提出观看/表演这一研究范式是在1998年,其时,互联网还没有像今天这么大众化,成为我们生活中重要的传播工具和平台。这一范式的提出,却能够比较恰当地切合当下媒介形态中的受众特点,其原因颇耐人寻味,或许有几点不容忽视——这既与后现代思潮的学术推动有关,也与一位学者对未来媒介发展的前瞻性把握有关:既从历史中总结经验,从学科发展中找寻研究着力点,也从潮流中捕捉某些具有规律性的动向。

中国的受众研究是近年来新出现的一道靓丽景观。改革开放之前，我们所谓的受众研究基本上是一些经验性总结或有感而发，了解受众也主要通过来信、来电和座谈会等方式，缺乏科学方法的应用，对受众的把握常常失之粗疏和褊狭。20 世纪 80 年代以后，西方受众研究开始引入我国，严格说来，主要是以受众调研为代表的受众研究，即收视率、收听率、阅读率调研，以及一些较深入的问卷调查，一种结构性、行为性的受众研究。目前，这两类受众研究已经基本上成为我们受众研究的主流范式，即以视听率或阅读率调研为代表的日常制度化的研究范式，并且形成了相应的行业，收视率调查业便是一大代表。如今，不仅收视率让人趋之若鹜，收视率调查业也是一个迅猛发展的新兴朝阳行业，年营业额在短短十几年时间内翻了许多倍。之所以如此，原因无它，概因中国电视业的市场转型需要这样一种量化数据来调节市场各方的利益关系，需要为了解电视传播效果获得来自第三方的认证和评估，以此确定电视业市场的游戏规则。这些受众调研大都依据抽样统计原理和方法，同时采用传播学、经济学、管理学、市场营销学、广告学等方面的知识，并向这些领域延伸应用。

今天，无论中外，席卷世界的网络新媒体浪潮，推动着虚拟空间的信息共享和互激，也带动了参与性文化和互动经济的兴起。从某种意义上说，互联网上的博客、论坛和 BBS 内容，都是产自网络受众的信息内容。是“意见受众—传播主体”这一模式，促成了参与性文化的发展，乃至互动经济的形成。因为，这些信息同样能够吸引人们的注意力，同样可以通过点击率等系列指标，成为与广告商/广告主议价的砝码。从某种意义上说，今天的受众不仅是注意力的提供者，也很有可能成为注意力资源和利润的分享者。

二、受众与媒介测量的新特点

受众角色和受众研究范式的不断演进，尤其是媒介融合背景下，网络参与文化和互动经济的发展，引发了新一轮对受众测量和媒介效果测量的强烈兴趣。

相对于传统的电视收视率测量，媒介融合时代的受众和媒介测量有许多新特点。就互联网监测来说，大体可分为两个方面，一是对用户端的测量，二是对服务器端的测量，这两者是互联网监测的主要方式。以下我们对照传统电视收视率测量，对新媒介测量的一些特点进行分析探讨。

第一，传播效果从未知到已知。这里，未知和已知都是针对传播方而言的。我们知道在传播学中，传播效果一般分为三个层面：一是认知分享层面，二是情感态度层面，三是行为层面。传统媒体的传播者对于自己传播的基础性效果，即认知效果——有多少人分享或接触过某一信息，这种基础性的传播效果通常是以收视率、收听率、阅读率等数据指标来显示的——通常并不知晓。电视节目传播出去之后，有多少人看了，看了多长时间，看的这些观众有什么特征，传播者其实是心中无数的。心中无数既容易导致盲从，也容易导致怀疑和产生不屑。这种传播者对传播效果的“无知”状态，主要是由于传统媒体自身的传播特性所导致，即传播基本上是单向的，传播者缺乏必要的技术手段，来反向把握自己的传播效果。也因此，在传播系统之外，我们需要建立一个独立的监测调查系统，一个第三方调研机构，来了解观众情况，提供反馈数据。

但是，网络媒体不一样，在互联网平台上，传播者与受众的关系是直接、相互的。通过后台技术，或者说通过后台服务器端测量，可以大体了解网络受众的地址来源、操作系统等个人信息，了解有多少人点击了页面，多少人浏览了信息，传播者对于自己的基础性传播效果是已知的。有新技术的支撑，传播者可以清楚识别终端用户的不同传播情况，了解用户行为。相对于传统媒体而言，网络媒体传播者有了更强的自我监测能力，对受众的情况也更加了解。

第二，测量更准确，更少被干扰。传统的电视收视率测量，取决于人的主动行为，比如日记卡法需要人工填写，人员测量仪则需要样本对象在手控器的相应按键上按进按出，两者都需要人们在收看电视时进行人工操作。而互联网基于用户端和基于服务器端的测量，主要采用监测程序和监测软件来实现，既可以测量受众访问不同网站的浏览行为，也可以测量网站用户的链接数和页面浏览数，两者并不要求用户在使用时的特定关注和操作，不影响受众的正常电脑使用，也排除了对监测和观察的人工干扰。换言之，在不干扰人们正常使用电脑的情况下，可以获得基础性传播效果数据，而且所测得的数据比使用目前传统媒体所采用的测量方法测得的更加精确。

第三，受众测量和内容监测由分离到统一。传统的电视收视测量，一般采用两个分立的系统，一个测量受众，另一个监测内容。一方面通过抽样等方式对样本受众的收视行为进行测量，产生受众规模、时长等收视率系列数据；另一方面，对节目所传播的节目尤其是广告进行监测，通常进行录制。测完后，将两种测量结果进行匹配，最终形成节目或广告收视率反馈数据。但是互联网测量不同，内容监测和受众测量可以共用一个网络系统，对传播内容尤其是广告进行监测时，通过在内容部分嵌入监测代码，在用户端安装插件等方式，在测量受众行为的同时，实现对内容的监测。

第四，受众行为的测量与心理态度的调查可以共平台，也更加便捷。传统媒体时代的受众研究，通常通过收视率、收听率、阅读率等指标来反映人们的收视、收听和阅读行为，这只是受众研究中最基本的部分。为了更深入地了解受众的心理、态度、情感和需求，就需要花大力气去做抽样问卷调查，要入户面访、邮件访问或者电话访问。有了互联网，网络用户的行为测量和心理态度测量，两者可以共用一个网络平台。凭借这个平台的技术支持，通过网络监测和网络问卷的形式，实现对受众行为、心理和态度的了解和把握，这将大大提高调研效率，降低调研成本。

第五，监测主体与广告平台的融合，这是目前一个值得关注的动向。传统媒体时代的市场游戏规则，是由第三方提供监测数据，作为传媒机构与广告商/广告主之间利益交换的"行业货币"，这个第三方应该是独立、客观、中立的，与其他各方之间没有利益纠葛。但是在新媒体时代，出现了融多重利益于一身的"交集主体"。某些公司既是第三方测量者，提供市场监测数据；同时自身也是一个广告平台，扮演广告分销商的角色；甚至提供其他内容服务。这一现象的合理性和正当性如何，尚需进一步探讨。

三、若干思考

在媒介融合环境下，受众和媒介测量手段和技术水平尽管比之传统媒体时代有了很大的发展，但仍然存在一些问题和挑战：

首先，媒介融合时代的媒体传播效果，仍然需要来自第三方的监测和评估。网络平台和技术的多面相性，以及融多重利益于一身的"交集主体"的出现，对媒介融合环境下新兴传媒市场的健康发展提出了挑战。在目前格局下，来自第三方的数据监测和评估，是建立市场新模式、新秩序不可忽视的基础环节。而且第三方监测和评估机构本身应该是独立和中立的，能够提供科学、客观、有公信力的数据。只有这样，才有利于新媒体行业的健康、可持续发展。建立一个科学合理、公正有效的游戏规则是我们应该追求的目标。

其次，用户端测量的法律问题。传统电视收视率测量是受众自我报告式的，即要么自我填写日记，要么通过操纵人员测量仪手控器的按键，记录收视情况。与传统媒体不同，互联网中受众是被测的、全暴露的，非自我报告式，而且互联网的内容是开放的，有超链接、跨边界的一面，随着技术的全面渗透，不免存在隐私泄露的隐患。在用户端安装插件，时刻监测自己的行为，对许多人来说存在一定的社会心理障碍，因此用户端测量会遭遇一些法律和社会文化心理问题。

有研究者认为，可以通过提高调查的资金投入的方式，克服用户端调查的隐私屏障，亦即为样本户提供一定的资金，通过出高价，换取受测对象牺牲部分隐私。但是这仍然有一个度的把握问题，同时也牵涉到隐私保护和调查成本之间的冲突。

最后，如何建构跨媒介测量的指标体系和受众分析模型。目前，受众跨媒介接触和流动日益频繁，研究跨媒体传播效果的测量具有重要的现实意义①。2008 年奥运期间，曾经有调研机构做过一项调查，关于有多少人是从网络、电视、报纸杂志、广播、车载电视、手机电视或者户外电视等渠道获取奥运信息的，结果发现重叠性非常之大②。人们在观众、听众、读者、用户之间不断转换角色，如何全面把握和分辨媒介传播效果，了解某一个或几个载体，或者某一内容的真正覆盖情况，这需要在跨媒体层面去做一些工作。建立科学的跨媒体传播效果指标体系，构建新的受众分析模型，这是需要我们努力的一个方向。从中国国情出发进行这项研究，也是我们在学科发展和行业发展方面，有可能与世界其他国家并驾齐驱甚至超越他国的一个重要方面。

---

① 参见夏征宇《跨媒体传播效果的测量、模型与系统化实现》，载《融合与创新现代传媒发展高峰论坛论文集》2009 年 3 月；Xia Zhengyu. *Measurement, Modeling and Systemic Implementation of Cross-media Communication Effect*. IEEE: International Conference on Engineering Management and Service Sciences (MASS 2009)。

② 佟青青、崔志芳：《跨媒体做大奥运蛋糕》，CSM《收视中国》2008 年 9 月。

媒介融合在香港的发展趋势

黄　煜*

香港整个报业的情况介于西方和东方之间，没有像中国内地这样还在发展中，也没有像美国那样衰退得很厉害。它受到很多影响，主要因为免费报纸特别成功，使得香港的纸媒现在变成了两分天下：一是免费报纸，一是销售的报纸。香港现有的主要日报有大众类的《东方日报》、《太阳报》、《苹果日报》、《成报》、《新报》；中产导向的《明报》、《星岛日报》、《经济日报》、《信报》、英文《南华早报》；中资报刊《文汇报》、《大公报》、《商报》；免费报纸《头条日报》、《都市日报》、《am730》、英文《虎报》。他们均设有附属的网上新闻平台，读者可于网上阅读该报的新闻。大部分网上新闻为免费，部分则需付款订阅。《苹果日报》和《东方日报》是两家最大的报纸，《东方日报》大概有三十几万日销量，《苹果日报》近三十万。现在发展比较快的就是网络新闻和报纸整体的结合，即他们现在采访新闻不是原来的文字归文字、摄影归摄影，而是全方位的，一般派两个记者，一个记者主要负责文本，另一个负责拍摄。另外，《苹果日报》和《东方日报》这两家大的报纸把网站变成电视频道的趋势正在发展。

随着传播技术的进步和新媒体的发展，媒介融合成为大趋势，为新闻报道开拓了一个更为广阔的传播平台，体现新闻报道的实时、迅速，打破了空间及时间上的传播限制，越来越多的市民通过网络和手机媒体获取及交流各类信息。

《明报》是香港比较正派的报纸，它的网站也在发展，广告也很多，但它没有投入大量资源为网站拍很多的时事新闻片子。《东方日报》有网上新闻社，利用互联网和手机，开始大量提供纪实新闻和突发新闻报道。他们的一些新闻，点开以后立刻变成了电视新闻，展示的形式像报纸一样，这是免费

---

* 作者系香港浸会大学新闻系主任。

的。有几家报社是收费的，收费的业绩都不太好，最多的一家大概也只有数万个订户。

《苹果日报》在新闻创意上一贯领先，其壹苹果滚动新闻和东方报业的on.cc在文字的板块上加上影片，音像图文合一加上互动就是一种媒介融合，两者同一时间展现。《苹果日报》正于台湾及香港发展“动漫新闻”，即把漫画及一些漫画制作的图表结合新闻图片/影视把它变成新闻故事，将新闻影片及漫画融合，读者可使用手机下载动漫新闻片段，用手机实时传递信息。苹果台湾版于2009年11月16号正式开动了动漫新闻，引起了轩然大波。引起重大争论的是把强奸、凶杀还有跳楼等社会故事用动漫画表达，以新闻的形式展现。因为记者去报道的时候，一般只能看到一些已经处理过的现场，没有办法还原细节；现在用漫画的形式还原了，就引起了很大的争议。一方面社会上反对声音很大，另一方面，许多市民大众特别喜欢以这种形式阅读新闻，这是一种非常矛盾的现象。《苹果日报》正在酝酿创办动漫电视台。

媒介融合对于新闻教育是一个极大的挑战，却给实践活动带来了很大的空间；大家都在谈媒介的各种新尝试，对专业记者的要求也提高了，要求新一代的记者在判断和操作两个方面有更娴熟的专业技能。所以对我们的新闻教育，尤其对老师的挑战是比较大的。年纪较大者，或者以前在传统报业和广播电视有过从业经历者，现在越来越发现很难在新的形势下实施制作和教学。当然，理论课和方法课也正在酝酿一些改革，手机和网络的结合大家都意识到了，但是还不知道下一步应该怎样去体现在新闻教育方面。

比较两个媒体融合的制作流程，以《东方日报》和《苹果日报》为例：《东方日报》是一份市井的报纸，发行量特别大，也是上市公司，所以它的资源比较丰富，对于新闻实践的处理是按照传统，把它分成文字记者采访和电视记者采访摄影拍摄的片断，一方面可以上网，一方面可以上报。《苹果日报》不太一样，《苹果日报》只派文字记者，另加一摄影者，此人只负责拍摄，不带文字的表述和新闻的采访，只是把画面拍下来，回来之后根据文字记录，将所得的影片制成短片，另外现在还有新增新闻动漫室，他们进行故事的绘制，把整个故事画出来，比如法庭报道，一般是不允许摄影摄像的，他们用动漫的形式，把法庭辩护的过程描绘出来。还有一些凶杀案、偷盗案等等，都要用动漫的形式画出来。这些动漫师也受过一些新闻训练，主要是搞美术、视觉艺术出身的。这是他们现在做得比较厉害的一方面。动漫新闻的特点，就是将真实拍到的照片、文字讲述和想像模拟相结合，模拟虽然有一些真实的成分,但大部分情况都无法证实,所以对传统新闻的理念是极大挑战。无奈的是,这种报道确实挺受欢迎,尤其是青少年点击率特别高,像滚雪球一样。《苹果日报》在台湾要搞动漫电视,正在申请牌照,本来如果一切顺利,2009 年底可通过。但是 2009 年 11 月 16 日,他们动漫新闻播出了一则社会惨案,引起社会极大的反响。11 月 25 日,台湾"国家广播通讯委员会"对其动漫新闻罚款 50 台币,认为他们触犯了社会的善良风俗,引导整个社会走向不良风俗,引导青少年走向低级趣味。此事在台湾引起了较大的争论,即媒体一方面要有新闻自由,另一方面也要强调社会责任。

有关电视业的情况,简单来说,香港有很多的电视,但是因为地方太小,只有 700 万人口,所以这几年竞争很激烈。有 24 小时新闻频道:有线、NOW、无线电视、宽频电视、ATV 新闻及凤凰卫视。最重要的变化就是 24 小时的新闻互动台、网上新闻节目、三频流动电话新闻信息,还有通过手机融合的手机电视,现在开始正在很快地发展,但是都没有找到赢利的方法,只是在烧钱。

媒介融合让受众更快了解最新动态,与受众之间形成互动,受众可以即时作出反馈。媒介合作以及融合,在新媒体涌现下越发普遍,亦有助于开源节流、减少成本。

传统广播与网络媒体融合的实证分析

——以中央人民广播电台中国之声、中国广播网台网一体战略为例

伍 刚*

中央人民广播电台(简称中央台)中国之声、中国广播网在2008年初抗风雪报道中启动台网一体战略,2008年11月中国广播网启动中国之声官网改版工作,2008年12月1日中国之声广播改版、中国广播网同步推出中国之声官方网站新版。2009年2月17日,中央台关于加快新媒体发展工作会议召开,3月1日,中国广播网落实台网互动、台网一体战略,完成第八次重大改版,中央台实施台网一体战略,用新媒体优势提升传播力,从单一广播新闻向全媒体内容传播转型。中国广播网作为中央台广播新媒体平台有效延伸广播传播链,每天与中国之声实时同步图文视频直播15.5小时。2009年,中国广播网半年累计点击量52.6亿、访问人次4.8亿,在Alexa全球排名系统一年多时间提升了48,596位;在中国互联网协会主办的中国互联网排名中,从2009年3月的595位,提升到6月的455位,三个月提升了140位;在互联网实验室中文网站排行榜上,6月9日综合排名321位,分类排名第7位,一个月提升4.37%。

与此同时,中央台台网一体对各大商业门户网站的影响力日益显著,原创新闻资讯备受各大中央重点新闻网站和商业门户网站关注,各大网站转载量日均达二十多家,高端、权威、及时、鲜活的"央广新闻"独家报道不仅受到中央和地方重点新闻网站密切关注,被人民网、新华网、央视网、中国新闻网、浙江在线、红网等新闻网站转载;而且受到各大门户网站重视,被新浪、搜狐、腾讯、网易等网站首页和新闻中心双首页广泛转载;同时,还得到境外网站跟踪关注,被CNN、美联社、《华尔街日报》、路透社、《联合早报》、凤凰

* 作者系中央人民广播电台高级编辑、中国广播网副总裁。

网、MSN网站等首页甚至头条位置推荐；另外，中国之声、中国广播网台网互动的独家消息被新浪新闻短信、《中国日报》中英文手机报及时推送给移动用户。可以说，中国之声、中国广播网台网一体有力扩大了中央台的网络传播覆盖率和影响力，推动着中央台向“现代化综合全传媒集团”转型。

中央台中国之声、中国广播网台网一体实现了传播双赢。中国广播网2009年6月在百度的指数表明：月均用户关注度提升了9%，近一季度提升了3%，中国之声日均百度搜索引用8,830,000条，央广新闻日均百度搜索引用3,460,000条，谷歌搜索引用12,700,000条。见表1。

表1　2009年6月12日中国之声、中国广播网在全球两条搜索和三大排名系统中的排名情况

	谷歌日均搜索引用条数	百度日均搜索引用条数	ALEXA全球排名（国内排名）	艾瑞排名	中国互联网协会中国网站排名	互联网实验室中文网站排行榜分类排名百万IP
中国之声	12,700,000	8,830,000	—	—	—	—
中国广播网	21,990,000	3,730,000	9858/701	27	463	321/7/140

一、组织机构保障台网一体

中国之声、中国广播网组织机制保障台网互动策划采编一体化运行，全力打造全天24小时不间断直播的中文互动在线广播第一品牌。

从2009年5月11日开始，中国之声、中国广播网建立领导联席办公机制，形成日常协商解决台网互动对接制度，双方采编人员、对口部门在一个统一指挥中心和信息平台工作，中国广播网负责人全天候进驻中国之声，中国广播网部门主任以上领导全部加入台内RTX腾讯通系统，和中国之声共用一个即时通讯平台，随时沟通。中国之声、中国广播网从前台到后台实现流程再造，全面盘活现有资源，把台网互动的思想贯彻到每个员工心里和行动中。

中国之声、中国广播网集体策划、充分融合，从策划到采编抢时效、从直播到反馈重首发，中国之声、中国广播网台网互动每天抓重点、抓特色。中国之声独家新闻信息网络出口统一到中国广播网平台，中国之声采编人员向中国广播网提供网络稿，中国广播网和中国之声共同召开每天从早到晚四次选题策划会，对每一选题提出多媒体的策划点，每天有一个亮点与台内实现互动。中国之声在进行选题策划时充分考虑内容的多媒体呈现，中国广播网首页要闻区的新闻紧贴中国之声，力争达到80%以上原创，所有原创新闻实现了"广播轮盘滚动、网络实时互动传播"的传播强势。

为加快传统媒体与新兴媒体融合，把握高端信息传播发布主动权，中国广播网推出"倾听中南海"等栏目，搭建网民直达中央、中央倾听民声的网上通道。继2008年9月推出全球首家24小时新闻广播站后，此次改版又推出频道，为网民提供党和政府最新动态，同时通过网络互动将网民对政府工作的意见、建议传给政府，建立起上通下达的沟通桥梁。

二、台网一体无缝链接，实时联动

中国之声、中国广播网台网一体，实现传统广播媒体和网络新媒体生产流程、生产标准、生产机制统一，以台网互动为动力，以央广新闻音频为主体，以图文和视频为两翼，带动独家报道原创率、首发率、落地率同步提升，加快重大议题、重大典型、重大主题、突发事件的响应速度，力求台网一体采集、策划、传播无缝链接、实时联动，最终形成量化、标准化的传播流程。

在全球甲型流感、吉林毒气事件等报道过程中，中国之声和中国广播网台网一体联合出动，前后方密切配合、通力作战，各路独家消息受到门户网站转载，新浪等新闻手机短信也于第一时间推送中国之声、中国广播网独家消息。

2009年5月12日下午4点，中国之声特别报道部和中国广播网记者在得到吉林千人中毒事件消息时，距离飞机起飞仅剩2小时。中国广播网当即派出视频记者随同中国之声"新闻纵横"记者同机前往吉林，并第一时间赶赴现场，连夜对中毒事件进行采访报道，第一时间发回图文、音频、视频报道《吉林化纤集团千人中毒事件追踪》，引起各大新闻网站强烈关注，数百家媒体转载，达到有史以来最高。

5月12日前方记者在第一时间将采访内容传回后方后，5月13日早8点56分又及时推出《独家视频：吉林化纤集团发生千人中毒事件》，并在新浪论坛、网易论坛等多家论坛进行主动推送。

消息发出不到1小时，各大网站纷纷转载视频稿件《独家视频：吉林化纤集团发生千人中毒事件》，截至5月13日中午12时，已被搜狐、新浪、中国新闻网、人民网、凤凰网等40多家大型网站转载，搜狐将其列为国内新闻头条，其“我来说两句”留言在2小时内达到1,256条。

三、台网一体名栏目网络化

中国之声、中国广播网启动名栏目网络化工作，全天候实时互动，实现广播名栏目、名论坛无线传播与在线互动融合，广播、论坛互为推广，听众网友互动，提高舆论引导力。

在2008年抗击风雪、汶川地震到北京奥运，2009年两会报道等重大报道中，中央台中国之声、中国广播网形成台网一体采编前后方互预告、互推广机制，广播每天在黄金时段播报推广中国广播网，中国广播网每天实时预告中国之声“今日导听”、节目亮点，一些重大报道在中国之声全天重要节目、滚动节目和中国广播网要闻区、中广视频发布报道后，及时开通中广论坛，与网友进行交流互动，引起听众网友热议。

中国之声、中国广播网台网一体启动名栏目网络化工作，重点将“新闻与报纸摘要”、“新闻纵横”、“全球华语广播网”、“全国新闻联播”、“千里共良宵”等名栏目实现广播图文化、专题化、互动化、视频化，将广播节目传播资源在网上做足做大，发动广大广播记者、主持人、评论员、嘉宾开博，在中广论坛、博客实时互动，将各大媒体主编在线独家评点放在中国广播网首页，广播频道领导、记者、编辑通过博客与听众网友交流，受到听众网友欢迎。目前，中国广播网的博客频道和论坛频道在全球网民访问排行中位居第二、第三位。

以2009年5月27日油价调整报道舆论引导为例，中央台台网一体发挥了高端、及时、权威的传播优势，做到了第一时间权威发布、第一落点舆论引导。针对多家媒体纷纷预测成品油零售价格可能在27日晚上调，中国之声率先于5月27日17时01分播发中国之声记者冯雅刚刚从国家发改委有关部门了解到的权威消息：近期成品油价格不会上调。中国广播网在首页头条位置推出《国家发改委辟谣：近期成品油价格不会上调》，这条消息经中国之声、中国广播网首发后，中国四大门户网站新浪、搜狐、网易、腾讯皆在首页转载，当天百度搜索网页约11,200篇，谷歌搜索相关网页129,000条。

中国之声、中国广播网《国家发改委辟谣：近期成品油价格不会上调》和《神木县卫生局：财政有充足资金为百姓看病买单》两条稿子转载跟帖情况，见表2。

表 2　中国之声、中国广播网稿件转载跟帖情况

台网一体首发新闻	转载网站类别	转载网站	转载位置	跟帖评论数	浏览量、搜索条数
国家发改委辟谣：近期成品油价格不会上调	中央地方媒体网站及传统媒体	新华网、人民网、中新网、红网、广州日报、新京报	各大网站首页及QQ、MSN迷你首页推荐	广州日报、新京报用央广消息跟帖2,541条	—
	各大门户商业网站	腾讯网	首页及迷你首页	8,055	—
		新浪网	首页、财经、汽车频道	2,675	—
		搜狐	首页粗体	1,571	—
		网易	首页第五条	690	—
		中华网	首页头条	—	—
		百度	—	—	11,200
		天涯	天涯杂谈	320	18,973
	境外	谷歌	—	—	12,900
		凤凰网	首页	334	—
		联合早报	首页	—	—
		路透中文网	首页头条	—	—
		MSN 中文网	首页	2,541	—
神木县卫生局：财政有充足资金为百姓看病买单（记者：曹凯、刘涛、张芳　编辑：徐芳）		新浪网	首页	3,851	—
		搜狐	首页	1,560	—
		腾讯网	首页	8,691	—
		网易	首页	2,399	—
		百度	—	—	3,460

四、台网一体独家报道转载率创新高

中国之声、中国广播网独家新闻以其及时性、客观性和权威性而被各大网站广泛转载，而其中以新浪、搜狐、网易三大门户网站为代表。我们从转载新闻总量、转载新闻类型、转载新闻流量以及转载特点等四个方面分析了中国广播网 2009 年 5 月的部分新闻被三大门户转载的情况。

1. 转载新闻总量对比

万瑞数据抓取了 2009 年 5 月(5 月 1 日—5 月 31 日)三大门户网站转载中国之声、中国广播网台网一体独家新闻,共 693 条。其中,中国之声、中国广播网独家新闻被网易转载 46 条,被新浪转载 345 条,被搜狐转载 302 条。见图 1。

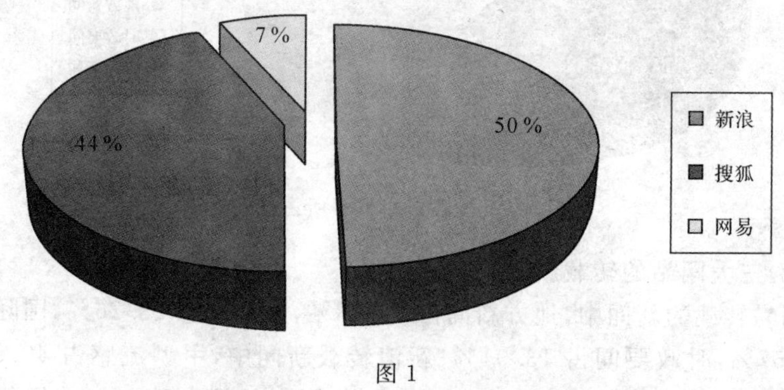

图 1

2. 转载新闻类型比较

我们把中国广播网被三大门户转载的新闻分为地方新闻(包括地方突发事件、反腐、民生),国际新闻(包括国际政治、经济热点),甲型 H1N1 流感新闻(以下简称“甲型流感”,起源于国外的甲型 H1N1 流感从 2009 年 4 月开始迅速在五大洲蔓延。作为一个涉及个人生命安全的公共突发事件,流感的传播受到各方的广泛关注,故我们将这一焦点话题作为一个类型单独列出),时政要闻(包括国内政治、经济热点)。见表 3。

表 3　新闻类型说明

新闻类型	说　明
地方新闻	包括地方突发事件、反腐、民生新闻
国际新闻	包括国际政治、经济热点新闻
时政要闻	包括国内政治、经济热点新闻
甲型流感	一个涉及个人生命安全的公共突发事件,单独列出

(1)转载的各新闻类型。

在总共转载的693条新闻中,甲型流感新闻289条,占41.64%;地方新闻221条,占所转载新闻的31.84%;国际新闻95条,占所转载新闻的13.69%;时政要闻89条,占12.82%。见图2。

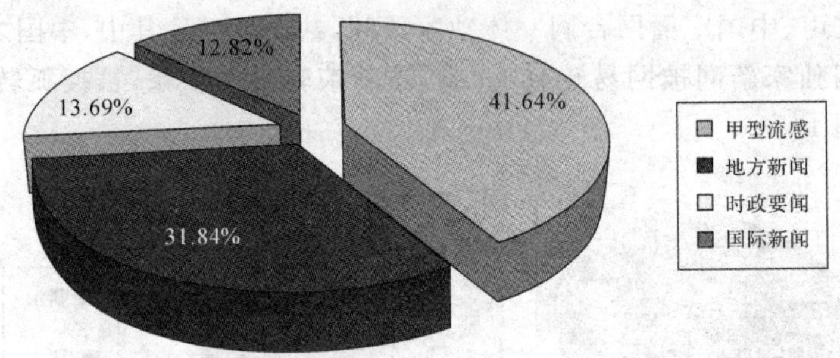

图2 所转载新闻类型所占比例

(2)三大网站的转载新闻类型。

网易转载的新闻中,地方新闻占39.13%,甲型流感28.26%,国际新闻占19.57%,时政要闻占13.04%;新浪转载新闻中,甲型流感占40.58%,地方新闻占39.94%,时政要闻占11.88%,国际新闻占11.59%;搜狐转载了302条中国广播网新闻中,甲型流感占44.88%,地方新闻占22.07%,国际新闻占15.18%,时政要闻占13.86%。见图3。

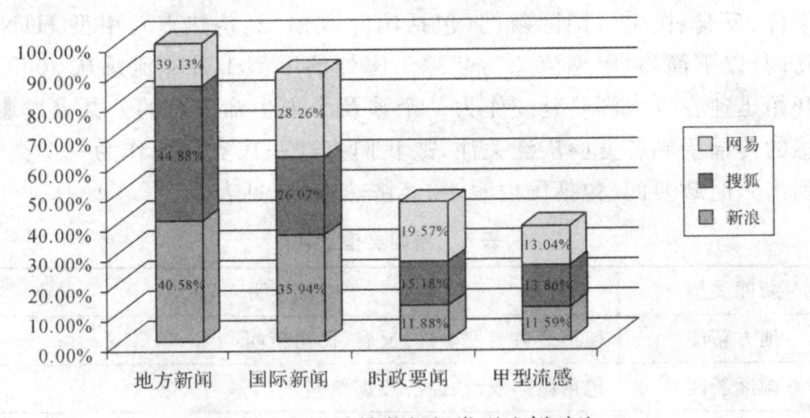

图3 三大网站转载新闻类型比例对比

3. 转载新闻流量统计分析

时政要闻抢占第一高地、各地突发热点新闻抢占第一落点。

(1)转载的各新闻类型流量统计。

甲型流感总流量最高,达 7,967,034 次页面浏览量;其次是地方新闻,共达6,790,697次页面浏览量;再次是时政要闻,共达2,988,430次页面浏览量,最后是国际新闻,总达2,248,594次页面浏览量。见图 4。

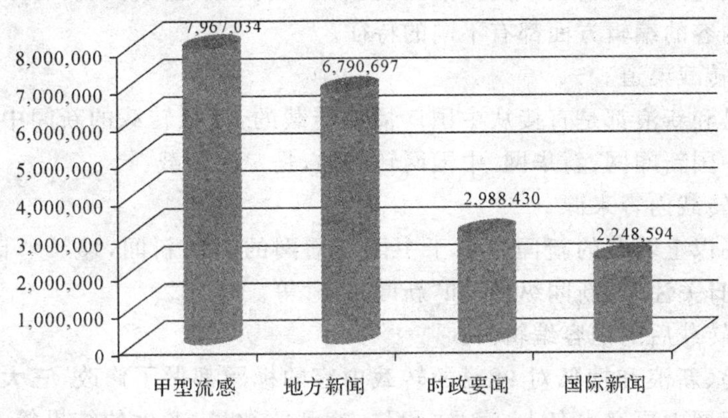

图 4 各新闻类型总流量对比

(2)转载新闻类型的平均流量统计。

为了更好地显示各新闻类型相比整体的浏览量,我们统计了转载新闻类型的平均流量,即各新闻类型的总流量/各新闻类型总转载数。我们可以看出:时政新闻的平均流量最大,达31,457次页面浏览量;其次是地方新闻,30,727次页面浏览量;再次是甲型流感,达27,568次页面浏览量;最后是国际新闻,达25,262次页面浏览量。见图 5。

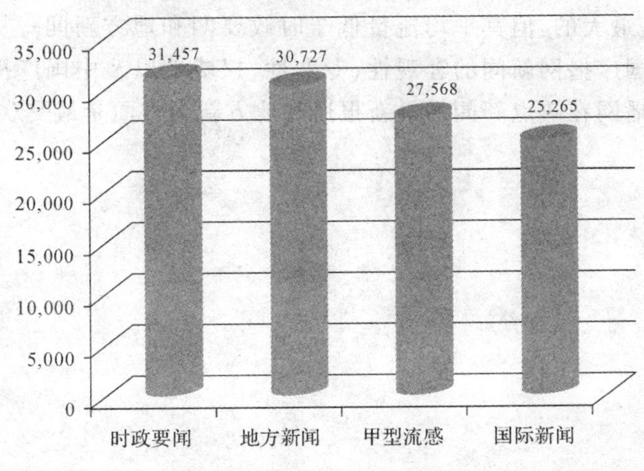

图 5 各新闻类型平均流量对比

由此可以看出，虽然甲型流感的转载量和总流量是最大的，但其平均流量却小于转载的时政新闻和地方新闻。

4. 各大门户滚动式转载传播、呈现全媒体化特征

三大门户网站转载中国广播网的新闻从转载渠道、转载内容来源以及转载后内容的编辑方面都有不同的特征。

(1)转载渠道。

网易和新浪都是直接从中国广播网转载的，搜狐转载的新闻中有少部分是从中国新闻网、新华网、中国网转载的，是二次转载。

(2)转载内容来源。

85%以上转载的新闻来自于中国广播网的滚动新闻，15%来自于“要闻”、“今日关注”、“新闻纵横”和“新闻头条”等。

(3)转载后的内容编辑。

网易、新浪和搜狐对98%的转载内容的标题都做了修改，三大网站的编辑在标题中更突出名人、官员、职位、达到的数量、产生的结果等，或者缩减了标题中的文字。三家网站都在部分转载的新闻前加央视、地方卫视的新闻视频。新浪在添加视频方面达到40%，是三大网站中增加视频最多的。

在转载的693条新闻中，中国广播网独家、最新采访报道、图片及评论被三大网站的转载量，新浪最多，搜狐其次，最后是网易。在转载新闻类型方面，有关甲型流感的新闻在新浪和搜狐的转载量是最多的，之后是地方新闻、时政要闻、国际新闻。从流量来看，和甲型流感新闻的转载数量相对应，其总流量是最大的，但其平均流量低于时政要闻和地方新闻。从中可以看出：凭借中国广播网新闻的客观性、专业性、权威性以及中国广播联盟的优势，中国广播网在热点新闻的最新报道和地方新闻方面是最受欢迎的。

中国广电媒体的融合化生存

栾轶玫*

一、融合的三个背景

融合源于以下三个大背景:

第一个是时代背景。媒介自身的进化使得当下已进入了一个"融媒体"时代。媒介技术发展到今天,媒体已不再是单一介质的社会组织,而是容纳了多种介质的一个复合性社会机构。这一组织又不同于以往的媒介集团化,它更强调通过介质的多元与融合,使原有的传统媒体能借技术力量获得重生并焕发生机。

第二个是社会背景。中国工业和信息化部 2010 年 3 月发布的统计数据显示,2009 年,中国网民数净增超过 8000 万,达到 3.84 亿,继续位居全球首位。统计数据还显示,中国宽带网民数占网民总数已超过 9 成,农村网民数量超过 1 亿,有 2.33 亿人通过手机上网。中国迎来了宽带发展的一个好时期。

第三个是政策背景。2010 年 1 月 14 日,国务院召开了"三网融合"会议,突破性地提出了阶段性目标:2010 年至 2012 年,重点开展广电和电信业务双向进入试点;2013 年至 2015 年,全面实现"三网融合"发展,并建立新的体制、机制和新型监管体系,切实推进中国的信息化。中国 2010 年信息化工作重点即以 3G 为契机全面进入"融合"时代,包括推进融合型技术和业务发展,向融合化、多媒体化和集成化综合信息服务转型,促进电信和广电业务双向进入等。

* 作者系中央人民广播电台网络发展部主任。

二、四个层面解读融合

国家层面:融合是个格局命题,打破以往的垄断局面,按照互联网的本质属性,还原其“互联互通”的基本样貌。通过融合的具体策略,鼓励行业间的适度竞争,改变此前的多头管理,形成高效监管的模式,从而有利于形成产业格局,实现中国的信息化,并与国际格局接轨,进一步增强我国的信息产业的实力。

产业层面:这是一个产业自我更新的命题。渠道商做内容、内容商做渠道——一种全业务形态因为“三网融合”正在形成,短期来看,将对上游设备提供商带来直接利好;长期来看,有线电视运营商和电信运营商间的比拼在于谁能提供更具吸引力的节目或服务。对中国广电而言,丧失了内容牌照的独家控制权,还将面对渠道、业务模式、服务意识、用户积累等多方挑战,这意味着中国广电媒体将迎来一场自我革新与自我挑战。其中,服务、用户、人才将成为竞争的重中之重。

媒介生态层面:多样化的参与者有利于媒介生态的良性发展与整体平衡,制衡将在更为高效的层面展开。

受众角度层面:融合将产生多元化的服务、多种类的内容,受众将拥有更多样化的选择。由于技术融合带来的便捷,使得用户体验更方便,花费更经济。

三、融合时代竞争的多维度

融合时代的竞争将在多维度展开,体现在产品创新、渠道开拓、用户管理、形象管理等多个方面。

首先,产品创新。产品创新有两个着眼点,即新闻产品必须要包含“多种意媒”元素,如文字、图片、音频、视频等;新闻产品还要包含两个来源,即传统信源与民间信源。

其次,渠道开拓。新闻产品的投放将在多个渠道展开,不局限于先前的单介质,一条新闻稿件除了“跨介质”(广播、电视、纸媒、网络、手机)传播外,还将“跨平台”(有线平台、卫星平台、无线平台)传播。

第三,用户管理。这是传统媒体在融媒体时代实现华丽转身的核心所在,“以用户理念取代先前的受众理念,变受众为用户”是融媒体时代获得并扩大目标人群的关键。web 2.0 的核心在于运营人，人是融媒体时代新闻生产及媒体营运的起始点，也是终极目标。

最后，形象管理。融媒体时代，传播机构“多介质”的特点使得形象管理变得非常重要，媒介形象是一种独特的社会资本，是一种重要的生产力，输出什么样的形象碎片、制造什么样的形象话题、建构何种形象目标，这些都是媒介竞争中不得不考虑的问题。

四、融合化生存的关键词

谈到中国广电媒体的融合化生存，主要包括两个方面，一方面是外部融合——解决“外链”问题，与电信、互联网形成良性竞合局面；另一方面是内部融合——解决“内链”问题，即传统的广电如何向融媒体过渡，也即我们通常意义上说的“台网一体”。对中国广电媒体而言，融合化生存有以下几个关键词：

1. 融合中的竞合与快吃慢

在外部融合方面，中国广电在自己掌控的优势区域应力图有新的突破，比如“高清电视”，高清电视是电视进化的新阶段，它将给受众提供更优质的观看体验，高清是广电的优势所在，想要在三网融合的趋势下与电信企业竞争，势必要发展高清产业。高清电视被广电总局列入了 2009 年广播影视工作重点。2009 年 9 月 28 日高清、标清同步播出标志着我国已真正进入高清时代。除了在高清方面外，中国广电媒体要想在融合中胜出，则需在无线互联、物联网等新领域里有所建树。融合中的“竞合”首先是“合作”，其次才是“竞争”。打通与其他外链之间的合作渠道，建立共赢的合作模式，为自己的发展迎来起跑优势可能是广电融合化生存的先手之道。此外，融合时代是一个快吃慢的时代，在新业务的开拓、布局方面奉行以快制胜的原则，广电媒体因此应该着意储备发现新业务、开发新业务的能力与眼光，并且通过保障机制使其能在最快时间形成模式化、规模化竞争优势。

2. 融合中的业务领袖——视频

自 2006 年起，中国网络视频行业已经走过三个多年头。在短暂的三年多中，网络视频取得了长足进步，用户覆盖和影响力不断提升。据艾瑞咨询最新发布的数据：截至 2008 年底，中国网络视频用户规模已超两亿人；用户覆盖率达到 78.5%，即每五个网民中就有近四个是网络视频用户。2009 年

10月，DCCI Netmonitor 监测数据显示，网络视频受众规模已经达到约2.47亿人，从绝对数量来看，网络视频受众已经达到相当可观的规模。预计到2013年，全球范围的网络视频用户将较2007年增长3倍，达到10亿！

我们说融合中的业务领头羊是视频，源于此时的视频发展与3年前的处境大为不同，宽带技术、受众习惯、手机普及、广告投放等等都为视频成为新媒体未来3～5年发展的重中之重提供了充足的支撑。视频江湖如今相当拥挤，百度宣布正式组建独立网络视频公司，全面进军正版高清网络视频领域；中国四大门户网站：新浪、腾讯、网易和搜狐都有了自己的正版视频业务，一场基于视频业务的会战已经开始。除此之外，2009年末，国家级视频专业队全新登场——"国家网络电视台"是以视听互动为核心，融网络特色与电视特色于一体的网络视频公共服务平台，它将使视频时代进入一个全新发展阶段。随着国家网络电视台正式开播，国内网络视频领域的"公家团队"——"北央视、南凤凰、东上文广、西湘广电"的版图悄然成型。这些动作都符合传媒向三网融合演进的趋势，是数字电视、手机电视、IPTV和电视台互联网站视听新媒体发展的必然方向。

未来3～5年，新媒体在没有更新技术出现之时，视频将成为新媒体发展的关键一环，这一大趋势对于中国广电媒体而言无疑喜忧参半：一方面，天然的垄断优势将被打破，更多的"外来者"将加入竞争；另一方面，整体的市场蛋糕将更大，而广电业已拥有的在视频方面的历史经验与人才储备将为其在新版图中占有重要位置提供先天优势。

3. 融合中的用户运营

融合时代，只有用户，没有受众，受众观念将全面被用户观念取代，对于中国广电媒体而言，未来面对的不再是传统意义上的"听众"与"观众"。传播，不再是未来广电媒体的唯一任务；服务，将是其多元化平台上的新增使命。

融合中的用户运营包含两个重要方面：首先，能向用户提供独特且方便易得的"体验"；其次，能为用户创制"关系"并在维护"关系"中发挥作用。在提供"体验"、创制"关系"方面，中国广电媒体两个可用的现时机遇，一个是SNS(社交网络系统)，另一个是3G。据Nielsen最新调查显示，具有社交网络和博客双重功能的"SNS"的登录人数多达全球互联网用户的2/3，是用户到访率、增长率最高的网站之一。SNS通过各种各样的形式将一个个分散的用户连接并粘在一起形成新的社会关系。SNS是新广电可用的一个重要平台，传统广电节目可通过"注册"或联合开发"插件"等形式入驻这一平台。这方面较成功的媒体先行者有“新华电视”与“上广电”，他们都在“开心网”上积极建立自己的网址，通过传输独特内容，延伸传统媒体的品牌价值，成功地将自己先前的听众转化为融媒体时代的“用户”。到2009年，全球3G用户已突破9亿户。未来“移动广告”、“移动新闻”等业务都将发展迅速，其中，“移动视频”将是3G业务的重要表现形式。如果说一些传统广电在新媒体的第一个十年，即“有线互联”的黄金十年已然输掉了比赛，那么3G带来的“无线互联”时代给传统广电提供了一个全新机会，大家又可以站在同一起跑线上奔跑。这次，成为“无线互联的服务提供商”是新广电的一个华丽转身。

首先，用户更细分，这是融合时代用户的鲜明特征。由于融合时代广电媒体面对的不再是“面目不清”的“受众群像”，而是一个个更为具象化的“用户个体”，这使得用户市场日渐细分，甚而用户由“细分”到“微分”，比如一些广播网站考虑建立“音频淘宝网”，即音频素材交易市场，将分类化的音频素材提供给“微分化”的用户——音频工作者或音频发烧友，从而获取利润。

其次，广告变窄告，窄告更窄。web 2.0时代已经开始强调人性化服务，强调个性化的体验，web 3.0时代的网络广告会更加细分受众，将广告变为更窄的“窄告”。只有广告主明确自己的目标受众，广告才能具有良好的广告效果，才能获得经济利益。广告公司的广告策划将针对更“微分化”的用户，专门设计制作相应的“窄告”。从受众的角度来说，广告更能迎合他们的个体口味，产品会显得很符合他们的心意，他们也会乐于购买产品。

最后，体验更独特。提供独特的体验是融合时代用户运营的另一个关键点，这种体验是全方位的，以新媒体广告为例，web 3.0时代的广告通过新技术，进一步实现画面立体感，广告制作呈现3D电影效果，以此缩小虚拟的网络与真实的现实之间的差距，为受众创造一种身临其境的感官体验。

4. 融合中的商业模式

融合使得整个产业链发生了新的变化，融媒体时代，商业模式将有多种形态，但其核心配方要素将围绕以下几方面展开：(1)新技术催生新模式：即一种新的技术产生，将有可能围绕这项核心技术形成新的利益链条与商业模式；(2)外部产业对融媒体的支持：融媒体时代因为融合延伸了产业链的外延，处在媒体之外的外部产业将影响着融媒体的走向，通过“共融、共生、互补”等多种方式与融媒体嫁接从而形成新的商业模式；(3)“虚拟—现实圈”催生新的商业模式：新旧融合时代使得人的社会关系、生活方式都呈现出与以往不同的特性，人们将不仅仅在以往单一的“现实圈”中生活，而是在

“虚拟—现实圈”两个圈中来往，基于打通这两个圈子的新兴商业模式也将油然而生；(4)视觉化传播将成为媒体商业模式的最快成长点。未来人们对信息的需求将由文字更多地转向视觉，视频成为融媒体价值链上最大的利润领域。

5. 融合中的内容生产

三网融合，使得信息服务由单一业务转向文字、话音、数据、图像、视频等多媒体综合业务。在多个行业共同加入这一市场后，有两个显而易见的结果：一个是整个内容市场将扩大化、规模化；另一个是内容市场的竞争将经过前期的“混乱无序、同质相伤”到未来的“异质互补、多元共生”的发展路径。融合过程中，广电媒体的内容制作与呈现将要遵循以下几个规律：

(1)新媒体内容的“基因”原理：新媒体内容产品更讲究“谱系”，产品与产品之间讲究“承接度”、“同源度”，但同时仍寻求细微的“异质性”。“谱系”化的产品使得用户使用时能借助过往经验，从而易产生亲近感与接受度，而“异质性”产生的新鲜感又成为受众使用此产品的新一轮号召力。

(2)新媒体形式即内容：广电媒体融合化进程中，内容生产必然面临一个观念转变，即新媒体与传统媒体不同，更强调形式，形式本身已构成了内容的一部分，这也是为什么我们强调用户体验、易得性、易操作性等等，这些形式层面要素的良好实现有助于人们对内容的理解与消费，相反，如果没有形式层面要素的配合，再好的内容也会受到抛弃，这一点儿在新媒体时代尤为显著。

(3)新媒体内容生产的数据库化：新媒体是一个诞生在数据库基础之上的强大网状媒体，数据库化是未来内容生产的一个根本形态，这一点在 web 3.0 时代尤为显著，基于数据库展开的系列应用将为融合时代的广电媒体带来新的增长。

(4)观点将成为主角：融合中的内容生产，观点将渐渐超越信息成为内容的主角。融媒体时代，当人人皆为传者，信息将如洪水般聚集、传播，信息洪流促使了信息大坝的出现，否则人类将在信息洪流中被吞噬。观点产生者、意见领袖们成为信息洪流中的“过滤人”与“意义生产者”，比如一些广电媒体聘用了大量的专家学者，以“人见”统领信息，以观点阐释信息。

6. 融合中的流程再造

融媒体时代彻底改革了新闻的生产与消费，在这样一个大趋势下，媒介机构要想在竞争中胜出，就要对先前的新闻生产流程进行全新再造，以期焕发新的生命力。流程再造是 20 世纪 90 年代初期在美国兴起的一次管理变革浪潮，其核心命题是“对组织的作业流程进行根本的再思考和彻底的再设计”，目标是“取得在成本、质量、服务、速度等关键绩效上重大的改进”。新闻生产的流程再造是媒体机构以一种首尾相接、完整的整合性过程改变过去被不同介质割裂、不同部门管理造成的支离破碎的局面。

新闻生产的流程再造要解决以下几方面的问题：首先，内容的生产将是多媒体化的，收集过程将是多媒体汇流的。其次，收集而来的新闻内容，需要经过一个“评估中心”，对新闻素材做出一流的价值判断，以及去向判断。再次，要解决新闻分发问题，手机、广播、纸媒、电视、网络等多渠道建制，使得同一内容不同形式的新闻产品能沿着各自既定的渠道运行，从而保证了一件新闻产品的复次、多介质、全方位传播。最后，要解决新闻产品抵达用户后的反馈以及来自用户的信息（UGC 用户贡献内容）如何上浮的问题，比如说建立 call-center 中心，将受众当作用户来管理；形成新闻推送模式，用短信预告新闻事件的发生，并号召受众及时补充在场所见所闻等等。

新媒体是一个速度媒体，因其超音速的发展态势，使得人们不再害怕犯错，错误能被更快的“更新”掩盖，同时也使人们一直处于不断追赶、不能停顿的旅途中，而难以停下脚步校正方向；新媒体同时是一个没有历史的媒体，因为没有历史，因此少有媒体专业人士，少有传承，这使得它在未来发展中必将面临人才匮乏。而对中国广电媒体而言，除了上文所述的操作层面的实现以外，融合化生存最大的制胜法宝来自人才，中国广电聚集了传统的最优秀的媒体专业人者；最大的隐忧也来自人才，融合的平台为人才自由流动创造了条件，因此，可以说，打响人才保卫战是中国广电媒体融合化生存的第一战！

试论媒介融合背景下广播媒介的传播效力

李永健*

一、媒介融合背景下的广播媒介

随着新媒介的不断诞生，媒介融合成为一个越来越热的概念。在传统媒体市场竞争中，广播竞争力偏弱，新媒体凭借媒介融合的传播优势又在不断分流广播的受众与市场份额。事实上，从信息传播过程看，广播系统设备是最能够实现低成本便携化的大众传播设备；从信息接受者的角度出发，伴随技术进步，广播终端已可作为附件集成到手机、MP3等设备中，便携性最强。有人认为，如果广播能成为国家应急系统的一分子，它将在突发事件及中央政策宣讲方面发挥更为重要的作用。下面我们将以2008年中国南方冰雪灾害为例，来分析广播媒介的传播效力。

2001年，美国学者帕斯(E. M. Perse)在《传播效果与社会》一书中说危机影响到数量很大的人群，以突发性、不确定性、失控、反应情绪化和威胁生命财产为特征。因此，广播媒介的陪伴功能，它的方便及易得性、广泛性等特点都说明，广播媒介是应付突发危机事件最好的媒介之一。

时间飞快，眨眼2009年的冬天到了，第十九届中国新闻奖又揭晓了，得知中央人民广播电台的《爱心守望、风雪同行》获得了一等奖，在此颇有感受。因为此前笔者曾经在自己所教授的新闻学专业的学生中做了一个调查，让他们选出在2008年南方冰雪灾害报道中自己认为做得最好的媒体，结果在笔者所教的八个班当中(主要是大三和大二的学生)，没有人提及广播在这次突发事件中的作用，一提就是电视、网络、报纸，大家好像把广播都忘了。此次获奖充分证明广播媒介在信息社会中仍然可以发挥重要的作

* 作者系中国青年政治学院新闻与传播系副教授、博士。

用。中央人民广播电台《爱心守望、风雪同行》专题节目在2008年百年不遇的雪灾中充分发挥了广播媒介的特点：爱心守望，体现了危机传播中媒介的新功能，将作为人们心灵的抚慰剂；风雪同行，意味着信息的传递在任何困难的时刻都不会间断和停止，我们将和风雪同行，随时记录报道最新的发展。作为大众传媒的爱心守望，不但守望着那些由于自然灾害而被阻隔孤立起来的心灵，而且还让他们和整个社会都建立了互动的渠道。

让我们再重温当年的情景，那是雪灾最困难的时期，湖南郴州全城停电，市民找出埋藏在箱底的收音机保持与外界的联络。在这期间，一辆因为雪灾堵在路上的天然气运输车遇到困难，燃气罐压力持续上升，产生危险。他们首先想到求助的媒介就是广播，因为在车上他们只能通过收音机了解外界情况。当他们得知这次灾害的严重程度，了解到他们将会被长时间堵在路上，他们及时采取措施，发送手机短信给中央人民广播电台《爱心守望、风雪同行》这个栏目和编辑记者互动。之后，媒介请教专家解决问题的方法，并及时发布消息，引起公安部门的重视，最后通过当地的交警解决了问题。

政府也及时认识到了广播在这次救灾中的重要作用。2008年2月2日，温家宝总理在赶往郴州的火车上接受中央人民广播电台的专访向全国人民拜年，介绍此次南方冰雪灾害的抢险情况。当天，中央政府有关部门又捐赠5万台收音机给南方受灾地区，发放给那些在火车站等待的，及偏远地区的人们，让他们随时随地通过广播了解救灾的最新消息，抚慰公共情绪。在这次危机中，广播媒介的作用显而易见，可是为什么我们有那么多将要从事媒介行业的同学会忽视广播呢？这一现象是不是有其更深层次的原因呢？

二、现代社会真的不需要广播了吗？

提出“人类是一个娱乐至死的物种”观点的美国学者波兹曼认为，广播媒介正在衰落，文字被影像所取代，特别是电视的影响令人关注。印刷媒介主导揭露的时代；电视降临演艺的时代；电视的本质是娱乐。还有学者把媒介所处的时代分为两个媒体时代，其中第一媒体时代电视最强，第二媒体时代互联网最强。广播诞生了40年，在我们个人和公共生活中扮演着重要角色，但在电视占领了主导地位后，广播成为了我们的背景音，淡入了社会思想的后台。难道广播媒介在现代信息社会或者网络社会、娱乐时代就真的没有存在的必要了吗？

我们首先看美国广播媒介的发展情况。有资料表明，“截至 2007 年，美国有 11000 多家广播电台，平均每个家庭有 5 台收音机。2009 年以来，电视和报纸的受众数都有不同程度的下滑，广播的听众人数却在上升。广播在美国的年收入将近 150 亿美元，这个数字比全美动画片票房、唱片、磁带及 CD 的销售额都高”。因此，从社会发展的角度看，广播媒介并没有随着电视、网络的发展而丧失自己的地位，反而有所发展。

其次，从广播媒介的功能看广播的地位。我们知道早期对于广播节目的研究集中于它的陪伴功能，特别是对于那些社会边缘人群及年龄偏大、流动性不强的受众，广播给予他们安慰，陪伴他们工作、生活、度过漫漫长夜。美国学者 Snow(1983)[①]对阿拉斯加的原住民布舒人的研究显示，地理上的隔离让布舒人对广播这种陪伴功能的认识更加深刻。由于地广人稀，布舒人往往只能通过广播听到别人的声音，广播也让他们知道周围发生的事情。学者 Olorunnisola(1997)[②]研究发现，在贫穷的非洲，广播可以动员听众和各种疾病抗争，号召听众为住房和用水的改善而努力。和人际交流相比，广播的成本低、覆盖率高，在资金匮乏、人力物力资源短缺的情况下，广播可以小成本完成大作业。因此，对于中国这样一个发展不平衡的发展中大国来说，广播是一种非常值得重视的大众媒介。

因此，从这些学者的研究可知，结合我国社会发展的实际情况看，广播媒介在我国还有着非常巨大的发展前景，理应得到全社会的重视。2003 年在抗击“非典”时，温家宝总理曾指出：“一个民族在危难中可比平时学到更多的知识，学到更多的道理，学到更多的科学。一个民族在灾难中失去的，必须在民族的进步中获得补偿。”[③]

三、中国社会的发展需要广播

1. 流动型的社会需要广播

广播出现在 20 世纪 20 年代，与它同样诞生于 20 年代的电视蒸蒸日

---

① Snow, R(1983). Greating media culture series. *Sage Library of Social Research* 149. Beverly Hills: Sage Publications.

② Olorunnisola, A. A. (1997). Radio and Africa rural communities: Structural strategies for social mobilization. *Journal of Radio Studies*, 4, 242-257.

③ 胡鞍钢：《透视 SARS：健康与发展》，清华大学出版社 2003 年版，第 332 页。

上,到60年代进入黄金发展时期,成为人们的新宠。广播是一个盲媒体[①],它没有形象和文字,听众只能闻其声,不能见其貌,因为这种传播渠道的单一性,同时或许因为听觉并不是我们最聪明的感官,所以与后来的电视相比,学者们对它的研究兴趣不够高,研究范围也不广。在这个讲求奢华、追求娱乐的时代,很多人都忽视了广播媒介,就连我们专门学习新闻学的学生都忽略了,那就更不用说普通的受众了。

不过,也正因为广播只提供声音,画面部分要由受众自己提供,广播可以极大地激发人们的想像力。另外,广播的单一性,使它成为最简便灵活的电子媒介。麦克卢汉在《理解媒介》一书中指出:"广播触及了人们的心灵深处。这是人与人之间的关系,这个关系形成了一个世界……从广播的最深处传来远古部落的鼓号声的回音。"目前我国有很多的农村劳动力外出打工,他们对于农村的情况在慢慢地生疏,同时对于城市来说他们又都是外来者,由此造成了他们两不靠,处于一种漂浮的状况,甚至导致性格也日益冷漠。在外打工的农民一到了年关,哪怕是花上半年的打工收入也要赶着回家,哪怕得站上几天几夜,也要回家。家是他们心灵的港湾,在外漂泊的游子,需要在这安静的港湾里休息。在这里,他们受伤的心灵可以得到安慰,破陋的风帆得到修补,节日一过,又重新奔向陌生的谋生之地。长年在外的他们不可能像城市里的人那样,有那么多的时间和家人围坐在一起看电视,因而广播应该说是陪伴他们、慰藉他们心灵的最好媒介。他们就算是有机会看电视,现在电视上展现出来更多的是娱乐、奢华、纸醉金迷,也起不到广播媒介那样的功能。我们需要广播敲响存在中华民族意识深层的,在电视等娱乐媒介当中被我们抛弃的传统精神、艰苦奋斗、勇敢拼搏的精神回音。

2. 信息社会不能缺少广播

纸草型社会是议程设置理论的验证者之一、美国北卡大学的唐纳德·肖提出来的。古埃及纸草经纬交错的编织方法让编出来的产品结实耐用。他认为[②],理想的信息社会也应该是大众媒介、分众媒介、小众媒介、个人媒介编织而成的一个稳定的纸草型社会。他说,即使有互联网和小型、个人化的媒体如杂志或者专业化的电视频道,大众传播依然主导公众议程,具有自上而下的社会影响力,可以称之为垂直媒体。而互联网等分众、小众媒体帮助我们获取水平面的议程。垂直媒体所设置的公众议程和平面媒体所设置

---

① Andrew Crisell. *Understanding Radio*. published by Routledge 1994, p.43.

② 唐纳德·肖:《创造一个纸草型社会》,《国际新闻界》2004年4期。

的私人议程交织,影响着人们的公共生活和私人生活。广播媒介谈话节目的陪伴功能十分突出,它还把人际传播延伸到了社会互动这个层次。作为一种有力的文化媒介,广播的生产和接受成本都是最低的。它的地方性、内容的多元性和节目制作过程中的广泛参与性是突出的特点,因此从这一角度看,广播媒介是构造纸草型社会最有力的大众媒介。

四、未来广播发展的建议

1. 设立更多的摘要性广播节目,提高传播效果

美国学者 Gerhard(1992)[①②]进行了一项实验来测量"摘要"和"重复"这两种信息表达方法是否会显著地提高受众对广播节目的理解。研究者的假设认为这两种措施对听众理解信息(对节目内容的非提示性回忆)有积极的推动作用。研究结果证实了原初的假设,在这两种信息表达的策略中,摘要比重复更加有效。这一研究结果也解释了,为什么中央人民广播电台举办的、每天半小时的《新闻与报纸摘要》节目,历经 50 年,依然是收听率最高的节目之一的原因了。因此,广播媒介要提高传播效果,就要建立更多的摘要性节目,以满足广播受众在信息社会中的需求,提高传播效果。

2. 提高人们的信息传播意识,大力建立发展广播网络

2008 年末的那场冰雪灾害导致成千上万人被阻滞在回家的路上,在贵州,一辆大客车掉入 40 多米深的悬崖,20 多人死亡。这里面的原因很多,其中一个很重要的原因就是信息传播的问题。当被阻隔在前不见曙光、后不见来者这样一个寒冬的路上,得不到外界的任何信息时,人们就很容易陷入一种绝望的地步,从而走出冒险的一步。在这茫茫无际的原野上,手机信号也没有,但是低廉、迅速的广播信号是存在的。这些豪华的大巴车也许只注意到如何让人舒适、娱乐,却忽视了安装一个灵敏的收音机。居安思危,我们建议在所有的交通工具中,包括城市里面的应急中心或者是公共设施设置的应急包当中,应该包括收音机和手机,让那些被黑暗和暂时的危机隔离的人们不要感到孤单和无助,让他们时刻感受到他们是社会大家庭中的

---

① Gerhard, M(1992). Effects of Headlines and Recaps on Radio News Learning, In *Journal of Radio Studies*, 1, pp. 37-42.

② Olorunnisola, A(1997). Radio and African Rural Communities: Structural Strategies for Social Mobilization, In *Journal of Radio Studies*, 4, pp. 243-257.

一员，社会没有忘记他们。

值此中央人民广播电台《爱心守望、风雪同行》荣获中国新闻奖一等奖及南方冰雪灾害发生将近两年之际，写下我的感受。前事不忘，后事之师，希望能对我国广播媒介的健康发展有所裨益，希望能够有更多的人关注媒介融合给传统媒介带来的发展机遇。

建设国家网络电视台的创新意义、重要性与目标

刘济生　邓　涛*

一、建设国家网络电视台的创新意义

1. 国家网络电视台是面旗帜

2008 年 11 月 13 日，中共中央政治局常委李长春在视察中央电视台时提出，要加快国家网络电视台①建设。为落实中央领导同志指示，2009 年 2 月，国家网络电视台开始筹建。

国家网络电视台是集纳国家电视台播出内容、本身原创内容和其他来源内容的国家级、全球性的网络视频集成播出机构，是国家综合网络视频公共平台。大阵地、大平台、大传播是其基本定位与特色。建设国家网络电视台，展示的是中国共产党员的国际胸襟、人文情怀，传播的是先进、多彩的中华文化和人类文化，表达的是中国人民与世界人民相互沟通、了解和理解的善意。因此，必须始终坚持正确的政治方向和舆论导向，发挥宣传、教育、激励、动员作用，把国家网络电视台建设成为党、政府、人民的新喉舌和重要的思想文化新阵地，成为发布信息、引导舆论的新渠道，成为展示中国特色社会主义建设成就和经验的新窗口，成为演示中国建设和谐社会、和谐世界实践的新舞台，成为中国人民和世界人民交往的新桥梁，成为中国人民和世界人民维护和平、和谐共存的新论坛。

---

*　刘济生系国家广电总局发展研究中心博士；邓涛系吉林省辽源电视台副台长。

①　通俗地理解，国家网络电视台就是国家级的视频门户或视频网站。2009 年，中国网络电视台正式挂牌。

2. 国家网络电视台是种力量

国家网络电视台既集成传统电视媒体的精品内容，又集纳网民拍摄和上传的海量节目和自己创办的节目，还可根据网络视频用户的需求，开设不同主题的专业视频网，如播客网、高清网等，各不同业务之间共享用户资源、视频资源和技术资源。接收这些节目的终端，既包括计算机、手机、电视机，更可以渗透到公交、地铁、机场、医院、楼宇、酒店等各种移动多媒体终端。它与各省市电视台及社会制作机构联合开办特色视频网，如台海宽频、民族宽频等，也在不同国家或地区开设本土化的视频网，如亚太站、美国站等，从而不仅覆盖国内，吸引绝大多数国内网民，还可以通过多语种内容和建设海外镜像站点，通过子网、子站、子台之间的联动和多终端进行全方位、立体化的传播，在全球范围内吸引和培养越来越多的忠实用户，成为我国重点媒体加强国际传播能力建设的主力军。

3. 国家网络电视台是个方向

国家网络电视台是经国家批准设立的，互联网领域的核心网络视频集成、播出机构，是国家综合网络视频公共平台，是以视听互动为核心，融网络特色与电视特色于一体的全球化、多语种、多终端的立体化传播平台，是一个开放的互动、交流、沟通平台，也是一个为网民提供公共信息、娱乐的视听平台。它以"一个主网＋一个客户端＋若干专业子网(子台、子站)＋多终端覆盖"为业务架构，其中主网是国家网络电视台的门户，以视频搜索为核心，为网民提供全方位的网络视频数据库服务以及对子网、子台、子站的聚合，导航和关联；客户端与主网协同联动，共同传播，并覆盖到手机、电视等多终端，从而提供清晰、流畅的视频点播、直播服务，满足用户视频下载、上传、搜索、分享的需求。

国家网络电视台是公司化架构、企业化运作的市场主体。它孕育于传统电视媒体的母体之中，含着现代企业运作模式的金钥匙而降生，按照全国文化体制改革、文化产业振兴规划的要求，探索提升公共服务能力与提高产业化经营水平的新路；它按照市场规律，运用市场手段，整合社会资源，通过资本运作等方式迅速壮大实力，最终形成一个崭新的共产党领导、政府管理、企业运作、中介协调、全民参与[①]的运行体制，通过多方面良性互动，为中国广电走向世界注入新的活力。

---

① 目前，腾讯·大楚网最热的栏目"新闻报料台"和新浪河南网的"全民记者站"，不仅为当地媒体提供新闻线索，而且本身就是当地网民面对面传播、交流民意的平台。

二、建设国家网络电视台的重要性

1. 普天之下，莫非网土；率土之滨，莫非网民。世界进入网络社会。网络电视[①]是全球传播中最具革命性、最受用户喜爱的新媒体形态，成为全球互联网应用热点和展示国家形象、实力的重要手段

到 2009 年 9 月 30 日，全球互联网平均普及率为 25.5%，共有 17.25 亿用户[②]。视频流量占全球互联网总流量的比重超过 30%。欧洲网络电视用户以每年 50%以上的速度递增，网络电视已成为美国用户第二大媒体，用户年增长率达到 40%以上。2009 年 4 月，78.6%的美国互联网用户使用网络视频，平均每月收看时间为 6.4 小时；到 2009 年 8 月，81.6%的美国互联网用户观看在线视频，月均时长 9.7 小时，平均每段视频时长 3.7 分钟，网络视频观看总量达 250 亿次[③]。

互联网成为超越人类历史上全部既有知识的平台。随着世界进入基于 web 2.0 技术的后互联网时代，以交互传播为特性的网络视听、播客、博客、微博等新媒体形态和以非线性传播为特征的数字电视、IPTV、手机电视等新媒体业务不断涌现，视频上传、分享成为全球传播中最具革命性的新媒体形式，形成综合资讯点播、影视剧点播、播客分享、客户端直播等几大框架，受到用户的喜爱，也成为各国、尤其是西方发达国家展示其自身形象、输出其生活方式、传播其主流价值观的最重要手段之一。

得网民者得天下。建设国家网络电视台，抢占网络电视发展的制高点，对于构建和完善覆盖广泛、技术先进的现代传播体系，形成与我国经济社会发展和国际地位相称的国际传播能力，增强国际话语权，提升国际舆论引导力，增强中华文化引领力，建设和谐世界，具有重大的现实意义。

---

① 网络电视是以互联网为传输渠道的视频业务，具有互动性、即时性、选择性、移动性强和超级链接、海量信息、方便检索和储存的特点。

② 其中，北美洲普及率为 74.2%（2.53 亿用户）；澳洲、大洋洲普及率为 60.4%（2097 万用户）；欧洲普及率为 52%（4.18 亿用户）；拉丁美洲和加勒比地区普及率为 30.5%（1.79 亿用户）；中东地区普及率为 23.8%（4823 万用户）；亚洲普及率为 19.4%（7.38 亿用户）；非洲普及率为 6.8%（6737 万用户）。

③ 2009 年 8 月，YouTube 观看总量达到 100 亿次。它在全球部署了 18 个镜像站点，提供 18 种语言服务，并支持添加 120 多种语言的字幕。Facebook 用户已超过 3.4 亿，全体用户每月可共享超过 10 亿张照片和 1000 万个视频。

2. 关关雎鸠，在河之洲；窈窕淑女，君子好逑。中国进入视觉表达压倒文字表达的时代。网络电视适应与满足了中国社会转型期人民群众不断增长的多元化、个性化信息需求，是吸引眼球和召唤心灵的利器，提高执政能力的重要资源

到2009年9月30日，中国网民规模达到3.68亿人，其中宽带网民占网民总体的94%以上；网络视频用户占总体网民的比例超过67%；30%的网民每天都看视频，30岁以下的青少年是网民中最活跃、使用网络视频最多的群体。

我国农村地区互联网发展正逐步与城市进程趋同，网民增长迅速。目前，农村网民已超过1亿，农村女性网民稳步上升。河北省农村地区网民已占全省网民总数的40%。

我国手机用户超过7亿，手机上网用户达到1.81亿。自2004年7月手机报问世以来，目前全国突破300种。① 3G手机潜在用户规模巨大。②随着DV和手机拍摄的普及，视频短片用户浏览量不断上升，同时，由网站和网友上传到互联网上的传统电视栏目，加上依赖于传统电视媒体供给活动庆典、新闻事件进行的实时信号的直播类节目也越来越多。

得网民之心者得未来。建设国家网络电视台，适应新的传播环境，整合各类传媒资源，对于延伸、拓展和提高传统媒体的喉舌功能，促进网络传播与社会生活各个领域的融合，满足人民群众多元化、多样化的精神文化需求，丰富党的执政手段和执政资源，构建和谐社会，具有深远的历史意义。

3. 知我者，谓我心忧；不知我者，谓我何求？中国进入媒介技术与传播关系变革的关键时期。三网融合成为当代信息革命的一个拐点，为网络电视发展开辟了广阔前景。由内容为王到平台为王，建设好、发展好网络电视台是广电必须承担的历史使命

目前，我国政府、通讯社、报纸、杂志、广电、门户、视频分享、P2P、影视在线、搜索等网站门类齐全，内容广泛，收看便捷。从2008年到2009年，仅一年的时间里，中国互联网用户就增加了一亿。政府、通讯社、报纸、广电等网站主动应变，搭建网络视频平台；新浪、搜狐、腾讯等门户网站凭借强大的

---

① 央视网手机海外传播项目“CCTV手机电视”上线一个月用户就达到50万，并以日均2000左右的新增用户量稳定递增。

② 调查显示，64.5%的手机用户了解3G业务，4000万用户表示将在半年内使用3G手机上网。

资源整合力、品牌影响力和编辑原创力，节目形态更加接近电视媒介；优酷、土豆、酷六以其显著的优势名列商业视听网站前三名；PPLive、腾讯宽频和PPStream则成为中国用户覆盖数最多的P2P视听流媒体客户端软件，领先于世界水平。

光通信技术、数字技术、接入网技术、IP技术、软件技术等各种高新技术的不断进步，社会信息化、消费多元化的强力驱动，促使广电网、通信网、互联网的融合从技术层面进入全面应用的发展阶段。在技术层面，IP协议成为架构下一代网络的共同选择；在业务层面，三网已出现业务交叉，并演变出众多新的业务形态；在终端层面，电视、计算机、手机已分别具备融合多业务的能力①。

得网络电视之先者得主动。建设国家网络电视台，整合内容，配置渠道，实现内容与渠道的大汇流，将国家网络电视台打造成一个全球性、跨媒体、复合型的视频服务平台，对于促进传统媒体平台与新媒体平台的完全融合、互动，突破制约广电发展的体制瓶颈，形成中国特色广播电视发展模式，具有可贵的创新意义。

三、国家网络电视台的建设目标

从行业规范角度来看，采取“广而播之”的形式传播视听类节目的新媒体具备媒体的性质和功能，必须坚持以电台电视台为主加以发展。要充分利用政策支持优势和发挥自身内容、人才、版权和监管等优势，尤其是发挥内容运营的核心优势，在规划布局、资源配置等方面抢占发展先机，成为发展网络电视台的主力军。为此，广电系统必须与相关移动通信运营商建立战略合作关系，实现播出平台与技术平台的强强联合；同时，建立以用户上传为核心内容的视频分享与互动社区，提供点播、直播和回放等服务。要注重掌握新媒体发展规律，把住产业链主动权，建立起适合新媒体特点的内容审核和管理机制。

同时，由于互联网和新技术的发展极为迅速，现有法规条例存在许多不完善的地方，必须及早进行补充、延伸、修改甚至重新订立，为全国各级、各

---

① 在电影和电视剧资源开发方面，国内互联网上新增电影量已达6700多部，其中内地电影2400多部，境外电影4200多部；经官方审查过的国产电视剧近3800部（排除重复率），境内电视剧占全网电视剧流量最高为71%，比境外电视剧流量高出21%；动画片952部，机构和网友关注、上传和分享境外动画片的热情高于国产动画片。

类网络电视台的建设在台标、呼号、产业规范、信息安全、版权保护、行政管理等方面确立国家标准、价值准则，提供法律、行政依据。为了增强自己的权威性和公信力，还必须在平台搭建、资源整合、品牌塑造、市场开发等方面投入巨额资金，需要国家在财政、金融等方面给以大力支持；对于引进社会资金，迅速壮大国家网络电视台实力，也要有充分考虑。要注重培养、引进复合型人才，提高节目的原创率、首发率和落地率，不断提高国家网络电视台核心竞争力。

国家网络电视台在筹建、试运行阶段，与央视国际是一个机构、两块牌子，这种设置为中国广播电视体制创新做了很好的铺垫。从长远发展考虑，在适当的时机，应将国家网络电视台从央视国际分离出来，使之成为与中央电视台、中央人民广播电台、中国国际广播电台并列的中国网络电视台，将其打造成为有社会主义基本制度作保证、按商业规制运作、具有真正市场主体地位、整合全国和全世界视频资源的国际级综合网络传播机构和视频公共平台，成为最具国际竞争力、影响力、公信力的强势媒体。

美国报业报网融合探析

曾凡斌*

一、美国报业报网融合原因

作为全世界报纸以及网络发展得最快的美国报业，其报网融合的间接原因是新媒体的发展，而其直接原因则来自于其传统报纸的发行量以及广告收入的下降。

1. 发行量的下跌

近几十年来，美国报业的发行量一直在下跌，进入21世纪，这种趋势越发明显。根据美国报业协会网站数据，2000—2008年要付费的早报以及晚报发行量如表1所示。

表1　2000—2008年美国日报、晚报发行数据表

年　份	早报(千份)	晚报(千份)	合计(千份)
2000	46,772	9,000	55,773
2001	46,821	8,756	55,578
2002	46,617	8,568	55,186
2003	46,930	8,255	55,185
2004	46,887	7,738	54,626
2005	46,122	7,222	53,345
2006	45,441	6,888	52,329
2007	44,548	6,194	5,0742
2008	42,757	5,840	48,597

数据来源：美国报业协会网站 http://www.naa.org/TrendsandNumbers/Research.aspx

* 作者单位：暨南大学新闻与传播学院。

美国早报的发行量从2000年的4,677.2万份下跌到2008年的4,275.7万份，下跌了8.6%，美国晚报的发行量更是从2000年的900万下跌到2008年的584万，下跌了35.1%。美国报纸的发行量的下跌显示了面向大规模受众发送信息的大众媒介衰退的必然。

2. 广告收入的下降

美国报业协会网站列出了从1950年到2008年美国的报纸广告收入的具体数据和每年的变化百分比，其中关于美国报纸网络广告收入的数据2003年才出现，这也说明美国的报纸的网络广告收入直到2003年才呈现出它的重要性。其中2003—2008年的具体数据如表2所示。

表2 2003—2008年美国报业广告数据及其变化表

年份	美国报纸印刷广告		美国报纸网络广告		美国报纸印刷和网络广告总和	
	单位（百万美元）	改变的百分比	单位（百万美元）	改变的百分比	单位（百万美元）	改变的百分比
2003	44,939	1.9%	1,216	—	46,156	—
2004	46,703	3.9%	1,541	26.7%	48,244	4.5%
2005	47,408	1.5%	2,027	31.5%	49,435	2.5%
2006	46,611	−1.7%	2,664	31.5%	49,275	−0.3%
2007	42,209	−9.4%	3,166	18.8%	45,375	−7.9%
2008	34,740	−17.7%	3,109	−1.8%	37,848	−16.6%

数据来源：美国报业协会网站 http://www.naa.org/TrendsandNumbers/Research.aspx

从上述表格我们可以看到，虽然美国报纸网络广告收入2003年的时候才12.16亿美元，仅为同年美国印刷广告收入的3%左右。但自2003年开始，到2006年连续3年以平均将近30%的比率上升[(26.7%+31.5%+31.5%)/3]，而同期的美国报纸印刷广告收入平均增长率才1%左右[(3.9%+1.5%−1.7%)/3]。虽然从2007年开始，美国报纸网络广告收入受到美国次贷危机的影响，其2007年的增长率变为18.8%，2008年是−1.8%，不过比同期美国2007年和2008年的印刷广告收入的变化为−9.4%和−17.7%好多了。到了2008年，美国报纸网络广告收入已达31.09亿美元，为同年美国印刷广告收入347.4亿的9%左右。因而我们可以看出，美国报纸的网络广告尽管起步慢、绝对数额不高，但是其增长速度惊人，其抗击经济危机的能力强，因而其与美国报纸印刷广告收入之比在不断提高。如果照这样的趋势发展,若干年后,美国报纸网络的广告收入总额必将赶上甚至超过美国印刷报纸的广告收入总额。

二、美国报业报网融合的逻辑起点

1. 应对网络的挑战

要应对报业商业模式所受到的挑战是美国报网融合的一个逻辑起点。网络在两个方面毁坏了传统的报业的商业模式:一方面,网络传递信息的可变成本为零,这意味着它的增长没有障碍,不像报纸传播信息是需要可变成本的,随着印刷报纸数量的增加,所需要的纸张、墨水以及运输成本都要增加;另一方面,进入网络的成本很低,理论上,任何有计算机的人都能成为出版商,这样的成本优势使得一个人只要有高度专业的信息,就能在网络上成功传播。于是,传统报纸依赖的成本昂贵的进入门槛、规模经济的有效使用、中心化的生产和配送以及高度依靠广告收入的模式正在被网络媒体的低成本的进入门槛、较少的固定成本、分散的生产和配送以及无所不在的广告模式所挑战以及改变。

理论上,报网融合可以节省传统报业的一些成本,尤其是纸张成本,同时可以增进网络广告收入及其他收入,从成本收入的角度看,这不失为一种好的战略选择。正是从这一角度,我们才不难理解:2009 年 3 月 26 日,美国《基督教科学箴言报》停办印刷版,但仍保留其网站,并且于 4 月 12 日发布新的网络版周刊,预定用户年缴 89 美元,低于以前印刷版的 219 美元。其编辑称此举将减少该报 1000 万美元的费用,并期望通过网络版,能取得 1250 万美元的年收益。①

2. 满足受众行为及心理变化需求

要满足受众行为及心理变化的需要是美国报网融合的另一逻辑起点。美国的受众行为及心理变化表现在两个方面:第一是从获取大众的信息向获取个性化信息转变;第二是在网络上看新闻的习惯逐渐形成。正如尼葛洛庞帝在其《数字化生存》一书中预言的,“大众传媒将被重新定义为发送和接收个人化信息和娱乐的系统”。“在后信息时代中,大众传播的受众往往

---

① Christian Science Monitor has new look, new timing, March 27, 2009, 09: 02 AM. http://www.aol.com.aunewsstory/Christian-Science-Monitor-has-new-look-new-timing/1207131/index.html.

只是单独一人。”现代化使得受众普遍比以前要忙，于是新的新闻消费模式必须要做出调整以适应新的生活模式。网络正好满足这方面的需求。美国《报业时代》杂志 2004 年 5 月发表文章，披露了美国西北大学读者研究所进行的一项全国读者行为调查，认为互联网改变了年轻读者的阅读习惯，因此 18～34 岁的读者很难再恢复阅读报纸的兴趣。又如，美国“杰出新闻项目 2008”报告发现，如今虽然人们看纸质报纸的时间少了，但他们总的新闻消费时间实际上并没有减少，甚至有所增加了——这是因为人们在网络上看新闻。[①]

三、美国报业报网融合的主要特点

美国报业报网融合所涉及的方面是比较多的，这里，仅就其主要特点进行分析：

1. 把报网融合作为报业的发展战略

哈佛商学院教授安德鲁斯(Kenneth R. Andrews)认为，企业总体战略是一种决策模式(Mode of decision)，它决定和揭示企业的使命和目标，提出实现目标的重大方针和计划。《纽约时报》提出其四项战略任务[②]：(1)在报纸和网络上提出新的产品和服务；(2)继续加强数字研究和发展该项能力；(3)积极重组成本基础；(4)再平衡商业的各项服务。其前两项直接与报网融合相关。而《纽约时报》的发行人小亚瑟·索兹伯格(Arthur Sulzberger Jr.)和其他一些报业巨擘坚信印刷媒体与广播和网络媒体的融合将会推动未来传媒行业的成功发展。[③] 拥有《今日美国》报纸的甘耐特公司宣称，其使命是在各种媒介上提供所有的受众必需的新闻和信息。这些战略目标以及相关论述实质表明了这些美国报纸在实现其使命、追求其愿景过程中要达到的长期结果就是报网融合。

2. 报纸与网络内容上的分工与合作

报纸与网络内容上的分工与合作表现得最好的莫过于《华尔街日报》。2005 年，《华尔街日报》宣布“合并印刷版和网络版”，网络版在传媒集团内

---

① 邓建国：《妨碍我国网络新闻发展的认知和行为误区》，《新闻记者》2009 年 5 月。

② 参考《纽约时报》公司网站 http://www.nytco.com/company/index.html。

③ Cristol, Hope. News in the digital age: Newspapers embrace a multimedia future. *The Futurist*, September 1, 2002, pp. 8-9.

部的重要地位得以初步确立。2007 年初,《华尔街日报》改版,这次改版对印刷版和网络版重新进行了新闻分工,改版后,印刷版把原来占版面 50% 的事件性新闻压缩到 20%;同时,股价报道也大幅减少,由原来每天 4500 只精简到最主要的 1500 只(这 1500 只股票市值占到总市值的 94%)。印刷版此后不再报道中等规模公司的收益报告。新的印刷版同时大量增加独家报道、分析报道和深度报道。以健康版为例,以前固定的每期两条资讯被削减,增加了一条深度分析稿,改版把原来占印刷版 50% 的事件性新闻报道转移到网络版,免费对读者开放;大量金融数据也被放到网站新推出的“市场数据中心”,同样免费对读者开放。改版之后,网络新闻的分量大大加重。这些措施直接使得报纸网站在道琼斯集团中的地位进一步巩固。

3. 报纸与网络组织架构的重组

报纸与网络内容的分工与合作需要组织架构重组才能得以支持。如美国报业集团甘耐特公司首席执行官 Craig Dubow 于 2006 年 11 月 2 日在一份备忘录中宣布,集团旗下的所有报纸都将设立“信息中心”,全面取代已有的新闻编辑室,让原先的报纸读者能在任何时候、任何地方通过任何他们喜欢的平台,接收新闻和信息。针对以上定位的转移,甘耐特信息中心将不再采用新闻编辑室的原有部门设置,而是将其分为七个功能部(Desks):数字部、公共服务部、社区对话部、本地新闻部、顾客内容服务部、数据部以及多媒体内容制作部。同时,随着信息中心的兴建,其广告销售部门也要进行培训,而信息中心产出良好的产品,则直接会给广告部门带来良好收益。这是因为信息中心的多媒体平台带来了受众的汇集,这种汇集来源于日报、其他纸张出版物、互联网以及手机的共同作用,受众能够通过各种渠道获得信息中心所提供的信息[①]。又如,2006 年,《纽约时报》在全公司范围实现了印刷与数字广告团队以及印刷与数字编辑部的融合。2007 年,《纽约时报》建立了一个汇集既懂技术又懂新闻的人才的五人互动新闻技术组,这个组与编辑记者和图表制作人员在编辑部内肩并肩作战,借助技术支持人员维护的互动数据库,制作了大量有表现力的“新闻产品”。《纽约时报》通过流程再造推动编辑记者、报纸网络的协同,带来了编辑记者以及技术人员的工作角色、媒体发布的诸多变化,而这些创新又推动了网络的增长。

---

① Gannett's “Information Center” Frequently Asked Questions, http://poynter.org/forum/view_post.asp? id=11983.

4. 利用网络参与性特点，满足受众分众化的趋势与需求

在美国，从 20 世纪 70 年代后期 80 年代初期起，因媒体之间的激烈竞争而呈现出小传媒占统治地位的趋势，特别是广播。全国性的广播网统一节目已不存在，所有电台几乎都变成纯地方性的电台，只有为当地人服务的节目，在节目内容上，窄播化趋势更为显著，这样一种趋势显现了美国受众的分众化需求。为了满足这种需要，美国的报网融合也充分利用网络，特别是 web 2.0 的参与性特点，打造个性化信息。例如，2006 年，《纽约时报》推出一项名为"我的时报"(My Times)的个性化服务。用户使用"我的时报"，可以让媒体帮其编辑自己的页面，还能让自己拥有个性化的个人主页，从中可以收藏和订阅自己最喜欢的文章、博客和站点。《纽约时报》旨在通过为用户提供满足个人需求的新闻信息，保持用户对新闻网站的忠诚度。2007 年，《华尔街日报》开办 MyWsj. com 网站，报纸的 788,000 个订户可以在这个网站申请主页、定制新闻、享受个性化新闻服务，还可以定制其他网站或者博客的新闻。在个性化服务方面，《华尔街日报》网站设计了一个页面"我的在线日报"，订户可以使用浏览方便的全页面形式，找到自己定制的新闻。这些新闻还会以滚动的形式出现在主页右侧。在增值服务方面，如在 2008 年 9 月的改版中，网站还为付费用户新增加了社交功能。新设置的"日报社区"是一个加强联系、交流思想、开展讨论的场所。读者不但可以相互提出问题，还可以与记者和编辑交流互动。利用网络参与性特点，满足受众分众化的趋势与需求，极大地满足了新环境下受众的需求，为报网融合提供了坚实的基础。

四、美国报业报网融合的最大问题

美国报业报网融合最大问题是至今没有产生一个完善的赢利模式。传统报纸依赖的昂贵的生产成本门槛以及占有某一地理市场所形成的垄断地位，从而获取广告与发行双重收入的模式，在低成本、无地域的网络环境下将不复存在。为此，新的赢利模式必须被创造出来。在早期的网络经济研究中，有学者提出了网络的四种基本的赢利模式[①]：(1)订阅收费模式；(2)广告收入模式；(3)网上交易收费模式；(4)捆绑服务模式。然而，这些赢利

---

① S. M. Mings and P. B. White. (2000). *Profiting from online news: The search for viable businessmodels.* In Internet publishing and beyond, B. Kahin and H. Varian [eds.], pp. 62-96.

模式各有各的问题。

就订阅收费模式来说,网络环境由于信息生产主体的多元化以及成本低廉化,其供给远远高于需求。在这样一种激烈竞争的情况下,为了获得更多的注意力资源,信息生产主体往往倾向于免费提供信息与服务以吸引网民,于是网络信息免费成为了网民的一种惯性思维。另一方面,网民为接入网络已经花了一定的网费,其认为已付出了足够多的成本,因而不愿意为一般的信息再付费。这些实际都为订阅收费模式提供了障碍,当然,不可否认某些优秀节目和服务信息由于能够给网民带来附加值,而使得收费订阅成为可能。例如,2005 年 9 月,《纽约时报》网站推出"时报精选"(Times Select),除了报纸订户和大学教工、学生,人们需月花费 7.95 美元或年交 49.95 美元,才能阅读包括专栏评论在内的许多内容,当时,共有 22.7 万人订阅了"时报精选"(总订阅人数先后达到 78.7 万人),年收入约 1000 万美元。

就广告收入模式来说,存在着三个方面的问题。首先,传统媒体的广告方法,如为漫不经心的大众设计的 30 秒电视商业广告和大型开本的报纸广告难以直接在网络中实现原有的广告效果。其次,网民抵制网络广告的意愿明显,根据 2007 年一项对 2200 名美国公民的媒介调查显示,76%的网民认为网络广告比报纸广告更打扰人,另外 28%的网民说他们愿意为避免看网络广告而付费①。再次,随着网络技术的发展,RSS 等软件工具为网民选择是否看网络广告提供了可能。

就网上交易收费模式来看,根据一项研究发现②,在 2005 年美国的报纸网站的收入来源中,63 个报纸网站中有 52 个没有从网上交易中获得过收入,而 11 个获得过收入的网站中有 10 个的这方面收入占总收入的 1%~10%。因而,网上交易难以为报纸网站提供重要的收入来源。

而捆绑服务模式,实际指对订阅收费模式、广告收入模式与网上交易收费模式的一种捆绑组合,如美国《华尔街日报》既有订阅收费,也有广告收入,这种组合在实践中为很多报纸网站所采用,但是这些组合的成功与否必

---

① Deloitte(2007). *The future of media: Profiting from generational differences*. report of a survey conducted by Harrison Group of 2,200 US citizens on media use, Deloitte Ross Tohmatsu, Sydney.

② Mensing, Donica and Rejfek, Jackie (2005). *Prospects for profit: The (un)evolving business model for online news*. paper presented to the 6th International Symposium on Online Journalism, Austin, Texas, April.

须依赖于订阅收费模式、广告收入模式与网上交易收费模式成功与否，前面分析了这三种模式因为都存在着或多或少的问题，因而捆绑服务模式也难以真正获得成功。

总之，虽然目前的网络广告收入发展速度还是很快，和其他的赢利模式一起为美国报业带来了一些收入，但是在传统的报纸广告模式变得越来越没有效率的情形下，一种新型的赢利模式亟须被创造出来，才能真正促进报网融合的发展。

五、对美国报业报网融合的评价

2008 年下半年以来，美国报业出现了严重的危机，其表现在两方面：一是报业股票大幅下挫，最大跌幅要数麦克拉奇公司，高达 93.6%，《纽约时报》也下跌了 56%。美国全国性的大报——《今日美国报》和《得梅因纪事报》的出版商、美国最大的报业集团甘耐特公司削减了 90% 的季度分红，《纽约时报》公司则干脆停止给股票持有人发放红利。二是出现停刊、转网、请求破产保护等情况。有 150 年历史的《落基山新闻报》停刊了，赫斯特集团所拥有的《信息邮报》2008 年亏损 1400 万美元，改成电子报以后，编辑部从 165 人减至 20 人。另外，《洛杉矶时报》、《芝加哥论坛报》、《太阳时报》等纷纷申请破产保护。应该说，美国报业危机的因素有很多，并非人们想像的仅是网络新媒体的冲击影响所致，还有美国的次贷风波带来的金融危机、并购战略的失败等多方面的因素。

不过，应该看到的是，在面对网络新媒体的挑战中，美国报业经过较长时间的报网融合的实践，已逐渐开辟了一条新路。例如，目前《纽约时报》网络的访问量已高于其报纸的发行量，而《纽约时报》公司创办的数字《纽约时报》早在 2002 年利润就为 1600 万美元，2003 年 4 月至 6 月一个季度营业利润更是达 430 万美元①。2004—2008 年美国《纽约时报》数字收入也从占总收入的 4% 增长到 12%(具体数据见图 1)。

又如，在美国各大纸质媒体陷入金融危机之际，在报网融合中进行了多项改革的《华尔街日报》逆势而上，获得了广告量和销售量的双重增长，它在报刊亭的销售量突增了 20%，报纸网站每月的浏览量也增加了 2000 万人次，来自网络订户和广告商的利润更是节节攀升。这些例子说明，报网融合

① Dow Jones, *N.Y. Times web profits up*, Editor & Publisher Online, 2003/7/15.

做得好的报纸，其抗击风险的能力要大于报网融合做得不好的报纸。

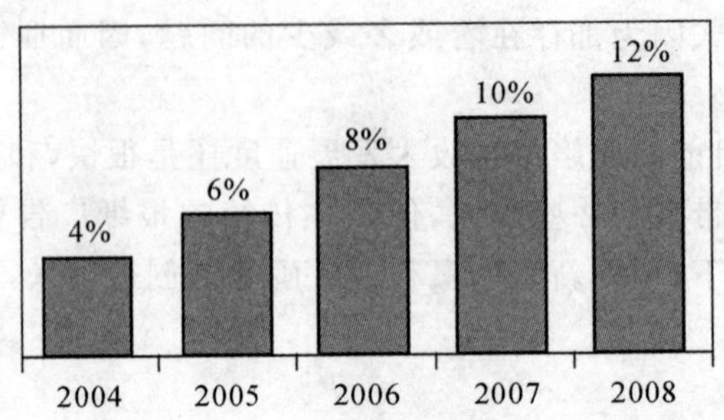

图 1 2004—2008 年美国《纽约时报》数字收入占总收入的百分比①

但是，也要看到，美国报业的报网融合还有很大的发展空间，美国报业的报网融合应该立足于这样一种新思路——通过塑造社会影响力，进而促进商业影响力的发展，并将这样的影响力延伸到网络平台、手机平台等新媒体上，最终促进新型的赢利模式的出现和发展。进一步说，网络中海量的信息虽然满足了受众的浅层次的信息需求，但是也正是如此，网络难以满足受众需要高质量信息的需求；而报纸如果重新整合信息，就能凭此赢得受众，特别是那些受过高等教育者、舆论领导者、新闻嗜好者的支持。以这些人去影响其他受众，实现“二级传播”的模式，最终可以保持和发展报业的地位。

① 引自 http://www.nytco.com/company/index.html。

媒介融合语境下电视新闻传播理念的人性化转向

——从一起出镜记者被打事件的网络再传播谈起

牛光夏*

一、一条电视新闻的网络影响力

2009 年 6 月 5 日，在国内的门户网站新浪网新闻中心的视频新闻里，有一段名为《村主任乱砍树 在乡政府大院殴打女记者》的视频引发了网民的热议。这是一条源自齐鲁电视台主打新闻栏目《每日新闻》6 月 4 日节目的新闻《记者采访之后 村干部在村里撒泼》，新浪网对这段视频所加注解为："村主任因不满记者的报道，堵在乡政府门口，在乡政府大院，当着领导的面，对前来采访的女记者恶语相向，甚至动手厮打。"①这起事件发生的背景为：山东省在全省开展消灭美国白蛾活动，德州市临邑理合乡牛家村村干部为了完成防治美国白蛾的任务强行把村民的树砍掉，接到一村民的报料后，记者先到该村一村民家里采访，后找到该乡书记了解情况，随后发生了新闻所报道的一幕。

在齐鲁网的网络电视台齐鲁频道《每日新闻》的页面中，《临邑村干部太嚣张 当着乡书记打记者》这条视频新闻在"最多点击"排行榜中处于第二位，仅次于《段义和被开除党籍公职罢免全国人大代表职务》(段义和是曾震惊全国的山东省济南市人大常委会原主任爆炸情妇案的主角，其点击量为 75013，但其评论为 18 条，远低于"记者被打"新闻的评论数 569 条)。

而该记者则在自己的博客上于 6 月 6 日发表了博文《我很气愤》，并在文章中放了一张打人村主任的正面图像和两张两人发生冲突的截图。这篇

---

* 作者系中国传媒大学广播电视新闻专业博士研究生。

① 新浪视频 http://video.sina.com.cnnews/v/2009－06－05/105438410.shtml。

博文同样引发了大量跟帖对此事进行评论。见表 1。

表 1 村干部打出镜记者一事的视频和记者博客的网络传播统计表

	点击播放量（次）	网友评论数（条）
新浪视频《村主任乱砍树 在乡政府大院殴打女记者》	188,140	4,853
齐鲁网视频《临邑村干部太嚣张 当着乡书记打记者》	72,527	569
记者博文《我很气愤》	17,854	3,241

以上数据统计截止时间均为 2009 年 11 月 16 日，数据依次来源于新浪网、齐鲁网和齐鲁博客网。

除了以上列出的这三个传播渠道外，这一事件在网络上被大量地复制与粘贴，很多网站和博客对这一事件进行转帖或评论。在百度输入“齐鲁电视台女记者德州采访被打”进行搜索，共找到 1,130 个相关网页。传统电视媒体的电视新闻经由网络媒体的延伸传播，其影响力得以扩大，引起了更为广泛的关注。网络媒体使这一起记者被打事件的传播，突破了齐鲁电视台的《每日新闻》这一城市频道的有限载体。从空间上超越了齐鲁台所在的济南市及山东本省域，引起了全国甚至是世界范围内的网民的关注，从参与评论此事件的网民显示出来的 IP 地址来看，遍及中国很多省市，还有地址显示为英国和澳大利亚的网友。从时间上来看，网友观看或发表评论可以在他们方便并愿意的任意时刻。可以延时和非同步地收看使新闻不会因为播出时间与观众收视习惯的错位而被淹没。这种可以跨越时空的传播，无疑成为电视新闻延长其生命周期、使传播效果最大化的“救命稻草”，从而克服了电视原有的“线性传播、稍纵即逝”的致命弱点。

二、电视新闻的网络化发展趋势

据《第 24 次中国互联网络发展状况统计报告》显示，截至 2009 年 6 月，中国网民规模达到 2.66 亿人，较 2008 年底(2.34 亿人)增长 13.7%。互联网普及率平稳上升，网民规模持续扩大，使用网络来获得新闻的比率半年内增长了 13.7%(表 2)。网络视频用户 2.22 亿，较 2008 年底净增 2,040 多万用户(表 3)，且主要集中在 30 岁以下的年轻人群，他们选择在网上看电视节目和其他视频节目。此外，手机上网用户中有8%使用手机看电视。[①]

表2 2008年12月—2009年6月网络新闻用户对比

	2008年底		2009年中		半年变化	
	使用率	网民规模（万人）	使用率	网民规模（万人）	增长量（万人）	增长率
网络新闻	78.5%	23,400	78.7%	26,601	3201	13.7%

表3 2008年12月—2009年6月网络视频用户对比

	2008年底		2009年中		半年变化	
	使用率	网民规模（万人）	使用率	网民规模（万人）	增长量（万人）	增长率
网络视频	67.7%	20,200	65.8%	22,240	2040	10.1%

由英国著名市场研究公司ICM和英国广播公司共同完成的一项调查结果显示："越来越多的人选择观看网络电视，普通电视观众人群已经日渐减少。将近3/4的被访者说，和一年前比，他们都花了更多的时间观看网络电视。"[②]

由于网络传播集合了以往所有媒介而又超越了它们，它所具有的跨越时空的全球性，海量信息的无限性，迅速及时的快捷性，囊括文字、图形、音频和视频的形态多样性，以及自由和交互的特征，弥补了传统大众媒体容量有限、无法直接及时反馈和互动的不足。而数字和网络技术使过去那种以物理介质为壁垒的媒介格局被彻底突破，使信息的多通道海量储存和便捷的采集与传送成为可能，为媒体间的融合提供了必要条件。于是传统电视媒体与网络媒体优势互补、融合互动便成为必然的选择。

媒介融合"改变的是传统电视节目的信息集中、线性和高度权威，从社会意义和个体意识而言，则象征着个人多元化视角和去中心化意识的逐渐成熟"[③]。那么在媒介融合的语境下，电视新闻就需要与此前不同的传播理念来适应已然发生的媒介变局，即遵循媒介发展的人性化趋势，进行人性化的转向。

---

① 《第24次中国互联网络发展状况统计报告》，数据来源于中国互联网信息中心（CNNIC）http://www.cnnic.cn/uploadfiles/doc/2009/7/16/125040.doc#_Toc235510185.

② 黄煜池：《2006全球电视业"小"报告》，《新周刊》2007年第8期。

③ 孟建、赵元珂：《媒介融合：粘聚并造就新型的媒介化社会》，《国际新闻界》2006年第7期。

三、电视新闻传播理念的人性化转向

保罗·莱文森被誉为“数字时代的麦克卢汉”，他在麦氏理论的基础上提出了“媒介演化的人性化趋势”(anthropotropic)理论。莱文森从达尔文的自然进化论中得到灵感，他认为技术发展的趋势越来越人性化，人可以对技术进行理性选择，能够主动去选择和改进媒介，最终的结果是使媒介遵循着人性的需求来发展和进步。而任何一种后继的媒介都是对过去某一媒介或其某一先天不足的功能的补救和补偿，以适应人的需求，达到信息传播的最佳效果。

以高度人性化的传播满足受众需求目前正在成为媒介之间竞争的核心要素，这种人性化理念不仅体现在要满足受众较低层次的信息充分获得与使用的需求，更体现在要满足其较高层次的亲身参与、沟通交流的精神与心理需求；不仅要在传播内容的易得与丰富性上满足受众的需求，更要在传播方式的人性化上更好地适应受众，满足人们在传播活动中亲身参与、互动对话、自由选择、个性化定制等需求。

1. 由宣讲意识向对话意识转向

网友们是如何看待这起记者被打的媒介事件的呢？笔者对本文篇首提及的电视台出镜记者被打事件的网络评论进行了梳理和分析。基本上网友们的评论可以分为三种意见：第一种是支持出镜记者，认为她为处于弱势的农民伸张正义、履行职责，而村主任素质太低，出手打记者特别是女记者天理不容，并且很多评论从打人村主任的恶霸作风延伸到抨击中国农村普遍存在的村官欺上压下现象；第二种是抨击记者，认为记者没做深入调查，对某些村民的说法偏听偏信，且该记者在新闻采访中表现得缺乏应有的职业素质，居高临下、咄咄逼人；第三种意见则是一种折中的态度，认为村主任打人不对，记者采访方式和语气也存在问题。

表4 新浪网友评论前10页的意见倾向统计

	条数	所占比例
第一种意见(支持记者)	115	59.3%
第二种意见(抨击记者)	54	27.8%
第三种意见(否定双方)	16	8.3%
无倾向评论(没有明确意见)	9	4.6%

经过笔者的抽样统计(选取新浪网此事件视频后的网友评论的前10页,详见表4),三种意见中,虽然第一种意见所占比例最高,达到59.3%,第二种意见只占27.8%,但在"最热评论"的第一页,排在前六位的全是批评记者的评论。

加上第三种意见即认为打人的村干部和被打的记者双方都存在问题,约有三分之一多(36.1%)的网友认为记者的职业素养有待提高。这一统计结果的确是个让我们电视记者乃至整个新闻界警醒的信号!媒介融合使网络能够把五湖四海观众的意见真实地反馈给我们,业界对此的深刻反省和学界对这一现象的研究都显得十分必要。

自1994年《焦点访谈》开播,电视媒体的舆论监督功能开始强化,很多问题一被电视报道和曝光就会引起各级领导的高度重视,引起社会各界的广泛关注,人们看到了电视批评报道的强大威力。其实"我们媒体的权力其实就是行政权力的外化,是行政权力外延的扩大"①。这就容易使媒体人产生一种虚妄的假象,认为自己拥有这种威力而滥用这种外化的权力,使不少记者在采访中居高临下、盛气凌人,给观众和被采访者留下像法官、纪委或监察部门干部的印象。

从传播学的角度来说,在电视传播中设立主持人或出镜记者的目的,就是为了变大众传播为面对面的拟人际传播,由一个实实在在的人来告诉大家传播者想要传播的内容,增强传播的效果。而人际传播的要义就在于它是具有对话性质的,是互动的、有亲和力的,是把他人当作一个独特个体来进行交流与沟通的。

人类正逐步认识到对话的重要性,"对话具有调整人际关系紧张状态,处理人际危机,解决利益分歧、文化差异、种族冲突,提升人格的力量"②。在世界各国的政治异见与经济争端中,在社会的各种人际关系中,对话和交流是解决问题的唯一办法。对媒体传播来说,"我们有足够的理由认为,对话是一种理想的传播方式,对人类发展健康的传播关系具有越来越重要的精神价值"③。而很长一段时间以来,电视媒体一直处于强势媒体的地位,承担着"喉舌"、"工具"的作用,宣传国家的方针政策、社会主义建设的典型和成就是其核心内容,"宣讲意识"在整个行业中可谓根深蒂固,从新闻播音的"拽大词"、"高八度"、"排比句"的"新华体"语态,到电视新闻采访者与被

---

① 张洁:《转型期的媒体诉求》,《新闻大学》2009年冬季刊,第47页。

② 王怡红:《人与人的相遇》,人民出版社2003年版,第58页。

③ 王怡红:《人与人的相遇》,人民出版社2003年版,第58页。

采访者和观众保持一定距离的高高在上式的不苟言笑，是以传者为中心的单向灌输式传播。而以网络和手机等新媒体的出现给了每个人自由言说的可能，赋予每个人以话语权。他们可以任意指点江山、激扬文字、批评权威。他们渴望参与互动。理论上他们每个人可以成为公民记者，有时他们采制的新闻、提供的见解是对传统媒体的必要补充。这与对话理论的理念是十分契合的。所以在这个媒介融合的时代里，正如《连线》杂志总编克里斯·安德森所说："过去，媒体是演讲，我们创造内容，你来阅读；现在，媒体是一场对话。"美国新闻集团董事长鲁珀特·默多克在对美国报纸编辑协会的演讲中也表示：新闻提供者应停止说教，媒体应该成为"对话的场域"和目的地。电视新闻传播的理念也必须进行彻底的颠覆，实现由宣讲意识向对话意识的转向。这种对话意识不仅要贯穿于内部对话，即记者或主持人与被采访者或嘉宾之间的对话；还应包含于外部对话，即媒体人与潜在的广大受众之间的对话，如通过网络或其他方式的反馈来进行互动交流，通过各种渠道听取意见和建议，以改善电视新闻传播。

而从这一记者被打事件的视频来看，这个年轻的出镜记者言辞犀利，情绪激动，对被采访对象显得缺乏尊重，对乡书记的采访有"逼问"之嫌，故有网友评议曰："逼得人无从退让，工作本身存在很多需要改进和注意的细节与问题。"在这条新闻中还打上了"村主任在村里撒泼"的字幕，明显带有情绪化的色彩。记者只是事件的客观观察者和记录者，这种带有强烈主观意味的报道是不应该出现在公共媒体里面的。特别是对于批评报道来说，对话意识尤其重要。《新闻调查》出镜记者杨春这样表述过：调查性报道是最能让一个记者感到过瘾，但是同时又最容易让一个记者一逞口舌之利的地方，他应当清醒地意识到自己的一句问话、一句评语，甚至一个手势、一个眼神都能够影响到这个节目的进程和倾向。应该恪守新闻的平衡、公正、真实、客观、全面原则，而不能追求戏剧化的轰动效果。[①] 所以一定要给当事人双方以充分辩解的机会，坚持报道的平衡性。同时，记者要善于倾听，保持冷静，在对话中求得事件真相的逐步揭示。

原来的"宣讲"式传播是独白式的，而"单一的声音什么也结束不了，什么也解决不了。两个声音才是生命的最低条件，生存的最低条件"[②]。按照

① 《新闻调查》特别节目《十年记忆》(http://tech.sina.com.cn/m/2006-05-25/1938956976.shtml)。

② 巴赫金：《陀斯妥耶夫斯基诗学问题》，白春仁、顾亚铃译，三联书店 1992 年版，第 344 页。

巴赫金的观点，对话就是要求摆脱一种声音的封闭与孤立，寻求多种声音的释放与应答。由于对话所创造的语言是和平而理性的语言，所以"对话能赋予传播新的品质，能使人类传播进入一个新的时代"。

2. 由传者控制的单向线性传播变为开放互动的非线性传播

电视媒介作为麦氏理论体系中的冷媒介，一开始就是冷的，"电视把我们吸引到街上阴凉的一边，但是它并不具有互动媒介的天然属性……这个媒介刺激了人参与的欲望，但是它又不容许人参与，所以看电视的人产生了一种难以满足的需要——伸手触摸和被人触摸的需要"[①]。但是，传统电视先天就是一个封闭式的、缺乏互动的媒介，而融合后的网络化电视则变成一个开放的、易于实现互动的系统，因为互联网络允许人们在世界上的任何地方即时同步聊天，也可以在任何时候参加非同步性的讨论，并参与到创造信息的活动中去。由于互联网络的去中心化，使人人都有可能成为信息源，于是"每个人都可以是一个没有执照的电视台……未来电视的面貌会逐渐变得像今天的互联网一样，充斥着小规模的信息制作人"[②]。

在这一传媒语境下，传、受权利对等，受众兼具信息接受者和传播者的双重身份，其主动性和话语权力更加彰显。原有的传者本位思想必须让位于受者本位思想，媒体的主要任务是如何促进和利用这种互动，通过各种传播渠道和终端实现与公众之间的信息共享和思想碰撞，通过对话实现舆论引导，通过信息服务实现媒介价值的增值。

3. 由同质化的广播转向个性化的自由选择

"未来的数字化生活将是'随选信息'(on-demand information)的天下。当我们需要信息的时候，我们可以直截了当地要求，或含蓄地暗示。"电视新闻所传播的信息"不再'推'(push)给消费者，相反，人们(或他们的电脑)将所需要的信息'拉'(pull)出来"[③]。人们将根据自己的需要，依从自己的愿望，在足够丰富的信息库中任意选择自己的信息。这时的受众，已非原来意义上的被动接受信息、等待信息的靶子击中自己的受众，他们是主动的、富有能动性和建设性的。如果愿意的话，他们也可以变成信息的生产者，加入到传播者的行列里去。

尼葛洛庞蒂强调了个体在数字化时代的独立性和需要的差异性："在数

① 保罗·莱文森：《数字麦克卢汉》，何道宽译，社会科学文献出版社1997年版，第157页。

② 尼葛洛庞帝：《数字化生存》，胡泳、范海燕译，海南出版社1997年版，第205—206页。

③ 尼葛洛庞帝：《数字化生存》，胡泳、范海燕译，海南出版社1997年版，第192页。

字化生存的情况下，我就是‘我’，不是人口统计学中的子集”，他疾呼“真正的个人化时代已经来临了”。[①]

网络化电视的新闻传播将由大众传播向高度集中化的窄播转向，建立起对于受众的社会统计意义的把握，进行电视新闻针对不同兴趣族群的最大程度的细分。我们当前所处的 web 2.0 时代具有受众聚合功能和鲜明的草根性，使每个人可以参与其中，为人们提供个性化的服务。将来的 web 3.0 则有更加人性化的人机交互界面，每个人可以按照自己关注的资讯类型、个人的需求和偏好进行设置，保证用户获得更加个性化、精准化的信息而不致迷失于茫茫的信息海洋。

4. 由固定时长的有限播出转为深度、广度兼备的多维链接

“在原子的世界里，物理上的限制使人无法同等兼顾深度、广度。”[②]传统电视每个节目都有固定时长的限制，容量有限，且要拨出一定的时长给广告，对于电视新闻节目来，信息的多而广与深而厚很难做到鱼和熊掌兼得，甚至单一的广度和深度也不能达到，只能择其要者而传播，简明、简洁是对电视新闻写作和编辑的一大要求。但是在比特世界里，深度和广度已不成问题，互联网络的特性之一就是能容纳海量信息，广度和深度完全可以做到极限，把信息进行横向扩展和纵向开掘，说广说透，做到“在深度和广度上，将不会再有顾此失彼之憾”[③]。“多告诉我一些（tell me more）”正是网络化电视的十分重要的特性，所以电视新闻传播向超文本和超链接方向发展，延伸广度、挖掘深度是适应这一变化的必然之举，既满足有些人对大信息量的宏观要求，也要满足有些人对细节和深度的追求。

四、结　语

网络影响力这一概念的提出是当前数字和网络技术所催生的媒介变局的结果，一条由一家在全国的影响并不是很大的城市电视台播出的新闻，经由网络延伸传播后，其传播效果得到放大。网络电视台、个人博客、网友评论是其再传播的主要渠道。其中最能体现网络参与、互动、自由特性的是来自四面八方的网友的真实评论。由这条电视新闻在网络上的影响力我们可

---

① 尼葛洛庞帝:《数字化生存》，胡泳、范海燕译，海南出版社 1997 年版，第 193 页。

② 尼葛洛庞帝:《数字化生存》，胡泳、范海燕译，海南出版社 1997 年版，第 87 页。

③ 尼葛洛庞帝:《数字化生存》，胡泳、范海燕译，海南出版社 1997 年版，第 86 页。

以推断，在当前媒介融合的语境下，未来的电视必然要和互联网结合，电视新闻传播理念也必然进行人性化的转向，依据保罗·莱文森的媒介人性化理论和马丁·布伯等人的对话理论，媒介融合语境下，电视新闻传播将由宣讲意识向对话意识转向、由同质化的广播转向个性化的自由选择、由传者控制的单向线性传播变为开放互动的非线性传播、由固定时长的有限播出转为深度和广度兼备的无限链接。

当然，在新技术范式带来的融合语境下，传播模式和结构的变局不仅要求传播理念的转变，还要求电视媒体必须对现有的新闻生产模式进行颠覆与重构，对电视新闻的内容进行提升与改进。

报网融合的现实瓶颈与模式建构

杨清波*

互联网兴盛于信息全球化的时代大背景下，又以其革命性的力量推动着信息全球化的进程。以传播信息为基础功能的报纸等传统媒体受到网络媒体的极大冲击，于是，先后出现了“传统泡沫论”、“传统终结论”、“共生共荣论”这三种有代表性的观点。[①]当传媒学界和业界都认识到网络媒体对传统报纸既有巨大冲击又带来巨大机遇之时，“报网互动”一度成为热门话题。但“报网互动”的思维前提是报媒与网媒的独立运营，几年探索的结果表明：报网真正意义上的深层次、全方位的良性互动很难实施，只有走向“报网融合”，才是报媒和网媒和谐共生、一体共赢的必由之路。

一、走向融合：报网发展的必然选择

理性分析可以发现，网媒在展示独特优势和巨大传播力的同时，也具有明显的不足和劣势；报媒在受到严重冲击的同时，也具有网媒不可替代的独特优势。比如，网媒发布和更新速度快、互动性强，但其内容的即时更新使网媒给受众虚无缥缈的感觉，不像报纸那样可以以一种固定形态长期保存，而人人可以发布信息、参与评论的结果，往往使信息泥沙俱下、真伪难辨，使其在受众中的公信力和权威性无法和报纸相比；网媒信息量大，可以让受众全面获知某一事件的来龙去脉、新闻背景和相关报道，但也可能让受众淹没在信息的海洋中不能自拔；网媒的开放性和隐匿性特点决定了人人都可尽享传播自由，网络民意和舆论催生的公共领域构建正在成为可能，但与此同时也出现了非理性践踏真正民意和民主的网络暴力。报媒和网媒各自的优

---

* 作者单位：四川外语学院新闻传播学院。

① 朱光烈：《我们将化为“泡沫”——信息高速公路将给传播业带来什么？》，《现代传播——北京广播学院学报》1994 年第 2 期。

势与局限在一定程度上自我抵消，两种媒体在简单竞争中的相互耗损，以及对媒体优势与局限理解的理性迷失，使得互补格局中的融合发展成为报网两种媒体的内心渴求和必然招引。①

二、现实瓶颈：尴尬之下的多重困惑

报网融合既然已成为共识，实施起来为何困难重重，仅仅流于形式、表面呢？找到报网融合的现实瓶颈，探究其客观尴尬和多重困境及其背后的深层原因，具有理论和实践上的双重意义。

透析解剖重庆报纸媒体和网络媒体的种种现状，可以发现制约报网融合的"三种病症"。

1. 报纸恐网症

报纸从业人员对网络的恐惧源于对网络媒体的不理解，对报纸媒体的不自信。腾讯·大渝网是在全国具有影响力的腾讯网和地方报媒《重庆商报》进行股份制合作的产物，2006 年 4 月一上线就引起传媒业界和学界关注。在 2007 年 2 月初举办的"首届中国报网互动高峰论坛"上，大渝网不仅荣获"2006 最具创新力报纸网站"称号，还被评为"2006 报网互动十大经典案例"。但令人尴尬的是，就在获奖前半个月，大渝网关于"2007 年重庆两会"的专题报道，其合作伙伴不是《重庆商报》，而是新华网重庆频道。据大渝网负责策划报道的副总编辑介绍，当时大渝网提出了"与《重庆商报》联袂出击，做好重庆两会报道"的策划案，其中互动合作内容包括：(1)报网组成联合报道组进行报道，并在报网上各自打出栏条和两家媒体 Logo 以彰显整体优势；(2)《重庆商报》提供两个"两会"采访记者证给大渝网人员，以便网站在人大和政协会场各有一人进入做现场报道；(3)经大渝网老总审核后的部分稿件，再经过《重庆商报》值班老总审核的前提下提前在大渝网发布。方案送到报社后，重庆商报社社长立即批复组织实施，但在负责报纸内容的老总那里被搁浅。理由是记者证资源原本有限，拿出两个会削弱报纸的报道力量；提前发布到互联网会给报纸竞争对手提供新闻线索，势必影响报纸在同城纸媒中的竞争力。大渝网在没有获得采访资格又与商报合作无果的情况下，转而与新华网重庆频道洽谈，结果迅速达成了合作意向，在同城网络媒体竞争中凸显了腾讯·大渝网独特的传播技术优势和新闻策划能力。

---

① 杨清波：《新媒体环境下突发事件的信息管理和舆论引导》，《新闻知识》2009 年第 1 期。

这个案例的背后实质上暴露出的是报纸媒体对网络媒体的恐惧，即使是自家的网络媒体也不例外。对此问题，《重庆晨报》总编辑接受调查时认为，影响报网融合的根本难点在于：报纸担心稿件先发网站会分流读者，影响报纸发行和广告经营。腾讯·大渝网的高层领导认为，影响报网融合的根本难点在于：报纸担心稿件先发网站会给竞争对手提供新闻线索。本文对 300 个报网从业人员的调查显示，62%的人认为以上两点是最主要的担忧。所以，尽管今天《重庆商报》记者采写的极少新闻稿可以先于报纸在大渝网上发布，报纸也将“网事新闻”板块改为“报网互动”板块，有时甚至一天刊登两个半版，但如此举动表明：他们对报网关系的认知和行动依然停留在互动、合作阶段，而不是报网融合。

2. 报网倒挂症

网络媒体传播的第一优势是快，不但传播速度快，而且刷新速度快，这是报纸远不能媲美的。但现实的状况是，网络媒体上每天发布的大量新闻都是从报纸上转载的，其发布速度明显滞后于报纸。这种“倒挂”是客观存在的又一种尴尬。究其因主要有三点：一是政府的制度安排所致。众所周知，中国的商业网站都没有采访权，你只能到正规媒体网站上转载新闻，报纸不刊登，报纸网站上就不会有这条新闻，你不能直接采访、编辑、发布，否则就是违规。二是前面所言的“报纸恐网症”的存在。所以，报纸办的新闻网站即使有优先在网上采写发布新闻的可能，也被报社领导层遏制了，“狼来了”的恐惧使报纸网站成为报纸的附属物，网络最终成为事实上的“被困铁笼的狼”。三是客观存在的商业网站的“网络技术迷恋”的影响。商业网站诞生的最初几乎都是由做技术的执掌网站命脉，技术对于互联网犹如心脏对于人体一般，是网络发展的最重要的原动力，蔓延滋生、客观存在的技术霸权充斥商业网站，且内容的表达需要诸如发布平台、PS、FLASH 和 Dreamveaver 等技术的完美支撑，况且新浪网的新闻抓取技术和腾讯网的 TIPS 即时定向传送技术极大地提升了新闻发布速度和网络传播力，于是很多迷恋技术的人认为，网媒因技术带来的传播力是报媒无法比拟的，对网络媒体而言，“功能、服务和独特的传播力是优势，内容不是最重要的”，“网站是新兴强势媒体，互动改变了传受关系，不需融合”，调查中 28%的人持如此观点，也一定程度地影响了报网融合的推进。

3. 创新匮乏症

自从 20 世纪 90 年代中期中国第一张都市报——《华西都市报》诞生之

后，报业的创新创意层出不穷，从点子为中心到策划为中心、从记者为中心到编辑为中心、从内容为中心到运营为中心的悄然转轨，从策划时代、厚报时代、读图时代、评论时代的相继到来，无一不显示出中国报业的创新力量和勃然生机。互联网在经历 10 多年的发展之后，以“快捷性、海量性、互动性、立体性”为主要特征的传播力的彰显，以网络专题为重型武器、以多媒体表达为显著特点、以互动参与为力量源泉、以论坛博客等自媒体发展为突出标志的创新传播方式的变革，给受众带来革命性的创新体验。① 但在最初的激情和创意之后，无论报媒或者网媒，创新的速度和频率皆陡然下降，在报网融合最需要创新勇气、创新意识和创新模式的时候，面对现实利益冲突和未来图景构建的创新要求，无论从理论上还是实践上，报网融合都还没有找到相对成型的可行模式与路径。

三、报网融合：三位一体的“三三模式”

报网融合是媒介融合的重要组成部分，是指报纸和网络的融通整合，即纸质媒体和网络媒体在信息采集、制作、传播过程中的全方位渗透、交叉与合作。② 从这个概念解析可以看出，许多关于报网融合的思考和理解还停留在内容生产的最基础层面，尽管这个层面很重要。事实上，报网融合应该是在媒介运营层面上进行深层次的、全方位的、不分彼此的“一体化操作”，只有从这样的高度和深度来进行思考，才可能在对数字化时代报网关系的透彻领悟和生存形态的全新认知中，实现革命性突破，建构一个切实可行的报网融合运营模式。

本文在关于“制约报网融合的主要原因”一栏调查中，“没有找到和谐共赢的科学方法和运营模式”的选择位居第一位，紧列其后的是“缺乏既懂报媒运营又懂网媒运营的复合型人才”、“需要采编思维和平台的革命性举措，受决策和投入的制约”。51.3％的被调查者认为，报网融合应该这样进行，即要“总体规划，大胆开拓，报网一体”地进行模式建构和运营实践。

本文认为，报网融合可以建构和探索“三三模式”：在总体上完成最基础、最核心和最本质的三方面融合，并从三个层面提供坚实有力的保障，以全面提升“媒介融合力”。

---

① 赵培玺：《打造报网融合的整体优势》，《传媒》2008 年第 11 期。

② 章宏法：《报网融合的战略管理》，《新闻实践》2008 年第 1 期。

具体地说，报网融合要完成的最重要三要素是团队融合、机制融合和利益融合。如图1。

图1　报网融合的基础、核心和本质要求

1. 团队融合

团队融合是最基础的融合。要建立一体化的领导班子，统一指挥、管理、协调报纸和网络新闻的内容生产、技术支持、报网推广、整体运营、后勤保障，统一人才的引进、任免和使用标准，统一聘用流程和培训提升，统一工作任务和奖惩考核。在高度一体化的编辑部里，许多观念思路和运营方式将发生与现实状况完全不同的变化：(1)总编辑既是报纸的总编辑，也是网站的总编辑，不再是报纸副总编辑兼任网站总编辑，副总编及各大中心主任亦然；(2)部门设置和员工的分工是按照新闻生产的内在规律和新闻类别加以区分，而不是根据发布平台的不同分为报纸记者和网站记者；(3)给报纸和网站采集新闻成为采编人员的本职工作，而不再是报纸记者每天要给网站提供多少条稿件；(4)被报纸和网站采用的新闻稿件按同样标准考评打分、评好新闻、实施漏稿和后发于竞争对手等明显问题的处罚；(5)团队每个员工都要接受关于报纸媒体和网络媒体传播特征和运营特点的基础性培训，使团队成员成为“报网皆宜”的两栖人才，以不断提升团队整体的融合能力。实现了以上五方面变革的团队，就一定能成为适应报网融合大趋势的有战斗力和执行力的团队。

2. 机制融合

机制融合是最核心的融合。在任何一个系统中，机制都起着基础性的、根本的作用。以新闻生产为例，要按照“新闻线索—新闻采集—写作梳理—编辑加工—选择发布”的新闻媒体传播流程要求，建立以新闻价值判断为基础、新闻策划竞争为中心、流程运转和节点控制为关键、24 小时全时性报道为特点的全新信息流通和人员指挥系统，形成“一次采访、二元发布、多次合成、连续追踪、全时覆盖”的新闻生产机制，确保运转规范有序、准确高效。在这样的运转机制下，报纸内容生产将打破“上午新闻策划会、下午报纸编前会、晚上编辑定版会”的传统模式，而是放置于 24 小时不间断的网络新闻媒体传播流程中，按照早、晚、夜三班时间点进行交接，并随时根据新闻的最新动态进行即时的新闻策划和采编指挥，使报纸内容生产的组织时间更加充裕。如图 2。

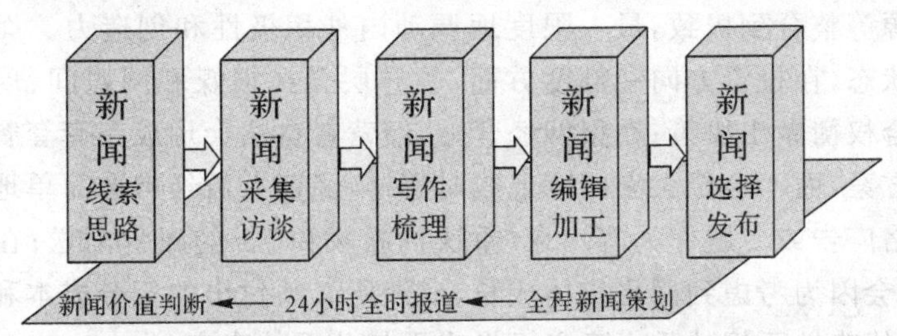

图 2　报网融合一体化 24 小时全时报道通用流程

国外许多媒体开始探索构建“通用内容生产平台”，将报网纳入统一框架，统一内容设计和策划，对新闻实行全天 24 小时不间断的总编辑分配制。[①] 这样打造的产品便于报网以优势互补和良性互推的融合形态，实现新闻价值和传播效果的最大化，也便于报网媒体总体品牌形象的彰显和塑造。据悉，当很多报纸网站还只是报纸电子版的时候，《华尔街日报》及其网站就已经依靠机制的规范彼此嵌入了，其网络版不仅对报纸内容全涵盖，全球 1600 多名采编人员每天还向网站提供 1000 多篇稿件，该报的纸质媒体和网络媒体已经从内容到视觉融为一体，他们似乎从不担心网络会分流报纸读者，因为统一的“华尔街日报”品牌已经真正报网融合了。[②]

3. 利益融合

利益融合是最本质的融合。如前所述，报网融合之所以实施艰难，首当其冲的是“报纸恐网症”的存在，其实潜伏在恐网症背后最本质的障碍是利益的冲突。在本文进行的调查统计中，就“您认为要做好报网融合，最重要的是要做好以下哪方面的融合”一问的回答，五个答案中选择人数最多的是

① 王平、吴乐珺：《国外知名报纸报网融合现状及启示》，《青年记者》2009 年 6 月上。

② 董天策：《网络新闻传播学》，福建人民出版社 2004 年版，第 63－67 页。

“要融合利益，形成一套经营平台，进行套餐式营销”，排在第二、三位的分别是“要融合机制，形成一条生产线路，进行二元化操作”、“要融合团队，形成一支采编队伍，进行一体化运转”，选择这三项的总人数占 74.24%。腾讯·大渝网执行总裁接受调查时表示，报网融合最重要的现实瓶颈是“各自利益问题，从某种形式而言，含有竞争性”，要解决这样的现实瓶颈，最重要的是“机制问题得以解决，报纸和网络都是同一群人操作，最根本的是利益得以统一，很多问题就迎刃而解了”。我们认为，利益的融合至少要在投资、经营、分配三个方面进行一体化的谋划、指挥和运营，将平台资源、人脉资源和信息资源等整合到极致，最大限度地调动内外积极性和创造力。面对利益融合的状态，在投资方向和额度方面，领导层会在报媒和网媒间、现实和长远间综合权衡做出决策；在报网经营上，经营者自然会形成一套套餐式的整合营销方案，而不会像大渝网刚上线时那样，经营人员经常会简单地将大渝网的网络广告或专题作为客户在《重庆商报》打广告的廉价配送；在利益分配上，也会因为考虑到网络媒体成长、成熟所必须付出的资金成本和时间成本，以及战略性亏损的重大意义而做出更加公平的决定。

团队、机制和利益的融合是报网融合最重要的三要素，它们呈现出三位一体、休戚与共、环环相扣的关系。要确保“三个融合”真正到位，关键是要有“融合力”。融合力由决策力、执行力和凝聚力构筑而成，其背后的支撑和保障分别来自领导、制度和文化。如图 3。

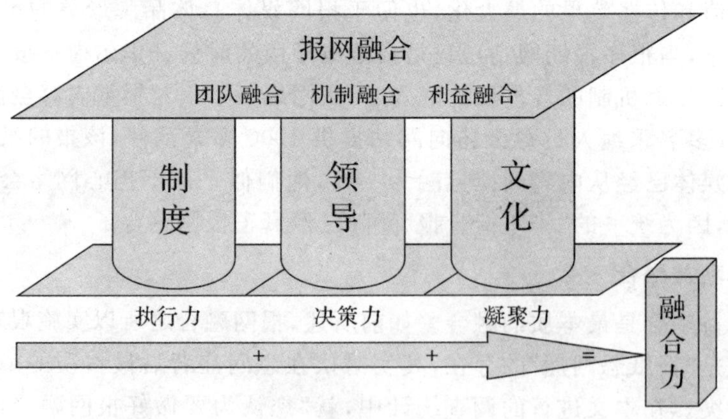

图 3　报网融合的三大支撑与保障

第一，有决策力的领导是报网融合成功的先决条件。领导是带领团队走向成功的关键，对报网融合的领军人物而言，他必须拥有对报纸和网络两种媒体的深刻理解与清醒认识，拥有对媒体自身走向和市场竞争环境下的大势把握与前瞻思维能力，拥有基于视野、素养和底气的方向性决策力，并善于发现、任用和锻造一个有长远眼光、现实力量和务实精神的团队。一个智慧型领导的前台一定站着制度的挡箭牌，背后一定散发着文化的魅力风。

第二，制度保障是确保报网融合执行力的核心关键。无论团队融合、机制融合还是利益融合，一切都需要制度构筑和规范的刚性保障，这是报网融合走向成功的执行力要求。特别在最初报网媒体人员和机制的磨合阶段，制度建设和强力执行尤为重要。要用制度规范各组织架构的岗位职责，各部门员工的责权利关系，各运转流程的有序推进，各种创新性思维及有效劳动的即时奖惩，各种竞争失利和明显差错的即时处罚，等等。

第三，文化建设是报网融合可持续推进的力量源泉。如果说制度是不可逾越的大山般刚性的规则，那么，文化则是润物细无声如溪流般柔软的温情召唤。刚柔相济方为成功之道，让无论报纸还是网站的员工在报网融合的新团队、新机制下尽快找到价值认同感和心灵归属感，是基于媒介组织自身文化建设的重要使命。所以，报网融合一开始就要对此精心营造、分步实施。因为，文化这种柔软的力量一旦入脑、入心、入髓，便具有无坚不摧的力量。

网络时代的报业创新：欧洲《华尔街日报》的启示

李　雪*

一、网络时代的媒介竞合

互联网自20世纪90年代进入公众领域，便引发了对新旧媒介竞争的争论。不同的研究开始关注和比较不同媒介在日常生活中的使用，并提出媒介使用的时间换置（time displacement）理论，即新媒介的使用减少了受众使用传统媒介的时间。较早总结该议题的学者 Coffey 和 Stipp (1997)提出了三点论据：(1)有限的时间（一天24小时）意味着电脑使用时间的增加必然来自于其他活动时间的减少；(2)互联网相较其他媒介更具吸引力，因其带给用户更大程度的参与；(3)青少年和儿童成长过程中比其父母一代人更适应互联网的使用。相当数量的经验研究支持该假设，比如，Reagan (1987)发现，使用电脑的年轻人听广播、读报纸以及看电视的时间低于非电脑使用者的时间。Rogers (1985) 发现，使用电脑以后，人们日平均看电视的时间减少了1.5小时。Nie 和 Erbring (2000)发现，互联网的使用减少了人们看报的时间。

尽管"时间换置"揭开了对于受众选择和媒介竞争关系的新的探索，但这种单维度的测量往往停留在现象层面，无法为受众媒介之间的互动提供深层解释。另一种流行的关于媒介竞争和受众选择的研究取向即"使用与满足"。与"时间换置"相比，使用与满足从受众的需求出发，认为受众主动地选择更能满足他们需求的媒介。尽管这种研究取向带来了媒介选择的某种程度的理解，但"使用与满足"理论功能主义的局限也受到了很多学者的

* 作者单位：扬州大学新闻传媒学院。

批评——它将个人对某种媒介的选择置于环境之外，忽略了如媒介间交互和人口等其他因素的影响。一些传播学者将媒介生态位理论（The Theory of The Niche）引入“使用与满足”研究，弥补了以上两种研究取向的不足，为媒介与媒介、媒介与受众的关系提供了一个更为广阔的视角。该理论指出，媒介所处的资源空间具有多元的维度，除了使用时间以外，还有受众满足和广告利润（John Dimmick，1993）。媒介生态位采用了三个关键概念来分析媒介的使用和满足，分别是：(1)生态位广度（Niche breadth）；(2)生态位交叉（Niche overlap）；(3)竞争优越性（Competitive superiority）。生态位和满足理论的综合使得考察媒介的使用与满足能够不脱离媒介所处的环境，同时兼顾了受众的选择和媒介之间的竞争合作。到目前为止，相关的研究已经利用该理论对报纸、电话、电视、互联网等媒介间竞争进行了分析（John Dimmick，Kline，& Stafford，2000；Dutta-Bergman，2004；Li，2001）。《华尔街日报》作为一个媒介机构，同时拥有网络和报纸，其所面对的媒介环境不仅包括其竞争者提供的相似服务，也包括了受众对其提供的不同媒介服务的可能选择。本文采用该理论框架分析欧洲《华尔街日报》面对各种复杂竞争时采取的发展策略，尝试为网络时代媒介竞合提供一个新的机构案例。

二、欧洲《华尔街日报》策略分析

《华尔街日报》欧洲版创刊于1983年，总部设在布鲁塞尔，是道琼斯集团旗下一支，和美洲版、亚洲版分别独立经营。主要提供专业的商务财经咨询和新闻信息，目标市场定位明确。其中，男性读者占89%，女性11%，平均年龄为48岁，70%的读者为管理层，78%为欧洲公民，91%的读者所在的公司拥有国际业务，读者人均年收入为249,750美元，欧洲版日报发行量约为8万。20世纪90年代以来，欧洲报业市场面临新媒体带来的竞争，总体发行量逐年下滑。而同期报纸的数量缓慢萎缩，从1995年的1,147种降至2002年的1,118种（European Commission，2004）。根据王积龙对欧洲报业发展趋势的观察，2005年之前，报纸的广告收入主要受到电视方面的压力；2005年以后，报纸又受到互联网的挤压，广告额不断流向互联网（王积龙，2006）。面对以上这些竞争，《华尔街日报》实施了一系列战略计划，并成功地在机构内实现了报纸和网络的互补。从媒介生态位理论的角度来看，这些发展策略可归纳为：

1. 生态位广度最大化

生态位的广度是指某种媒介的使用能够满足其目标受众需要的幅度。比如，对即时通讯和手机的比较研究指出手机相较于即时通讯能够满足需要的幅度更广(Ramirez Jr.，Dimmick，Feaster，& Lin，2008)。生态位较广的媒介可以满足较多样的需求，然而生态位较窄的媒介可以满足具体的特殊需求。《华尔街日报》欧洲版于 1996 年上线，其内容直接复制了日报的印刷版本，增加了体育和个人评论两块内容，报纸和互联网版本提供的服务相似程度很高，主要满足受众商务和金融信息的需要。自 2004 年开始，日报采取了一系列的手段使其受众获得更大范围的满足(见表 1)。

表 1　2004—2009 年《华尔街日报》服务扩充

Expanded Coverage (增加内容)	增加关于技术、小型商务、政治、个人理财和生活方式的报道
Foreign language editions (增加其他语种版本)	中文 葡萄牙文 西班牙文
Mobile Reader (手机阅读)	易于使用 Blackberry，关键词提醒，即时和其他联系人分享新闻
WSJ Video (视频新闻)	视频发布幕后的独家采访报道和特殊新闻故事
Journal Women (日报女性)	世界妇女在商业、政治、科学、艺术等领域的表现和故事
WSJ Magazine (日报杂志)	有关奢华生活方式的杂志
Journal Community (社会网络)	最大的商界社会网络社区，成员必须使用真实姓名，成员之间建立了在线的横向联系
Digital Network (数字网络)	与最有影响力的商业和金融网站结成的数字网络合作伙伴联盟，提供创新的广告覆盖范围和解决方案
WSJ Tools (日报工具)	播客 RSS 订阅 Twitter 工具 Facebook 工具

数据来源：华尔街日报网 www.wsj.com。

从表 1 可以看出，《华尔街日报》从印刷媒介发展到网络媒介，通过各种手段增加了受众可以获得满足的幅度，扩大了其生态位广度。首先，增加了更多内容栏目，使得以商务金融为中心的基础信息服务更加丰满。其次，

2004 年发布的移动应用程序,使其手机用户可以利用手机浏览日报内容,跨越了纸质报纸的时空限制,扩充了生态位的空间范围。另外,多语种版本、日报女性、日报奢华杂志关注不同文化、社会、经济背景的群体特殊需要,将广义的商业和金融服务细分为子市场。更重要的是,2007 年,日报开始投入开发类似 Facebook 风格的社会网络系统,帮助用户之间建立横向的联系,加强线下真实关系的联系。这一项策略的开发,使得日报从原先的新闻和信息服务发展到人际沟通领域,加上微博客、播客、内容订阅等工具的扩展,将日报的内容输送给其他网络新媒介的用户,弱化了这些网络新媒介服务和《华尔街日报》之间的竞争,全面扩大了生态位的广度。到 2009 年为止,《华尔街日报》与其他九个最有影响力的商业和金融网站结成数字网络合作伙伴联盟,扩充了广告覆盖范围,提供创新的广告方案(多网站同时投放),更加吸引广告商。

2. 生态位交叉最小化

生态位交叉是指不同媒介提供满足的相似程度,以衡量媒介之间的替代和互补程度。生态位交叉大,媒介可替代程度就高,竞争程度大;而生态位交叉小则说明媒介之间互补程度高。比如,Dimmick 等人将电话和电子邮件进行比较(John Dimmick, Kline, & Stafford,2000),发现两者之间生态位交叉大,竞争较大。传统报纸面对网络新媒介带来的竞争最常用的一个策略就是报纸上线。大部分报纸和《华尔街日报》早期一样,直接将其报纸内容复制到网络上。尽管可以节约采编人力,但这种内容高度相似的做法忽略了自我竞争的可能:印刷版的读者可以选择上线读相同的新闻,而不必购买报纸。2003 年,《华尔街日报》采取了一项重要的策略:线上提供全面的新闻,而纸质版本重点报道深度特稿,线上发布新闻,纸质解释新闻。

目前,欧洲版《华尔街日报》的主要板块包括:要闻(Front Page),市场并行(Abreast of the Market),公司新闻(Corporate News),欧洲市场(European Markets),国际投资者(International Investor),领导新闻(Leading The News),深度新闻(News in Depth),政治与经济(Politics and Economy),回顾与展望(Review and Outlook)。《华尔街日报》欧洲区网站新闻主要板块包括:世界(World),商务(Business),市场(Markets),技术(Tech),生活和时尚(Life & Style),观点(Opinion)。网站的这些主要新闻板块下面又细分有十个以上的子板块。以日报欧洲版 2009 年 10 月 13 日的网络和报纸的国际商务内容为例,两者的对比显示出如表 2 所示的结果。

表 2 《华尔街日报》欧洲版网络和报纸商务版块内容(2009 年 10 月 13 日)

网　络	报　纸
Business What's News	International Investor
Cost Cuts Lift Profits But Hinder Economy	Jewelry retailer's CEO resigns after disclosure—Unauthorized' deals reported by Abdulla totaled in millions
BofA to Hand Over Merrill Documents	Macau weighs limiting growth of casino sector
Ghana Divided on Oil Field Partner	More follow-on stock deals are starting to see daylight
China Scrutinizes Its Steel Industry	Standard chartered clears one hurdle for Indian listing
Hawaii Hotels Face Tough Times	Huijin investment to buy more China bank stocks
CIC Invests at Home and Abroad	China to cut steel taxes—Move could lead to consolidation in the industry
Macau to Review Gambling Industry	Weak steel forecast raises eyebrows
AIG Sells Taiwan Unit for $2.15 Billion	Corporate News
U.K. Weighs Privatization Options	Slump has car makers restless about campaigns
Blackstone Plans Portfolio Exits	Web ads get caught in cloak of invisibility—Scams proliferate as more marketers use middlemen to buy display space across thousands of sites
Simon to Co-Lead J.P. Morgan Tech Team	ITV faces new succession woes—U.K. broadcaster's leading choices for chairman fall off list; COO acts as CEO
Europe Sets New Anti-Ice Rules for Jets	Philips net profit triples—Cost savings, gain offset a sales drop; medical unit slips
Entrepreneurs Take on Tax Man	Xstrata sells copper mine in Chile to Barrick
Bloomberg in Lead for BusinessWeek	AvtoVAZ pressures Kremlin for more aid
Google Board Member Resigns	BSkyB to offer subscription music service
Fairfax Names Corbett Chairman	Wumart, Lotte bid for stake in Times Ltd.

续表

网　络	报　纸
OCBC in Talks over ING Assets	Cnooc, Exxon vie for stake in Ghana field
Dispute Threatens Chinese Magazine	Is Vegas casino worth the cost of finishing it?
SanDisk Upgrades Flash Technology	BearingPoint to sell China unit to Perot—Deal would boost global reach of Dell under its Perot acquisition as it tries to catch up to Hewlett-Packard
Macquarie Unit to Breach Covenants	CEO says Alitalia's situation is very good
Onyx Agrees to Buy Proteolix	Yanzhou resubmits its offer to acquire coal miner Felix
Damas Accepts CEO's Resignation	Google board member gives up post

数据来源:道琼斯 Factiva 数据库。

从上表可以看出,同一天发布的欧洲版网络和报纸的新闻内容呈现出很大的不同。从标题来看,网络版的新闻标题简短,而报纸版本较长,并通常含有副标题。内容方面,以中国钢铁产业的报道为例,网络和报纸从不同的方面对该议题进行了报道。网络版"中国检查其钢铁产业"(370 字)和报纸版"中国削减钢铁税——此举可能带来该行业的整合"(611 字)由同一人 Robert Guy Mathews 采写,但经编写发布后,网络版注重报道政府举措,而报纸版则对举措及其影响有了更深入的分析。两种版本的差异基于不同媒介受众的阅读习惯,从标题、内容到篇幅都有区别,《华尔街日报》的该策略,很好地避免了媒介间内容重叠,从而降低了其媒介生态位的交叉程度,减少了其自身可能产生的内部竞争。

3. 创新项目,提高竞争优越性

竞争优越性是指某个媒介能够提供高于其竞争者所提供满足的程度。该指标往往被用来判断共存情况下的使用选择倾向。比如,电视新闻和报纸新闻的比较发现两者在不同的维度方面各具竞争优越性,电视新闻在机会满足方面更具优势,而报纸新闻在认知满足方面具优势,这样的差别使得两者可以在相同的资源空间内共存(Li,2001)。

2007 年 12 月,《华尔街日报》欧洲版的重要项目部门设计实施了一个创新项目"未来领袖项目"(Future Leadership Program)。该项目与全球 19 个国家的 165 所大学合作,探索新的新闻机会。该项目成立了一个在线机构，在各个大学定期组织专题研讨会，根据主题，邀请相关的业界精英参与，讨论如何将知识转化为社会生产，为学界和业界搭建了一个新的对话平台。对于《华尔街日报》来说，研讨会产生的关于未来生产力的新闻议程成为具竞争力的新内容，由《华尔街日报》独家报道并每日免费发放 12,000 份日报至伙伴大学，12,000 份的发行量反过来吸引广告商的赞助。这个过程中，《华尔街日报》"培养"了未来的读者，增加了机会竞争力。

举例来说，2009 年 5 月 22 日，由日报"未来领袖项目"和欧洲工商管理学院联合组织的全球企业家论坛，讨论包括了"创业：团队领导经验如何提高战略和绩效"、"创新和负责任的领导：长远的视角"、"为欧洲教育注入创业精神"以及"从大处思考，从小处入手，迅速采取行动"等议题。该论坛获得了包括苹果在内的相关企业的赞助，赞助商在《华尔街日报》上获得了广告空间，更重要的是，日报获得了专业、独特的新闻素材，其读者"参与"到论坛当中，成为未来日报的潜在消费者。日报的这一创新项目考虑到了创新新闻内容以及广告商的投资潜力，更重要的是通过参与式内容生产培养了未来的读者，提供了一项其他同类竞争者所没有的创新性受众满足，提高了其竞争优越性。

三、《华尔街日报》生态位分析的启示

媒介生态位和使用与满足的综合补充了"时间换置"和"使用与满足"的不足，在媒介所处的广阔资源环境中考虑受众对于媒介的选择。在本文中，该理论在分析媒介机构策略时，也是十分有用的工具，使我们分析网络时代媒介应对竞争所采取策略时可以既考虑媒介间对于资源的竞争机制，也兼顾受众对于媒介的影响。未来的研究可以进一步从受众的角度进行媒介生态位的实证研究，从而为媒介资源环境中机构、受众以及广告的相互关系提供更为全面的解释。

参考文献

[1]Coffey, S., & Stipp, H. (1997). The interactions between computer and television usage. *Journal of Advertising Research*, 37(2), 61-67.

[2]Dimmick, J. (1993). Ecology, economics and gratification utilities. In J. O. A. Alexander, & R. Carveth (Ed.), *Media economics*. Hillsdale, NJ: Laurence Erl-

baum,135-136.

[3]Dimmick,J. ,Kline,S. ,& Stafford,L. (2000). The Gratification Niches of Personal E-mail and the Telephone: Competition,Displacement,and Complementarity. *Communication Research*,27(2),227-248.

[4] Dutta-Bergman, M. J. (2004). Complementarity in consumption of news types across traditional and new media. *Journal of Broadcasting and Electronic Media*, 48,41-60.

[5]European Commission (2004). Sector Report 1: The European Newspaper Market. *Publishing Market Watch*, from www. lpia. lv/files1/20050304210330491075012. pdf.

[6]Li,S. S. (2001). New media and market competition: A niche analysis of television news,electronic news,and newspaper news in Taiwan. *Journal of Broadcasting and Electronic Media*, 45,259-276.

[7]Nie,N. H. ,& Erbring,L. (2000). *Internet and society: A preliminary report*. Stanford Institute for the Quantitative Study of Society (SIQSS), from http://www. stanford. edu/group/siqss/.

[8]Ramirez Jr. ,A. ,Dimmick,J. ,Feaster,J. ,& Lin,S.-F. (2008). Revisiting Interpersonal Media Competition: The Gratification Niches of Instant Messaging,E-Mail,and the Telephone. *Communication Research*,35(4),529-547.

[9]Reagan,J. (1987). Classifying adopters and non-adopters of four technologies using political activity,media use and demographic variables. *Telematics and Infomatics* (4),3-16.

[10]王积龙:《欧洲报业发展趋势观察》,《中国记者》2006 年第 12 期,第 76—77 页.

媒介融合与传统媒体运营模式的变革与创新

祝兴平*

随着科技的进步，信息化时代的到来，大众传播媒介正在经历着前所未有的巨大变革，与传媒产业市场化和集团化进程紧相呼应的便是不同传播媒介的交汇与融合。数字技术的广泛运用，网络传播的迅猛发展，使得原本泾渭分明的各类媒介呈现出“媒介融合”（Media Convergence）的发展态势。经过短短十几年的发展，以互联网为代表的新兴媒体，开始削弱传统媒体的资源优势，挤占传统媒体尤其是平面媒体的发展空间。在此形势下，世界各地传媒组织纷纷跨媒体、跨行业、跨国界资本渗透和企业兼并，组建超级传媒集团；不同媒介之间，共同采用新技术，加强相互沟通、转化、融合，形成媒介之间整合汇流的产业形态。“媒介融合”的发展趋势和全新的业态环境，迫使中国传媒产业变革和创新运营模式，再造管理流程，打造全新的产业链条，这对于传统媒体而言，显得意义重大和尤为必要。

一、媒介融合与业态环境的变迁

一般而言，“媒介融合”主要体现在三个方面：一是媒介信息的融合，即从媒介内容上进行融合，各类媒体中涉及媒介融合的栏目和板块；二是媒介形态的融合，包括新媒体和传统媒体间的融合、新媒介间的融合、传统媒介间的融合等，比如电视读报节目融合电视和平面报刊，电视评论节目融合平面纸媒、网络民意、受众手机短信参与、场外专家视频连线；三是传媒集团业务范围的整合，这是媒介融合重要的表现形式，比如新华社近年来打造集通讯社、报刊、网络、电视（视频）、手机短信报道于一体的多语言化、多媒体化

* 作者系中央财经大学新闻传播系副主任、副教授、硕士生导师。

的世界传媒集团，说明平面媒体、广播电视媒体、网络媒体、手机新媒体统一到一个平台上进行信息的采集、发布等也是可行的。这都是媒介融合的实践形式，而且有些实践已经在业界成为了一种行之有效的运营模式。

当前，媒介融合的实践已经产生了巨大的影响，无论是对新闻传播业还是对整个社会，都有着不同程度的改变；随着媒介融合进程的深入，其影响将会更加广泛和深刻。从传媒产业的角度来看，媒介融合对新闻信息传播过程中的新闻信息采集方式、新闻内容、传受者地位以及新闻传播学教育、传媒人才培养等方面提出了新的更高的要求，传媒管理模式乃至关于传播的相关政策法规也将发生变革与调整，以更加适应媒介融合的发展态势。

当前，随着媒介技术的发展，媒介组织在进一步走向联合，“媒介融合”已经成为一个无处不在、影响巨大的传播现象。一方面，随着卫星传输技术、数字化技术和网络技术的进步，以及这些技术在广电、通信领域的全方位渗透与应用，传统媒介之间的界限逐渐模糊，新媒体形式层出不穷，媒介终端可实现功能逐步强大。另一方面，社会经济及文化思潮的发展与进步引发社会阶层的“碎片化”，并由此延伸到市场的“碎片化”和受众的“碎片化”，大众时代过渡为分众时代，媒介受众由以往的单向阅听人的角色转变为需要为其量身订制娱乐、资讯服务的媒体用户。媒介与信息消费者的互动更加充分，传媒产业正努力以日益丰富的信息娱乐元素满足消费者日益多元化的娱乐和信息需求。

与此同时，媒介融合是在传统媒体与新媒体从对立、碰撞转向融合、依存的背景下提出的，它反映着社会发展深层次的趋势和必然性，必然对整个社会产生十分重要的影响。正是由于数字传播技术的产生和发展，尤其是互联网技术和传播手段的演进，颠覆了传统的大众传播概念和媒体运作模式，丰富了信息传播文化，催生了一个全新的信息传播时代。经过短短十几年的发展，以互联网、手机为代表的新兴媒体，开始挤占和弱化传统媒体的优势资源，挤压传统媒体尤其是报刊业的发展空间，对其形成了巨大的威胁和挑战。与此相应，新媒体的快速发展，业态环境的巨大变革，也给传统的纸质媒体提供了诸多借鉴和启示，为传统媒体的数字化多媒体化转型开启了新的思路。

二、媒介融合与运营模式的变革

不过，不同媒体之间的相互融合、汇流，传统媒体的网络化与数字化，是一个系统而复杂的战略管理工程，而在此间，至为关键的是，必须在媒介组织或集团的总体发展战略框架内，顺应网络化、数字化的发展趋势，分析组织内外部环境，科学构建数字化多媒体化的整合媒体发展战略，实现传统媒体运营模式的变革与创新。具体而言，传统纸媒运营模式的创新可以从发展战略、传播技术、媒介内容、赢利模式、资源整合等多个层面着手。

首先，从战略的高度创新发展模式，寻求纸媒发展模式的创新性突破。这种创新，可以从角色定位、发展目标、业务流程、商业模式、体制保障和制度安排等几个方面来实施。纸媒必须突破传播介质的束缚，解决定位问题，实现从传统纸媒经营机构向数字内容提供商的角色转变，最大限度地整合内外部资源，实施数字化转型，占领信息传播和经营管理的制高点。为确保战略目标实现，还须变革传统的信息采集、生产和发布方式，提高传播时效，努力实现新闻信息的即时、滚动播报。同时，必须在原创新闻的终端发布上花力气，结合新媒体分众对等传播的个性特点，引导受众更多地参与到内容制作环节。因此，必须进行信息传播的流程再造。为此，纸媒的数字化转型必须建立起数字信息综合开发处理、数字信息发布、数字产品营销和数字产品客户服务四个专业平台，每个平台的建设和运行，都必须突破纸媒现行的业务流程和商业模式，重塑运营体系。为了保证这个综合平台的科学运转，必须尽可能地实现投资主体多元化、治理结构公司化、运营管理流程化、薪酬激励科学化、内控体系规范化，竭力为参与市场竞争提供良好的体制安排和机制保障。

其次，以现代传播技术为手段再造传播模式。在对目标受众和客户需求进行精准分析和市场调研后，适时引入 BBS、RSS、BLOG 等新型传播技术，构建数字技术平台，聚合新闻信息、生活资讯等核心内容资源，创新新闻信息传播模式，满足新生受众的阅读需求和信息消费习惯。新闻出版总署 2006 年 8 月启动，在全国推广的数字报业实验室计划，为传统纸媒的技术创新提供了政策导向和产业转型示范。

再次，以内容为核心重构价值模式。传统纸媒的价值链是出版→印刷→发行→广告，其价值增值过程，始终在这一链条的单向行进中实现，而其原点和核心，始终是内容产品的生产和发布。面对新媒体的挑战，处于内容创意产业核心地位的传统纸媒，既要尽快做大做强数字信息生产发布平台，更要快速适应媒介产业变革的新形势，着力实现信息生产→信息发布→信息增值的功能回归，通过变革原创内容生产和深加工方式，一次开发，多级多次生成，多点发布，拓展价值增值渠道，为网络媒体、移动媒体等不同介质传播平台提供高品质原创内容服务，满足多种信息消费终端的客户需求，打造辐射型的数字纸媒价值模式。在此模式下，传统纸媒可借助网络传播和网民互动扩大原创内容的议程设置功能，优化纸媒的选题效果，同时网民原创内容也能为传统纸媒提供丰富的内容素材，并通过纸媒专业化的信息核实手段和内容配置能力，形成内容生产和价值增值的良性互动。

再其次，以媒介品牌为依托变革赢利模式。新媒体对传统纸媒价值链的切割，看似摊薄了纸媒收益，却也因此培育了新的市场空间，传统纸媒足以依托多年积累的品牌优势和由此产生的公信力和权威性，在部分关键节点上延伸品牌优势，创新赢利模式。

与数据库营销等品牌延伸服务同理，传统纸媒数字平台在聚集大量人气后，数字媒体可通过多种形式，将此种影响力优势转化为商业优势。比如利用网络数字交易平台，开展网上购物、代交费用、代办事务等电子商务活动；比如以网络推介为基础，开展线下商品直销，还可针对不同网络社区的消费群体，组织汽车、住房、耐用消费品、快速消费品等的大型团购活动；再如不同介质媒体联手组织行业会展、高峰论坛等活动，拓展多元化的赢利渠道。

最后，以竞合理论为策略革新资源整合模式。在产业资源整合方面，传统媒体应重点谋求与成熟度较高的新媒体机构的战略合作，科学移植其成功的运营机制和商业模式，提高新老媒体的融合度，尽可能降低数字化转型的机会成本。即使对于竞争对手，如果对方在资源共享、业务重组、市场维护等方面能有所帮助，也应积极谋求合作，通过变革资源整合方式，实现合作双方的互利共赢。

三、媒介融合与呈现方式的重构

此外，传统媒体的运营创新还可以体现为表现形态的变革和演进。尽管目前传统纸媒内容呈现最主要的介质仍是纸质载体，但各种新型电子报纸的出现也带动和推进了我国数字时代广大受众全新的阅读体验。跨媒体的数字报纸、实时更新的网络报纸、便携式电子报纸、针对特殊受众群定向细分报网合一的复合型报纸，特别是以数字出版为辅助的深度解释型纸质报纸，因其适应新的市场需求，提供新闻事件和政治经济走向的深度调查、分析和解释，必然存在较大的市场发展空间。在市场细分化、受众“碎片化”、主流价值尚未完全确立的一个较长的时期内，通过对社会热点进行全方位剖析，生产和售卖以纵深观点为核心的内容产品，深度解释类报纸将会在日渐式微的传统纸媒市场上大放异彩。

1. 呈现方式的多媒体化

数字传播技术的飞速发展，业已打破报刊、广播、电视、网络媒体、移动媒体、通信服务等传统的行业界线，正在重构传媒产业的业务形态和行业边界。利用互联网和移动通信平台发展起来的新型数字报纸，将以文字、图片、音频、视频、FLASH 等多媒体形式呈现，并通过有线宽带和无线通信网络两大通讯渠道实现多种信息终端的整合发布。

这种数字媒体，在信息采集上同时运用文字记录、摄影、摄像、录音等多种手段；在信息发布上，以自建数字平台为主渠道，以不同形式的产品形态，同时登陆 PC、手机、电视机、便携式阅读器等多种信息接收终端；在赢利模式上，依靠广告赢利和内容收费等多种形式，广告发布也将更多采取植入式等便于受众接受的新形式。

2. 呈现方式的实时同步

实时更新的网络报纸突破了传统报纸的出版周期限制，通过网络平台随时发布最新的新闻信息，并采取网络文字、音频、视频直播等形式，实现了重大新闻的现场同步播报。当然，网络报纸不是对新闻信息的简单快速陈列和随心所欲的发布，它在一定程度上保留了传统报纸的版面、版面组合等视觉形态，以及新闻呈现形式、图文编排技巧等精细化特征，内容和形式更加时尚现代，并融汇了更多的数字传播元素，能够更好地适应时尚、活力的年轻受众的媒体使用习惯和传播接受心理。与此同时，网络报纸将极大地改变传统报业的业务流程和价值组合。产品生产通过采编部门即可实现，产品销售即报纸发行也突破了现有的行业和地域限制，更多地借助第三方专业机构的力量来实现销售和利润的获得。面对这一即将出现的新变化，传统报业的印刷、广告、发行等传统经营业务价值链，必须尽快围绕自身资源优势和核心能力，拓展新型业务，重塑价值实现形态。

近年来，传统媒体对数字技术平台、新闻出版资源的全面整合和业务重构，已经为网络报纸的诞生奠定了基础。新华社、《人民日报》、中央电视台在提升网络媒体地位，大力建设多媒体技术平台的同时，将新闻信息在新华网、人民网、央视网上的发布时间前置，基本实现了重大新闻信息的即时传播，2008 年汶川大地震的及时滚动播报就是一个典型的创新和变革的案例。目前，越来越多的传统媒体通过数字化建设，打破传统直线型采编的时空限制，将新闻信息的采集、制作、发布等传统过程融入信息化、数字化流程,建立全新的滚动采编和信息整合传播制度,实现新闻及娱乐信息的适时、互动、个性化传播。

3. 呈现方式的方便易携

尽管纸质报纸是目前报业机构新闻内容最主要的呈现介质,但新型电子报纸出现并走入中国报业,带动了数字时代新的阅读体验。美国 E-Ink 公司最新研制的电子纸张产品,只有 0.3 毫米厚,可以任意弯曲而不发生字面的扭曲;支持以无线的方式下载文本内容,可以随时进行阅读内容的网络刷新和内容改写。E-Ink 公司正在试验一种“彩色样纸”,这为研发电子杂志和电子报纸技术提供了可能性。

在中国,2006 年 4 月 15 日,解放日报报业集团发行了全球第一份电子报,陆续在部分高端用户中推行。2006 年 10 月 25 日,宁波日报报业集团推出电子报纸《宁波播报》,作为网络互动多媒体报纸“播报”的内容延伸和形态拓展。此外,国内越来越多的报业集团制作和发行了纸质报刊的电子报。这些电子报刊采用的电子纸阅读器体积有书本大小,与阅读纸质介质一样舒适,可应用 HTML 和 PDF 等格式,保持了报纸原有的视觉形态,可实现随时随地在线、离线阅读。据悉,目前已有一家专业生产电子报纸阅读器的企业落户广州,这标志着与西方同步发展的电子纸产品,正在中国快速产业化。随着电子纸产品在彩色显示和视频显示等领域的技术飞跃,一场改变阅读观念和习惯的风暴即将掀起,传统报纸的介质革命将给现代报业带来新的发展契机,并不断推动和加快媒介产业的数字化和多媒体融合。

4. 呈现方式的纵深挖掘

数字化时代的弊端之一,是通过多媒体渠道传播的海量信息真伪并存,是非难辨。此时,为受众提供信息甄别、核实、深度分析、解释判断等服务的市场需求便应运而生。纸质媒体以其数百年所形成的严谨风格和优秀从业队伍,以及依托品牌所产生的舆论权威性和媒体公信力,使其在传播市场上扮演重要角色。因此,适应新的市场需求,提供新闻事件和政经深度分析的纸质报刊,仍有一定的发展空间。当然,这种报纸的进入门槛相对较高。真正能够在市场上有所作为的,必定是具有优秀的人力资源、先进的操作理念、广泛的社会影响和足够的市场知名度的报业品牌。

5. 呈现方式的小众化定制

随着传统报业市场的萎缩,大众化综合性报刊的衰落以及受众渠道选择和信息接受兴趣的多元化,大众传播市场日益细分化和专业化。这种态势促使传统报业根据日益个性化的受众需求，针对细分化市场，面向各种小众化群体，强化报刊的信息服务功能，为特殊人群提供各种分众化的信息定制服务。这将为数字化转型、实现报网互动后的传统报业创造一个新的市场空间和成长领域。当然，这类报纸可随社群的集聚和分化衍生出更多形式，但平面纸媒此时已退居二线，数字传播将走向前台，信息服务终端将根据用户需求和信息定制而定。竞争激烈的传媒市场，将促使各类信息服务更加个性化、人性化、实用化，这种面向窄众量身定做的传播模式，将大大提高信息服务的有效性，催生媒介形态的多样化。

参考文献

[1]王 菲：《媒介大融合》，南方日报出版社 2007 年版。
[2]张 桦：《纸质媒体信息资源的循环利用》，《中国新闻出版报》2009-03-19。
[3]王 晖：《新媒体格局下办报理念的创新》，《新闻战线》2007 年第 6 期。
[4]谢新洲、汪良：《金融危机下中国传媒业面临机遇与挑战》，《光明日报》2009-04-23。

媒介融合环境下的对农电视节目营销策略

谭世平*

改变我国当前农业电视的边缘化地位，提升我国乡村传播的效果，推动新农村建设步伐，快速缩小城乡差距，是我国传媒机构、政府管理部门今后较长时期内不得不认真对待的重要问题。在收视率至上的传媒评价体制下，我国农业电视发展艰难，如湖南卫视的《乡村发现》自1995年开办以来得到观众喜爱，反响不错，但也曾被几度停播改版，命运曲折。新媒体的发展和媒介融合时代的到来为我国对农电视频道和栏目的发展带来了机遇。

一、媒介融合新趋势

伴随着数字技术的广泛运用和网络传播的迅猛发展，媒介融合已经成为媒介变革过程中最明显的趋势。媒介融合根本的和直接的诱因是数字技术的成熟，新一代数字技术、广播技术、信息技术的飞速发展成为媒介融合的直接推动力。媒介融合（Media Convergence）由美国马萨诸塞州理工大学教授I. 浦尔首先提出，意指各种媒介呈现出多功能一体化的发展趋势。美国新闻学会媒介研究中心主任Andrew Nachison将媒介融合定义为“印刷的、音频的、视频的、互动性数字媒体组织之间的战略的、操作性的、文化的联盟”，他强调的“媒介融合”更多是指各个媒介之间的合作和联盟。国内学者周鸿铎认为，“媒介融合是一种业务上的合作，不是谁吃掉谁的问题，而是通过这种合作，实现媒介资源的最佳配置，以便实现共赢”①。发展至今，媒介融合包括的形态日益丰富，包括人们常说的内容融合、产业融合、资本融合，以及媒介形态、结构、流程以及传播方式的全方位融合，媒介之间通过优势互补实现功能的融合和相互渗透。正是这种多层次、多向度的媒介融

* 作者系湖南科技学院新闻传播系教师。

合态势，为传统电视媒体改变自我、寻求新发展提供了机遇，它们纷纷抛弃既有的基于单一产业的营销方式，开始探索新的赢利模式和营销战略，以期获取更大的市场空间。

随着媒介的数字化与网络化的发展，以及各国解除管制、鼓励竞争的政策法规的出台，各媒介间的融合从理论逐步变成现实。随着卫星技术、数字化技术和网络技术的进步，以及这些技术在广电、通信领域的全方位渗透与应用，传统媒介的界限渐渐模糊，新媒体形式层出不穷，媒介终端可实现功能逐步强大。媒介融合颠覆了大众传媒独占鳌头的大众时代，对信息传播甚至社会生活都产生了划时代的影响。从传播者、传播渠道，到传播内容和受众，传播过程的每个环节都随着媒介融合时代的到来而产生了相应的变化。媒介融合的大潮带来了一个又一个的新媒体终端，它们竞相吸引着人们的注意力。多频道数字高清电视、网络电视、车载移动电视、手机电视、MP4，甚至数码相机，都可以成为接收电视节目的终端设备，而人们看电视的行为也日益由原来的家庭式、固定式收视向个人收视、移动收视等多样化方式演进。手机电视、网络电视成为媒介融合时代具有典型特征的新媒体。

二、媒介融合给对农电视带来的影响

媒介融合给农业电视带来的最大变化就是节目的播出平台增加，视音频的播放载体不再局限于电视机。非线性传播、互动性、跨平台、个性化，是媒介融合环境下电视节目最突出的特征。②

媒介融合使得农业电视节目的传播形态由原来的线性传播转向非线性传播，观众收看更为方便，反馈更为快捷。线性传播的电视节目按顺序播出，观众只能按照时序被动地接收信息，缺乏主动选择，而且节目保留困难，反馈缓慢，互动性差。网络电视和手机电视更加注重个性化的追求，注重特定观众的需要，并按照观众的兴趣和爱好细分市场。媒介融合环境下的电视节目以在线观看、视频下载、网络直播或者互动娱乐等形式为主，在许多层面实现了对传统电视节目的超越，因而在满足受众需求方面显现了相当的优势。

目前我国农业电视节目的网络化工作已经初步完成，及时发布节目信息，开通互动平台，网络成为农业电视节目和城乡观众沟通的重要桥梁。吉林电视台的乡村频道、山东电视台的农科频道、河北电视台的农民频道等专业频道，以及优秀农业电视栏目如荆州电视台的《垄上行》、湖南卫视的《乡村发现》、贵州电视台的《我们农民工》、北京电视台的《京郊大地》等大都可以进行网上直播、点播和信息互动，网络成为农业电视节目对外传播的新渠道。中央电视台设置了 CCTV 社区，山东电视台农科频道设置了互动论坛，为观众的反馈、评论提供数字化社区服务平台。湖南卫视的《乡村发现》把 2009 年 3 月 2 日复播以来的视频节目全部上传，供网友们免费播放或者下载，还开通了网络线索征集平台。

三、对农电视节目营销策略

1. 实施对农电视节目营销的条件基本成熟

随着国民经济的快速增长，我国恩格尔系数逐年降低，据国家统计局的统计数据显示，2004 年，我国城镇居民的恩格尔系数为 37.7%，根据联合国粮农组织提出的标准，这一数字说明我国居民生活水平已接近富裕。生活水平提高，消费者可用于食物之外的消费相应增加；贫富差距扩大，则会引发社会阶层的碎片。具体到传媒领域，一方面，收入、文化及适应力的差异使消费者的价值观念、生活方式和消费理念不再趋同。如黄升民教授认为，社会阶层的碎片“使原有的社会阶层经由社会观念达到集体行动的逻辑发生了某种断裂，社会观念的利益化和个性化倾向明显”，传媒的“大众时代”正过渡为“分众时代”。另一方面，消费者的角色由受众变成用户。在受众时代，媒介消费基本免费，媒介传播只是单向的点对面方式，并且媒介传播的内容较少，媒介经营重视收视率、收听率或覆盖率。到了用户时代，媒介消费者则按需缴费，通过媒介平台与运营商、内容商以及其他组织，消费者充分互动，实现点对点的传播。当然，这些需要海量的内容作支持。媒介的经营开始重视对用户的争夺及对用户价值的深度挖掘。

据 CNNIC 发布的《2009 年中国搜索引擎用户行为研究报告》显示，中国搜索引擎用户已达 2.35 亿人，半年增长率达 15.6%。结合中国网民整体的网络应用娱乐为主的特征，搜索引擎的使用以娱乐休闲为主要目的。以休闲娱乐为目的的搜索中，音乐搜索的使用率最高，达 39.5%；而影视、视频、游戏搜索的使用需求增长较快，这一现象说明了人们消费影视、视频媒体的习惯正在快速发生改变，而音频、视频、图像搜索等成为未来搜索技术发展的主流。

在广告市场处于边缘地位的农业电视也应该考虑实施节目营销战略。随着电视广告市场的分化，电视传媒机构越来越意识到节目营销的重要性。

我国自1979年恢复电视广告以来，广告收入就成了电视业的主要收入来源。电视台主要通过制作和播出节目获得观众的收视，然后向广告商出售广告时间以获得广告收入。但进入21世纪，世界经济、技术都发生了日新月异的变化，电视广告市场的增长放缓，传统电视的广告资源被分流。在这种情况下，我国各级电视机构的经营重点开始由广告转向电视节目，以寻找新的收入来源。学者陆地认为："从国际国内电视产业发展的历史来看，只有生产和销售电视节目，能够构成电视产业内除广告之外的第二大收入来源。中央电视台、北京电视台等都相继喊出了把节目经营收入培育为本台收入第二大支柱的口号。"③

为数不多的农业节目有着很好的观众缘、很大的需求空间，这为节目营销的实施提供了较好的市场基础。随着社会经济的发展变化，现代化程度的加深，传统的"就农言农"的对农传播的思路必须进行转变，对农业节目感兴趣的观众也越来越多，包括所有关心"三农"、关心和谐社会建设的城市人。城市的发展与乡村的建设密切相关，城市人的生活也离不开乡村社会。在中国当代工业化的进程中，农村正在发生一场深刻的变革，大量农民工进城务工，许多农民失地，农村医疗、社会保障体系亟待建立、完善。关注农民工，提升农民工的素质，培育农民工的现代市民意识，创建和谐的城市环境是所有电视台和全社会的共同责任。中央电视台上网栏目2009年5月份访问量排行榜上，在278个上网栏目中，农业节目栏目(如《致富经》、《科技苑》、《每日农经》、《农广天地》、《聚焦三农》、《乡村大世界》、《乡约》、《乡土》等)大都排在前80名。河北电视台农民频道整体收视上升迅猛，《三农最前线》连续三年在国家级评奖中获得栏目类一等奖。河北省网平均收视份额由开播之初的0.98%提高到2008年的8.38%，自2008年10月以来，收视份额已跃居河北电视台第一。频道广告创收也以每年翻番的速度增长，从500万到1500万再到4000万，2008年完成7000万。目前，河北电视台农民频道已成为全国对农专业频道的领头羊，综合实力排名第一。2008年，在业界具有极高权威性的"TV地标"评比中，河北电视台农民频道从全国近千个频道中脱颖而出，被评为"全国最具影响力专业特色频道"，同时频道还被省广告业协会评为"河北省最具广告成长力媒体"。2009年5月25日，湖南卫视午间档《乡村发现》收视率0.61、份额4.86%，同时段排名第一。这是《乡村发现》这个栏目自2009年3月2日复播以来首次取得第一。这些数据说明农业电视节目因其新奇、实用、自然、亲切，符合社会经济发展需求，还是能够得到大众的喜爱的。

2. 积极、稳妥推进对农电视节目营销

互联网、IPTV、手机电视等基于信息网络和数字技术的新媒体形态层出不穷，它们拥有交互式的传播方式、专业化的传播内容以及高质量和大容量的数据存储能力，极大地满足了受众需求。这种媒体表现形式的多样化，给传统农业电视的地位带来了巨大冲击，使得媒介市场格局逐渐由单一媒体垄断转化为多种媒体并存发展。如果说这种格局转变的根源是信息接收渠道的多样化和受众需求的个性化，那么，这一转变的结果便是受众的分化，即传统电视受众注意力的严重稀释。

对农电视要想改变自身困境，获得新的生存空间，必须在观念、体制、内容、形式及已有资源的各个方面进行充分的整合，积极推动与新媒体的融合，让更多的消费者快捷方便地收看节目，实现经济效益和社会效益的双丰收。电视节目的营销方式很多，既可以通过版权交易、下载点播、广告、赞助等方式来进行，还可以通过举办各种公益活动、策划媒介事件，深入农村现场、邀请农村受众参与节目采制等方式提升节目知名度和美誉度。

(1)版权收入将成为节目提供商的主要收入来源。

媒介融合带来的一个新变化是传播平台的增加，对农业电视节目提供商来说，版权交易的对象和交易机会增加了。可以将节目卖给电视运营商，可以卖给网络视频分发平台，也可以卖给手机运营商，当然还可以做成DVD在市场上销售。最具意义的是，可以多次出售版权，充分发挥内容资源的价值潜力，实现多次赢利。

改变内容困境的一个战略是将内容提升到产业的高度，通过引导或支持相关产业组织的建设并促进产业组织合理的竞争与协作，构建较完善的产业链并保证产业链通路的顺畅，从而使内容能够规模化生产，大批量集成，面向大市场销售。内容不可以重复批量生产，内容生产需要创造力，而创造力的价值集中体现在版权上。目前我国内容的创造力受到多种因素的制约，难以充分发挥，这要求政府在发展内容产业时不仅要树立企业、消费者的版权意识，还要通过具体的、操作性强的、严格的法律法规和大力的监管打击非法盗版等行为。

(2)付费点播、下载。

社会经济及文化潮流的发展与进步引发了社会阶层的“碎片化”，并由此延伸到市场的“碎片化”和受众的“碎片化”，大众时代过渡为分众时代，媒介受众由以往的单向阅听人的角色转变为需要为其量身订制娱乐、资讯服务的用户。媒介与消费者的互动更加充分，传媒产业正以日益丰富的信息娱乐元素满足消费者的需求。

农业电视节目，特别是那些致富项目，对有着脱贫致富愿望的人士有着强烈的吸引力，他们非常迫切地想获取这些信息，纷纷留下电子邮箱、电话、QQ号码。“记得有一期节目的内容是关于山东某处收购生蚝壳的，我想了解其相关内容。”“我要养黄粉虫，有电话吗？”“我想了解一下彭家豆腐，有哪位朋友能告诉我详细情况？”众多观众的网络留言流露出急切心情。在服务商和运营商的培养之下，在节目内容的吸引之下，这部分观众还是肯掏钱下载电视节目的。对于手机电视和网络电视而言，付费下载日益成为一个重要的赢利方式。虚拟商品支付交易平台的建立，使数字内容的支付问题得到了突破性的解决，这为网络付费收视进一步发展扫除了障碍。

(3)形成精准营销和口碑营销为主的营销形式，提升节目和产品的知名度和美誉度。

随着新媒体的广泛应用，电视开始与互联网、手机等新媒体融合。传播载体越来越多，广告主和观众两大消费主体也越来越理性和挑剔。广告主改变了过去粗放式广告投放策略，在目标消费市场逐渐细分的压力下，调整为集约式投放。网络功能由最初单纯的获取信息、娱乐，发展到日常生活帮手、商务往来等交流手段，由此形成精准营销与口碑营销的营销新形式。

追踪、研究用户的偏好，这是互联网相对于传统媒体营销的优势，也是其精准营销的基础。每个IP背后的网民的上网行为、浏览习惯、注册的个人信息，都可通过技术手段获取、挖掘。通过对上述内容的长期积累和深度分析，广告商便有机会深入了解用户行为和喜好，按照每个用户的行为特点、地域、兴趣爱好等挑选最匹配的广告信息。根据网络用户的人口特征、收视习惯等推动精准营销，有利于广告主对网络用户进行定向广告。网络口碑营销是使消费者或网民通过网络（如论坛、博客、播客、相册和视频分享网站等）渠道分享，把人们联系在一起，分享观点、价值，并进行交流和沟通，形成“让大家告诉大家”“一传十、十传百”的口碑传播。这种传播对于他人的收视行为和产品选择有着直接的影响。

对于迅速发展的新媒体产业，农业电视应当正视眼前的危机，但是更应看到自身面临的机遇。如何有效地利用新媒体在资源链接、分众定向、及时互动上的优势，在多元媒介的交叉融合中实现资源的深度整合，将是在我国传媒改革的进程中要不断探求的核心议题。

参考文献

[1]周鸿铎:《互动融合是新媒介生存和发展关键》,载李怀亮编:《新媒体:竞合与共赢》,中国传媒大学出版社 2009 年版,第 14—17 页。

[2] 陆地:《论西部电视产业发展模式的增长极》,《电视研究》2000 年第 10 期。

[3] 刘婧一:《应对媒介融合——新环境下的电视节目营销》,中国传媒大学出版社 2008 年版,第 5—7 页。

浅议电视频道目标受众的选择依据
——以 *BBC World* 电视频道为例

崔 艳*

在市场营销领域，在进行市场定位和规划营销组合之前，企业需要先找出有潜力的目标市场，这一个过程称为市场细分。对于电视频道而言，细分频道的受众市场，就是把受众细分为具有不同需要、特点或行为的收视群体，并针对每个收视群体采取单独的电视产品和市场营销组合战略。例如，在美国，一些有线电视频道按照自己的市场细分战略，向不同的群体播放节目，如面向年轻人的 *MTV* 频道、面向拉丁裔群体的 *Univision* 频道、面向非洲裔美国人的 *BET* 频道和面向女性受众的 *Lift time* 和 *Oxygen* 频道。

这种受众市场细分的目的在于辅助电视频道实现其电视产品服务的差异化，以便能更有效地服务不同的受众。这种受众市场细分的好处在于：允许频道根据其竞争力规划自己的目标受众市场；有助于识别现有受众市场中存在的空缺；能帮助频道提供符合受众需求的电视产品/服务，这也是竞争优势之根本所在；在电视频道成熟/正在衰退的受众市场中识别可能增长的有利机会；正确划分受众市场可以提升频道的竞争力。

一般来说，电视频道目标受众的选择有四个依据：

一、地理细分标准

在市场营销学上，地理细分标准就是根据地理区域特征对市场进行细

* 作者系中国青年政治学院新闻与传播系讲师、博士。

① M. J. 埃策尔，B. J. 沃克，W. J. 斯坦顿：《新时代市场营销》（第 13 版），张平淡、牛海鹏译，企业管理出版社 2004 年版，第 127 页。

② ［美］艾伦·B. 阿尔巴特朗：《媒介研究：文本、机构与受众》，谢新洲译，北京大学出版社 2005 年版，第 173 页。

分，地理细分(geographic segmentation)，其基本假设是消费者的需求和使用的产品与地理区域有关，而且地理区域特征是可衡量的。[①] 具体到电视频道的目标受众市场的地理细分，就是考虑电视频道的覆盖率，考虑到电视频道的级别层面。丹尼斯·麦奎尔在谈到"重叠受众"的问题时，也谈到了"地理因素"的问题。他认为，"潜在受众或实际受众的边界，常常与不同的地理层级相对应：从国际到国内，从地区到大都会(或城市)，再到小城镇和地方(或邻里)。通常，属于较低(lower)层级的受众包含在较高层级的受众之中；地方(或郊区)报纸的读者可能是城市报纸的读者，也可能是全国性报纸或期刊的读者"。在他看来，这是媒介分布和受众形成上的层级形式，所以，电视频道在受众定位时是要考虑受众的地理分布，包括地理区域、城市规模、通讯条件等。这一指标的运用对于区域电视频道、全国级别的电视频道，以及国际频道的设立很有意义。

BBC World News 电视频道的前身是 BBC 对外电视台(*BBC World Service TV*)，主要面向中东。后来增加了针对亚洲、非洲、欧洲的节目。*BBC World News* 电视频道一方面通过卫星网络播出，另一方面积极发展多渠道的播出平台，比如在韩国《东亚日报》的网站和 RealPlayer Plus 上播放，在巴林群岛用手机自选服务播出，在柏林经数码全球电视和全球大部分的卫星网络免费播出，在美国的公共电视网和新西兰的 TV One 播出。

同时，*BBC World News* 根据地域采取不同的播报方式。从 BBC 的网站可以了解到，目前，其目标观众有非洲的尼日利亚、坦桑尼亚、肯尼亚；亚洲的印度尼西亚、印度、斯里兰卡、孟加拉共和国、巴基斯坦、缅甸、伊拉克、阿富汗和尼泊尔。此外，*BBC World News* 还增设了 10 个国家的语言：保加利亚、克罗地亚、捷克、希腊、匈牙利、哈萨克斯坦、波兰、斯洛伐克、斯洛文尼亚和泰国。他们还特别制作了一些用来吸引美洲以及亚洲国家观众的节目。2007 年，BBC 开设了阿拉伯语的电视节目，在伊斯兰国家中创造影响力。

如今，*BBC World News* 每周吸引近亿观众，在超过 200 个国家和地区播出。BBC 电视频道的内容同时可以在 57 个巡航船只、42 条航线、35 个电话网络以及在包括 BBC 官方新闻网在内的众多在线平台上播放。

---

① 参见 M. J. 埃策尔，B. J. 沃克，W. J. 斯坦顿：《新时代市场营销》(第 13 版)，张平淡、牛海鹏译，企业管理出版社 2004 年版，第 129—133 页。

二、人口统计特征细分标准

最常用于人口统计特征的细分标准有年龄、性别、民族或宗教背景、收入和教育，以及家庭大小、社会阶层等。这一指标对于电视频道覆盖区域中可能达到的“触及率”具有预测价值。其中性别和年龄最为常用，例如针对儿童的少儿频道和服务于女性观众的女性频道等。根据人口统计特征来区分不同的受众群体已经成为行业惯例，但是人口统计变量有时过于宽泛，单纯依靠人口变量已经远不能把握受众特征，因此在依据人口变量进行频道目标选择时往往需要其他受众细分的方法。

BBC World News 是综合性新闻电视频道，主要提供的是新闻和信息，收看的人多为男性，所以 *BBC World News* 频道在内容上强调是新闻、财经类节目，即使是生活类的节目，也都集中在汽车、旅游、影视等白领观众趣味比较接近的主题上。

除此之外，还要考虑其他的一些相关因素，比如受众的社会背景等。英国学者戴维·莫利认为，对于讯息的不同诠释并不是一个人问题。“我要表明的是，这不单单是个体心理差异的问题。也就是说，虽然人们对某一特定讯息的诠释肯定是各不相同的，但是这些个体差异很可能是文化差异造成的。这也就是强调了不同个体所在的文化框架的重要性，比如说，如果我是德拉姆的煤矿工人，你是东英吉利银行的经理，那么我在对一个政府经济政策的诠释上和你的就肯定有所不同。这种不同绝不仅仅是因为我们心理上存在差异的结果。我们对那条信息反应的差别与我们不同的社会背景有关，因为这些社会背景为我们提供了不同的文化工具和不同的概念结构，而我们正是通过这些来解读媒介的。”①

BBC World News 的受众主要是各国的“精英人群”，有着良好的社会背景和教育程度。他们对新闻的解读更强调新闻的热点和重点，强调客观记录和理性分析。所以，在电视节目内容设置上，以新闻节目为例，主要涉及的时政新闻多发生在世界上的热点地区。新闻的编排模式也大多是“事件描述＋背景分析＋评论”的模式，符合了该类受众的个性需求。

---

① [英]戴维·莫利：《电视、受众与文化研究》，史安斌主译，新华出版社 2005 年版，第 91 页。

三、心理细分标准

古希腊的柏拉图在《裴多篇》中对苏格拉底说，在他眼里，听众永远是被了解的、被施予爱的对象；要对听众产生影响，演讲者就必须了解听众的心灵，而且要知道他们心灵的类型；正如医生若不了解病人的体质就不能开药方一样，演说家也不能用不适合听众的词语；要掌握演讲的艺术，就要"能够列举听众的特征，并根据其类别来划分他要讲的一切东西"[①]。

一般来说，频道运营者会进一步分析人口统计特征的内在特点，以便了解为什么受众会产生这样或那样的收视行为。这种细分就成为心理细分(psychographic segmentation)，即分析受众如何进行思考、如何形成感觉，以及如何行动。

心理细分标准主要有三个：个性、生活方式和价值观。其中，生活方式的定义是人们生活、花时间和花钱的模式。生活方式取决于个人的激励、以前的知识，还有阶层、个性和其他各种因素。用态度、兴趣和观点品质来衡量生活方式，一个人可能同时表示出几种不同的生活方式特征，而且随着时间的流逝和环境条件的变化，生活方式也会从一种类型转变到另一种类型。[②]

具体到 *BBC World News* 频道，他们就根据这个原则，对目标受众的价值观和生活方式做了调查研究，在世界大部分地方，除了广告外，均播放同一版本节目。但是也有部分地区节目存在差异，例如有很多节目只在印度独家播放，如 *Question Time India*、问答游戏 *University Challenge India*、《印度财经报告》、《明天印度科技》、《面对面》和机器表演 *Wheels*。

The Record Europe 只在欧洲播放，《亚洲财经报告》只在亚洲、澳大利亚播放，其他地方则播放《世界财经报告》。

从理论上讲，这些因素是非常有价值的受众特性，但在实践中很难对这些变量进行准确定义和测量，所以常常作为人口特征变量的补充。

---

① 参见[美]彼德斯：《交流的无奈：传播思想史》，何道宽译，华夏出版社 2003 年版，第 39—40 页。

② [英]迈克·欧德罗伊德：《市场营销环境》，杨琳译，经济管理出版社 2005 年版，第 179 页。

四、受众的受传行为细分标准

受众的电视受传行为就是指受众看电视的视听时间、频率。不同的受众有着不同的收视时间和习惯。比如最常见的收视群,就有着各自的收视特点:家庭主妇的生活或工作比较有规律,以孩子喜好为主,以家庭生活为中心,休闲活动主要是上街购物、跳舞和健美以及一些简单的体育运动,收视时段主要集中在晚上 8 时以后,内容以影视剧和娱乐节目为主;普通青年职工的工作生活压力比较大,其中有相当一部分人的时间花在各种业余的知识补习上,娱乐活动主要是听音乐、参加体育活动、读书报,主要收看新闻节目、体育节目、新鲜事物的介绍以及影视和娱乐节目;大中专学生的生活以学习为主,兴趣广泛尤其喜好新鲜事物,对科技知识和重大时政感兴趣,休闲活动主要是电脑、科技、音乐、体育、文化、旅游,其收视以新闻、体育、新技术、环保及人类生存方面的内容为主,要求节目画面质量较高;老年人应以延年益寿方面的东西为主。大部分受众在时间上主要集中在晚上(周末除外),其中女性依赖程度大于男性,但男性更以晚上 9、10 点以后的电视为主。[①]

对 *BBC World News* 电视频道来说,在细分受众市场时,他们要考虑目标受众的收视时间。由于这些受众的工作时间不固定性,收视地点也常常不固定。比如,很多商业人士在出差途中收看 *BBC World News* 电视频道。针对这种情况,*BBC World News* 电视频道在栏目设置和播出安排上做了精心打算。

首先,在栏目设置上,我们以 2010 年 1 月 11 日—1 月 17 日这一周节目为例,日播栏目有 *BBC World News*, *Asia Today*, *My Country*, *World News Today*, *World Business Report*, *Asia Business Report*, *Sport Today*, *Hard Talk*。而且有的栏目,比如 *the Daha Debates*, *the Bottom Line*, *Click* 等,都是作为模块,随时插入节目单中播放的。

其次,在节目的播放上,综合性新闻栏目 *BBC World News* 是频道主体,几乎每个小时的前半个小时都播放这个栏目,滚动播出,贯穿全天。而一个小时的后半段则插入调节性栏目,比如头条简讯、专题、访谈、体育、天

---

① 参见徐纯、肖绮芸、魏萌、蔡淑燕:《收视率分析与电视台运营决策》,羊城晚报出版社 2006 年版,第 69 页。

气预报等。下表为2010年1月12日9:00—10:00节目播出单:

9:00	*BBC World News*
9:30	*Asia Business Report*, *Sport Today*
10:00	*BBC World News*

这种“整点新闻+经济新闻+体育新闻”的编排模式是很典型的,使得该频道的目标受众可以在任何整点时间收看当天的重要新闻。而其余的时间,他们可以根据自己的兴趣来收看填充的板块节目。

总之,电视频道目标受众的选择是一个系统的工程,需要根据具体的情况,灵活应运这些标准,而不是机械套用。

媒介融合与新闻传播教育 >>>

媒介融合与新闻教育的转型

喻国明*

笔者认为，媒介融合其实就是传媒业利用数字化技术对传媒的介质形态的一种超越，它是一种形态、一种业务、一种品牌，可以在不同的介质之间进行分享，但是恰恰在分享的概念上，有了一种误解，即认为这种分享在不同的媒介形式之间是对称的、均衡的、等量的，因此一个报业集团也要去办网站、办杂志、办出版社，如果有条件的话还要办手机报，还要办广播和电视，以为这样便是媒介融合了。其实，主业被超出或扩张出来的传统媒介形式，几乎没有一个是成功的，其中多数都成为了烧钱的机器。

传媒界有所谓“隔行如隔山”的说法。半年前笔者去《人民日报》讲课的时候，副主编说，《人民日报》由于现在格局的限制，改造起来难度很大。他们也想再进行改造。做报纸方面《人民日报》还是有很丰富的经验的，但是不知为什么办杂志就不成功。同样的问题在新华社也存在，新华社在中国做新闻应该说是一流水平的，但它办的报纸，像《新华每日电讯》，就不如它的主体了。同样的情况几乎在中国和国际上都存在，一个新闻媒体办它自己熟悉的行业之外的那种媒体形式，成功的几乎可以说是凤毛麟角，基本上都不成功，这是一个定律。

于是人们要开始反思，媒介融合应该从何着手？这是一个很大的问题。同样，在新闻教育当中也出现了一些误区，比如说，现在一提到媒介融合，就是要培养新媒体记者，因此在很多新闻院系的课程单里面就出现了诸多过去没有的课程。比如说，一些过去以培养报纸记者为主的新闻院系，就增加了网络、电视，甚至手机报这些新的媒体课程。对于现在在校的新闻专业的大学生，这种所谓的“新闻学分”从过去大概平均 120～130 学分，增加到了 150～160 学分，增加的课程很大程度上是对丰富的媒介形式的熟悉和了解。

* 作者系中国人民大学新闻学院副院长。

这是不是媒介融合背景之下，新闻人要培养的基本方向呢？

在笔者看来，这是一个误区，是一件南辕北辙的事情。我们可以设想，如果你是这样的学生，到新闻单位去，当媒体新闻主管来问你的时候，你说我会写两篇稿子、我会拍照片、我还能编视频等等，那么别人肯定要问你：你在哪方面最强？你把代表你水平的作品拿出来我们看一下。现在，由于大量的时间分散在对各种介质形式的熟悉上面，反而忽略了培养新闻精神、新闻素质、新闻方法，这是一个特别大的误区。因为编一个网页、搞一个非线编等等这些东西实际上最多是入门的常识性的教育，而这种常识性的教育，即使你不在新闻的专业序列当中去进行培养，在今天也是一项通用型的技术。也就是说，即使你不学新闻学，你是学哲学的、学法学的，其实绝大多数学生，也能编网页、编视频、拍照片，恐怕有些人拍的照片也不比我们上了一学期课的拍的差。

这种思路的本身是错误的，或者说是一种误区，那么应该怎么做呢？

在笔者看来，就是要针对数字化媒体这样一个新环境给我们留下的新空间来寻找相应的答案。比如说，我们未来培养的学生要注意他对各方面技术、介质形式本身某种情况的熟悉，这是必要的。但是更重要的是，要考虑如何战略性地使用媒介的特性，因为对于一个内容、任务，对于品牌等的分享，不同媒介之间需要不同的形式，而不是简单的分享。因此必须要知道每一种媒介的特性。比如说，我们现在在新闻业当中可以看到，有一种现象就是报纸、网络、电视、杂志、网站上有大量的丰富的内容，应该被视为人们精心打造的文化精品、新闻精品，但是这些内容精品由于供给量极其丰富，被人接触的概率相对来说比较低，中央电视台有的节目的收视率仅是零点几，甚至零点零几。并不是这种信息本身没有需要，而是这些媒介的性质决定了虽然有很好的内容、很丰富的内容，但是必须要靠人们的主动选择，它的价值才会实现。

有没有另外一种形式，可以促成这样的供需双方的对接呢？

如果我们要了解媒介系数的话，就要了解环境媒介。公交移动的视频或者各种各样的户外的LED这样的东西，它们有什么特点？跟我们过去接触的传统媒介相比，它们重要的特性就是强制接触，这种特性是我们传统媒介——广播、电视、报纸所不具备的，这是它的巨大优势。但是，我们在使用环境媒介的时候，经常是低水平的应用：重复播放的广告、毫无价值的信息、跟人们当下的现实完全没有接轨的内容，实际上使人心生厌恶。假定我们可以将强制性的媒介加以利用，将商家的信息、企业的信息，通过一个宣传片或者是一个15秒钟、20秒钟的片花，作为一个橱窗来展示的话，可以把小众化、不为人知、不在人们选择范围之内的信息对接起来。比如说，你登上公交车的时候，你就可以看到公交移动电视告诉你说，你关心买房吗，在北京政府网站首都之窗上面有关于买房政策的理解；想看今天晚上有好看的电视吗，等等。这种强势性的接触给人的丰富感，会打破人们的接触习惯和消费习惯，使其在信息消费方面有更多的可能性。而传统的媒介也可以在这样的交流当中更好地实现自身的价值，对于公交移动电视来说，由于做的是交换，它以后可能除了自己视频的播出之外，还有报纸、政府网站、电视、杂志等的广告，成为一个真正意义上的多媒体经营平台。

所谓的媒介融合，其实就是在资源互换、功能互补的情况之下形成的，所以我们必须要看到不同媒介的媒介特性，善加使用和组合，来实现媒介融合，这才是真正意义上的媒介融合。新闻专业的学生，在媒介数字化条件之下，面临着媒介、专业教育的重大转型。当人人都可以表达，人人都能生产，人人都是记者，我们看，在这种情况下，媒介的教育应该如何做？我们专业的培养应该往哪个方向？

笔者认为至少有这样几个方向可以考虑：

第一，是我们媒介的专业培养的中心后移。有一个美国的研究机构数字表明，在今天全民新闻运动的情况之下，首发突发新闻的主体70%已经是非专业媒体和非专业记者。因为专业记者再多也不可能分布在社会的每个角落，只有普通的公民、个人，才会是一线的情况掌控者。在这种情况之下，专业媒体人和专业媒体的价值在什么地方？专业媒体在哪？

首先，要具有比较专业的采访技术、调查技术，有些东西并不是普通的公民个人可以获得的，需要组织化、结构化的方式去采访、去调查、去了解。所以在新闻的采集方面，我们要做得更专业。

其次，就是如何利用公民新闻运动所产生的巨大生产力，来形成我们的内部生产力。过去传统意义上的新闻都是有几个记者在采访，那么，在所有人都是记者的情况下，有没有可能把所有的资源集合起来。在这方面有过一些可贵的尝试。比如，河南电视台公共频道有一个节目叫《DV观察》，是民生类的节目，这个节目很成功地创造了一种模式，拿制片人的话来说，广电总局做了很长时间的分离，效果如何我不知道；但是我们很成功地做到了一点分离，就是采编分离。也就是说，所有策划、所有的把关和编辑是由专业的记者编辑来做的，而所有采访、第一手的材料，是分派给老百姓去做的，他们就是分布在郑州市各个角落的将近两万名出租汽车司机。他们对出租汽车司机做了培训,几乎每个司机都有家用摄像机,他们如果能够采访到那些感人的事情、突发的事情、使人为难的事情、跟民生有关的新闻,就通过网络上传到电视台,电视台一旦采用,不但把他们名字放在上面,而且还给他们两百块钱一条的稿费。这对于出租车司机来说,在物质上相当于他们工作一天的工资收入,更重要的是一种巨大的社会声誉,因此积极性很高。在郑州坐出租车的时候,你常常会遇到这种情况,当司机快要把你送到目的地的时候,前面出现了情况,司机会很客气地对你说:"先生,请下车,我还有片子要拍,或者你再打一辆车。"这就是利用社会生产能力。我上星期在中央广播电台的一个会上就说,现在几乎所有的手机都是可以进行高质量的录音的,都是可以进行高质量的通话的,如果我们广播电台用这种方式把我们的采访线分布到普通公民个人比我们记者更多的地方、更在现场、更多的第一时间,我们难道不可以反应吗?关键就是用何种方式。

为此,对于专业的记者,我们新闻教育应该培养的是如何成为信息的结点,而不是一个简单的信息采集器。你能够以什么样的模式、什么样的方法去统和?在你报道领域当中有100个、200个、500个一线工作的有新闻热情的眼线,他们在第一时间把情况告诉你,你有什么样的意图也可以指挥、调动他们;你有100个学者朋友,可以解读你的困惑。这就是巨大的资源。

第二,当整个社会都在发言的时候,就有一个平衡的问题。每个人都在为自己的利益而发言,每个利益集团都在为自己的主张而表达,这就需要维护表达的平衡性,需要有专业的记者、专业的媒体来完成这样一种平衡者的角色。平衡者就需要站在更高的结点上,看到利益表达、主张表达、情绪表达等等,有办法、有路径、有资源去实现平衡。我们经常讲新闻要为弱势群体说话,其实不是"成为"弱势群体的概念。我们要从社会安全的角度来考虑新闻,因为今天的社会已经如此紧密地联系在一起,是一荣俱荣、一损俱损。所以,媒介工作者是高度上的平衡者,我们必须要有调动相关资源的能力。

第三,由于媒介使用习惯的形成,形成了一种非共享的媒介圈子。这种情况也需要专业的媒体人和媒体来形成专业的媒介消费圈,进行信息的共享、议程的设立,这也是我们未来媒体人和未来媒体特别重要的职能。

总而言之,就是在媒介融合的情况之下,我们必须要根据新出现的情况来找到我们的价值所在,站在一个新的高度上突破我们过去一亩三分地的限制,以更加开阔的视野和更新的高度来审时度势,来确认我们的专业价值,来形成我们自己的行为模式,这就是在媒介融合之下我们的新闻教育、我们的媒介应该做的事情。

论媒介融合环境下新闻传播人才的培养

黄楚新*

随着科技的进步,传播媒介正经历巨大的变革,传统报刊面临萎缩,各种新的媒介形态不断出现。伴随着数字技术的广泛运用和网络传播的迅猛发展,原本泾渭分明的各种媒介之间形成互相融合的局面,即"媒介融合"(Media Convergence)。美国新闻学会媒介研究中心主任 Andrew Nachison 将"融合媒介"定义为"印刷的、音频的、视频的、互动性数字媒体组织之间的战略的、操作的、文化的联盟"。媒介融合不仅仅是业界探讨的热门话题,也是国家在战略层面的重要部署。国务院总理温家宝 2010 年 1 月 13 日主持召开国务院常务会议,决定加快推进电信网、广播电视网和互联网三网融合。会议指出,推进电信网、广播电视网和互联网融合发展,实现三网互联互通、资源共享,为用户提供话音、数据和广播电视等多种服务,对于促进信息和文化产业发展,提高国民经济和社会信息化水平,满足人民群众日益多样的生产、生活服务需求有着十分重要的意义。

今天,面对世界及中国新闻传播业所处环境正在发生的剧变,基于传统新闻传播业的分工结构和运行方式而构建的新闻教育体系、人才培养模式同今天的新闻业一样,正面临重大变革。因此,此时探讨媒介融合环境下新闻人才的培养更具时代意义。

一、媒介融合环境下新闻人才的培养更具紧迫感

1. 各种新的媒介形态不断出现,新旧媒体的格局发生变化

在新的媒介环境下,传统媒体的生存面临新的挑战。广播、电视、报刊等传统媒体面临与新媒体互相融合的局面。在技术层面上,报纸与网络的

---

* 作者系中国青年政治学院新闻与传播系讲师,新闻学博士。

互动融合产生了电子报纸，电视与网络的融合产生了 IPTV，广播与网络的融合产生了播客等。技术的进步为新闻事业的发展提供了先进的传播工具和传播手段。与报刊、广播、电视这些传统的大众传媒相比，通过互联网传播的新一代媒介实现了载体性能的根本改变，为新闻传播变革提供了更广阔的空间。新媒介的融合扩充了信息容量，改变了新闻传播方式。

随着技术的不断发展，网络媒体的融合功能不断增强，接受与发布新闻的手段和方法越来越多样化，新闻信息传播采用多媒体方式，最终在新的终端介质上实现听、读、看、写、说、录等多种手段和载体的组合。3G 时代的到来，信息定制、手机报、手机上网、手机电视等无线业务方兴未艾，无线接收终端逐步拓展到 MP4、掌上电脑、笔记本电脑、车载和户外无线屏幕等领域，互联网和移动通信改变了人民的生活，也改变了传媒生态，使新旧媒体的格局发生变化。随着传播手段和方法的改变，对新闻传播内容整合及再造的难度也越来越大，如何对内容精准定位、对媒介载体方式适当选择、对传播流程有效控制与管理，成为所有新闻媒介面临的新问题。

新的媒介环境要求有新的人才培养机制。蓬勃兴起的新媒体，具有全能传播特点，它集文字、声音、图像于一体，覆盖了传统媒体拥有的所有传播载体。对记者来说，要能应用各种传播新技术，会拍会写，进行文字、声音、图像的处理，还应掌握 Skype、MSN、博客、播客等现代信息技术手段。这表明以往的传统传媒人才的培养模式较难适应新环境的需要，要求新闻教育在学科架构、课程体系、教学平台等方面进行改革以适应正在变革的传媒的需要，培养出高端的、适合媒介融合发展需要的新闻传播专业人才。

2. 社交媒体的兴起提供了更多的采访方法及工具

近年来，以 Facebook、Twitter 等为代表的社交媒体在世界各地兴起。社交类媒体为网民提供了更自由、广阔交往的空间，也为新闻机构实施采访等提供了新的手段和工具。美国一些新闻机构开始设立专门的职位对社交媒体工具进行管理，各大新闻院校开设了相应的课程，向学生传授如何通过这些工具来制作和传播新闻，使学生适应新兴媒体的发展。

哥伦比亚大学新闻学院学生事务主管斯里・斯林瓦森(Sree Sreenivasan)为学生讲授社交媒体的技巧，并通过社交媒体推广内容。北卡罗来纳大学教堂山分校副教授保罗・琼斯(Paul Jones)为新闻系的学生传授如何使用 Skype 进行采访。纽约城市大学新闻学院互动传媒总监杰夫・扎维斯(Jeff Jarvis)教学生如何使用实时搜索进行信息搜集并跟踪突发新闻事件，搜索渠道包括通过 Twitter、FriendFeed、OneRiot、Tweetmeme、Scoopler 和 SearchMerge 等。纽约大学新闻学教授杰伊·罗森(Jay Rosen)曾经在 FriendFeed 上就 URL 缩略服务发起过提问,创建消息列表,最终收到了数十人的响应。在媒介融合时代,使用 Wordpress 创建并运营博客网站、使用 Twitter 更新实时信息、使用 Facebook 发布文章和视频、使用 Delicious 收藏文章、使用 Flickr 分享图片以及使用 YouTube 分享视频已成为媒体工作者应当掌握的基本知识,而这些手段和方法是过去传统的新闻教育课程中所不具备的。

3. 用户制作内容的出现使新闻源更多样化

过去,为媒介提供信息的主要是政府机构、社会团体和企业组织,承担采访与发布新闻信息的主要是职业新闻工作者及新闻通讯员。有些媒体虽然开设了新闻热线电话,或通过来信来访渠道获取来自民间的信息,但这类信源采用率通常较低。随着互联网技术的普及,特别是信息采集、信息编辑、信息播发技术的便捷,各种传播技术越来越多地被使用于新闻信息的传播,从而改变了新闻传播的传统模式。

科技的进步、网络的发展、网民的增加使普通民众能够通过发送手机短信、撰写博客日志、发起网络群聊、拍摄音视频等手段,在任何时间任何地点对任何人进行传播。在新媒体技术日益发展的今天,受众或称用户既是新闻事件的亲历者,也是新闻事件的报道者。在“伦敦地铁爆炸事件”、“华南虎”事件以及“3·14 西藏打砸抢烧事件”的传播活动中,来自用户采集的信息、发表的观点所产生的社会影响,已经充分证明了这一点。

“用户制作内容”(user-generated content,UGC)打破了传统媒体过去在新闻传播中的垄断和特权,使媒体的信源结构发生了变化。在新闻事件现场,任何用户都有可能是“报道者”,都有可能成为信息来源。“用户制作内容”丰富了媒介内容的来源,但同时由于用户的知识结构、媒介素养、对新闻价值的认知等方面参差不齐,对用户提供的信息内容优劣的判断成为媒体工作者应具备的新的能力。通过对用户制作内容的吸收、整合、提炼,“创造”出有见地、有灵魂的新闻,以有效的服务去赢得社会的认可,成为当今媒体工作者必备的素养。

4. 社会对媒体人才的需求发生变化

社会变革对新闻教育的挑战主要反映在社会对新闻人才的需求和选择上。如何培养适应社会转型时期、媒介变革时期所需要的新闻传播人才,对于新闻教育无疑是一个新的重大的挑战。根据一项对 8 省市 12 所高校及对应地区媒体从业人员的调查，有72.4%的媒体从业人员认为，现在新闻专业毕业的学生不能满足媒体要求。老师、学生、媒体从业人员均有2/3以上认为新闻教育与媒体需求脱节。从产权属性看，根据新闻出版总署的最新规定，中国的媒体都要逐步过渡到“事改企”。媒体产权属性的变化将导致一系列的变更，传媒产业化、企业化、市场化的趋势日益明显，“受众即市场”的观念深入媒体运作的各个方面。

在媒介融合环境下，新闻媒介组织结构与工作流程都发生了变化。美国的媒介综合集团(Media General Inc.)将属下的《坦帕论坛报》及其网站Tampa Bay Online、电视台WFLA-TV以及集团网站TMO.com的编辑部门都集中起来运行。设立“多媒体新闻总编辑”来统管三类媒介的新闻报道，使三类媒介在新闻采编方面实现了联动。该集团所融合的媒介都是同处一地的地方媒体，派往异地采访的记者都是“多面手”，他们能够同时为报纸写文字稿件、为电视拍摄新闻节目、为网站写稿。他们是媒介融合后能够运用多种技术工具的“全能型”记者编辑。媒介融合对职业新闻传播工作者提出了“多面手”、“全能型”等更高的要求，使新闻教育面临新的挑战。根据人力资源市场的统计表明，融合媒介后对传媒人才的需求主要呈现出两大类别：一是懂传媒、会策划、善公关的复合型人才，二是集写作、拍摄、编辑于一体的全能型人才。因此，新闻传播院系应根据人才市场的多种需求和已经变化了的客观条件，重新设计课程体系。

随着各种新媒体的大量出现，网络信息技术推动用户参与信息制作与传播，传统媒体过去所做的专业分工，包括报道策划、版面安排、节目形态、媒体的管理方式以及新闻工作者报道技能培养的传统新闻教育体系都必将发生改变，传统的专业知识界限和专业技能界限都将被更大程度地突破。因此，新闻学课程的架构需要适应媒介融合的趋势，以保证新闻学专业具有更强的开放性与兼容性。

二、新闻人才的培养目标及课程设置需要重新规划

我国的新闻教育事业经过多年的发展所形成的课程体系是十分宝贵的，这些课程体系的核心成分有其自身的稳定因素。由于诸多条件的限制，目前新闻学专业课程与快速变化的业界体系之间存在差距，致使课程的前沿性和实用性都受到不同程度的制约。面对信息传播技术的迅猛发展和媒介市场化进程的快速推进的新闻业的变革，基于传统新闻业结构模式和运

营方式所形成的新闻教育课程体系也面临着调整。

1. 课程设置要向融合的方向发展

为了适应媒介融合带来的变化，许多问题需要作深入的研究，如培养目标、培养模式、教育内容及课程体系等，本文主要探讨新闻人才培养所面临的专业课程体系设置问题。新闻学课程改革的总体方向是，打破传统的专业之间的壁垒，使学生在具有丰富知识积累和跨媒体思维的“宽”、“厚”、“精”基础上，掌握专业媒体工作的各种技能，以适应不断变化的媒介环境。在课程体系的设计上侧重考虑新闻专业教育的课程体系建设，重点使学生拓展思维空间，提高传媒实践能力，掌握各种传播新技术，熟悉跨媒体运作，从而建设一套宽口径、厚基础、跨媒体、精专业、重实践的课程体系。

新闻学科的课程体系整体上面临着加强创新性、科学性和实用性的改造。文字写作能力仍然是基础，口头播报、摄影、电视摄像、视音频编辑、多媒体编辑、网络编辑及传播策划能力等等都成为新闻学专业学生在职场竞争中的重要生存技能。在新媒体时代，要加强培养媒介融合时代的“数字化单兵作战”的“背包记者”。

要从媒介融合时代的“大传播媒介”角度来重新审视新闻学课程的设置，完善学生面对媒介融合环境所需要的知识结构和专业技能，适应当今和未来的现代传播媒介市场需要。而其中很重要的一个方面就是要建设创新性、可扩展的专业课程模块设置。在媒介融合环境中，教学体系的建设包括日常教学平台建设在内的多种专业功能、多种使用目标的融合性教学平台的构建。这种多功能、跨媒体、可融合的教学体系是新闻教育依托的基础。各门课程之间应该相互配合、相互衔接、相得益彰。

在建成一个“跨专业的融合性模块体系”的目标基础上，把这种融合性体现在两个方面，其一是教学、实验、实践的融合，其二是新闻业务、媒介经营与管理的融合。每一门课程之间、各个板块之间实现资源的共享，从而为培养媒介融合时代的新闻专业人才提供充分的条件。随着媒介融合的发展，对融合媒体高级人才的需求会不断增加。整个课程体系的设置应有一定的可扩充性，因为媒体发展很快，要有一种灵活的更加开放的体系，可以不断地让它随着媒体的发展而发展。

2. 创建多方向的新闻学课程模块体系

培养具有“全媒体”业务技能的新闻人才是媒介融合环境下对人才需求的必然选择。长期以来，我国新闻学专业设置的整体框架是以传统媒体的人才需要为基础的，比如传统的新闻学专业主要为报刊、广播、电视、通讯社培养记者、编辑等人才。随着新媒体的兴起，传统媒体的数字化转型，传媒间的介质差异被打破，这种按媒介种类来设置的专业方向和课程体系已经不能适应媒介发展的现实需要。

建立一套适应媒体融合发展的新的课程体系成为新闻院校的重要课题。面对新媒体与传统媒体融合发展的客观变化，整合教育资源重新规划设计新的课程模块，从而培养一批适应新媒体以及实现数字转型的传统媒体需要的新型新闻人才。中国青年政治学院新闻与传播系把新闻学专业的必修课程与选修课程互相组合，组成了新闻业务方向（综合）、国际新闻方向、媒介经营管理方向的三个课程模块。每个方向的选修课程都有所不同，新闻业务方向（综合）的选修课程涵盖了媒介融合理论与实务、新媒体概论、电视新闻节目制作、报纸编辑工作室；国际新闻方向的选修课包括了新闻英语视听说、新闻英语阅读、跨文化传播、报纸编辑工作室；而媒介经营管理方向的选修课程则包括营销传播策划、新媒体概论、媒介融合理论与实务、品牌公关工作室这些与广告、策划、公关相关的课程。力图通过这种课程体系的整合，培养具有"全能型"、"复合型"的新闻人才。

3. 建设多功能、跨媒体的系列传媒工作室

在媒介融合的环境下，课程体系的建设已经不仅是传统概念中的课程学分积累、实验、实践的建设，而是包括日常教学平台建造在内的多种专业功能、多种使用目标的融合性教学体系的构建。这种多功能、跨媒体、可融合的教学体系是新闻教育发展依托的基础，重视教学环节与新闻业界实务工作的衔接性，以保证学生和教师对业界工作系统的精确了解，从而保证学生投入专业工作时的高度适应性。

中国青年政治学院新闻与传播系在学校的支持下，在原有的实验室基础上，根据新闻传播技术发展的趋势，又投入数百万元人民币，建设起新的新闻传播实验中心。通过系列传媒工作室的建立，将专业实践、仿真环节等引入教学与实践，为课程体系的改革、学生的实践开辟通道。面对媒介融合的趋势，进一步打破课堂教学与实验教学的界限，让更多的新闻实务课程的日常教学在仿真的媒体环境中进行，加强培养学生的实战能力。针对我系学生实践环节薄弱的环节，在充分调查的基础上，针对媒介运作各环节内容，开设了五个工作室，即电视新闻工作室、报纸编辑工作室、纪录片工作室、品牌公关工作室、播音主持工作室。各工作室各具特色，又相互联动，形成能量交互的集群优势，以求在这样的多元功能满足新闻传播教学的多种需求，实现新闻采编、电视节目制作、纪录片创作、品牌公关传播、播音主持等多元教学的目标，以加强学生的实践能力和未来的竞争能力。

通过工作室为学生提供一个良好的、仿真的、交互式的学习环境。在工作室上课，学生将得到较为直接的专业技能操作锻炼；同时在教师的指导及组织下，开展在较真实环境下的学习与实践。学生的学习兴趣可以得到激发，学习效率以及教学效果将得到较明显的提高。由于新闻专业学习本身是一种实践活动，其中，示范和模仿在这一活动中占主导地位。在媒体工作室内示范和模仿可以得到真实的体现。

媒体工作室的这些功能和教学措施引发了学生学习的满腔热情，学生非常希望选修媒体工作室的课程。如据品牌公关工作室课程选课体系的不完全统计，本应限定 20 人的上课人数，竟有 80 多人报名。学生的学习兴趣和热情可见一斑。

3. 培养高素质的“复合型”“全能型”新闻人才

对新闻人才的培养模式改革除了应考虑媒介融合带来的对“全媒体”技能的需要之外，还应该在培养“全能型”的新闻人才方面进行积极探索。随着新媒体的兴盛和传统媒体的数字化转型，新闻媒体的核心竞争力已经不只在于采集与发布新闻信息，还需要通过对各种内容产品的整合，提升其品质和价值，使新闻与信息传播进一步延伸到知识与服务领域，并不断通过裂变与聚合，形成新的内容产品，从而促成媒介集团中产品链和价值链的生成。从这个意义上说，记者编辑的知识水平与专业技能已经面临着前所未有的挑战，懂传媒、会策划、善公关的“复合型”人才，集写作、拍摄、编辑于一体的“全能型”新闻人才将更为媒体所需要。全能型记者要求具备突破传统媒体界限的思维与能力，适应融合媒体岗位的流通与互动。在媒体融合时代，需要这种集采、写、摄、录、编、网络技能运用及现代设备操作等多种能力于一身的人才。

创建适应媒介融合发展需要的新闻人才培养模式，不但需要我们了解新闻传播业正在发生的变革，把握其发展趋势，在此基础上对课程设置、教育模式和教学方案进行大胆改革，还需要我们做更多的细致工作。我校新闻与传播系进行的一些列教学改革正是为了应对媒介融合带来的挑战而进行的。课程体系设置的完善与否，教学实验效果的优劣等等有待于我们进一步观察、检验、探讨和改进，因此，课程的改革任重而道远。

参考文献

[1]高岗:《媒介融合趋势下新闻教育四大基础元素的构建》,《国际新闻界》2007 年 7 期。

[2]丁淦林:《大学新闻教育的培养目标与课程体系应该怎样确定?》,《新闻大学》1997 年冬期。

[3]蔡雯:《媒介融合前景下的新闻传播变革与新闻教育改革》,《今传媒》2009 年第 1 期。

[4]陈勇、王远舟、吴晓川:《高校新闻教育与媒体接轨状况调查》,《新闻界》2008 年第 1 期。

媒介融合趋势下的新闻业务教育创新

王佳航*

2009年堪称传媒界的全媒体战略年，扛起全媒体大旗的媒体集团此起彼伏地吹响集结号。媒介融合趋势下传媒集团这一轮战略调整意义深远，因传媒技术创新而带来的媒介融合渗透在技术、市场、资本、内容生产等各个领域。内容生产环节的融合给媒体编辑部带来结构性调整，新闻信息采集与编辑处理的流程发生重大改变，这些变化也给高校的新闻业务课程带来了挑战。

一、媒介融合趋势下的内容生产变革

如果说，此前媒介融合在中国一直是理论先行的话，2009年则出现了反转。媒介融合的实践不再以战役性报道、媒介集团大型活动中的短期融合为主，内容生产流程的整体创新令人瞩目。

目前来看，媒体对媒介融合的探索是多条路径的。

受新媒体影响最大的报业纷纷尝试全媒体转型。继烟台日报传媒集团之后，更多报业集团进行了全媒体流程改造。石家庄日报社计划投资6000万元的全传媒复合出版中心2009年4月启用，中心设置了数据中心、网络平台、移动媒体发布平台、视频演播室、呼叫中心等部门，石家庄新闻网、燕赵手机报、LED户外视屏传媒、出租车移动视屏传媒、便携式电子报、96399信息服务以及网上购物、物流配送等业务将全面展开。再如，2009年1月，宁波日报报业集团也组建了国内报业集团中罕有的视频全媒体记者队伍，全媒体滚动新闻部同日宣告成立。

与报业同时奋勇前进的还有广播电视媒体、通讯社及网站。2009年，

* 作者系中国政法大学新闻与传播学院讲师、传播方法与技术教研室主任、博士。

获得晨兴创投、英特尔投资和贝塔斯曼的2500万美元首轮融资，成为第五大门户网站的凤凰网计划进军网络视频。而由央视网负责建设的国家网络电视台已到了筹备的最后阶段，新华社电视台也即将开播。

或由报业进军视频和网络，或由电视台进军网络视频、发展报刊，尽管多条路径竞发，但是殊途同归。至少现阶段，不同媒体对于媒介融合趋势下内容生产的探索呈现出共同的特点：

第一，全媒体内容生产。媒介融合在内容生产环节的表现为一次性采集，多介质发布。即消弭媒介界限，统一规划，资源共享，建立新的新闻采编流程。2008年7月1日，烟台日报报业集团全媒体编辑部正式运行，将集团旗下主要报纸的记者，纳入全媒体新闻中心，“并为该中心记者配备了较为齐全的采访武器：每人一台笔记本电脑，移动、联通两种无线上网卡，一台照相机，一台摄像机，一部智能手机，可以同时满足手机报、水母网、电子纸移动报、纸媒文字图片需求以及网站、户外视屏的视频需求”①。记者采集的信息纳入待编稿库，不同媒体编辑部可从待编稿库选稿加工，亦可根据特色需求向全媒体新闻中心定制稿件、照片、视频等。如果说2008年烟台日报报业集团的全媒体记者在国内还算一枝独秀，那么2009年全媒体记者已经是四处开花，风光无限。两会上，广州日报等报业集团全媒体记者精彩亮相。2009年7月22日，海南日报报业集团全媒体中心派3名记者飞赴上海拍摄日全食，传送回图片、视频和文字，以全媒体的形式为海南受众带来一场难得的视觉盛宴。② 从已有实践来看，全媒体内容生产主要体现在信息采集时的资源整合，信息共享。

第二，全平台内容展播。媒介融合在内容生产的前端表现为“全媒体”，在后端——输出端则表现为新闻信息的全平台立体化播报，即一次性采集，多介质发布。如，《辽沈晚报》以辽沈北国网、辽宁手机报、辽沈晚报E报、辽沈晚报户外新闻视屏这四大新媒体终端为载体；石家庄日报社的全媒体实践则实现了报纸、网络、手机、LED户外显示屏、出租车（公交车）移动视屏、便携式电子报、电子阅报栏的资讯传播。全平台展播实质上是媒体集团面对新媒体的攻城略地，针对原有赢利结构，调整业务格局，培养新增长点的一种策略。因而，目前有些平台的信息传播还不够成熟，在某些传媒集团

---

① 郑强：《地市报创新发展的“全媒体”战略与实践》，《中国记者》2008年第8期。

② 李晓梅：《海报集团全媒体中心派记者飞赴上海抓拍日全食》，南海网2009年7月21日，网址：http://www.hinews.cnnewssystem/2009/07/21/010523900.shtml。

还仅仅是象征意义。但是,全平台的内容展播给受众提供了接收新闻信息的多种选择,并且开始了对不同平台传播规律的探索,这是有重要意义的。

第三,全天候信息传播。多个传播平台的资源整合使得有发布时间限制的媒体可以 24 小时实时传播。烟台日报报业集团社长郑强认为,全媒体实践“通过内容集约化制作,完成新闻信息多级开发,改变媒体间相互隔离、无法按内在传播规律运营的局面,更好地整合新闻、信息、客户等资源,提高集团的综合竞争力,使集团从‘第一时间采写’向‘第一时间发布、即时滚动播报’转变”。① 全天候信息传播对于平面媒体应对网络媒体、手机报竞争的意义不可小觑。《广州日报》是国内第一家成立滚动新闻部的媒体,2007 年 6 月 15 日,《广州日报》在广州媒体中最早报道了“6.15”九江大桥坍塌事故。该报认为:“在这次塌桥事故报道中,《广州日报》的公信力与权威性,与网络媒体和手机媒体的海量性、互动性及即时性完美地结合起来了。”②

二、新闻业务教育创新的挑战

媒介融合的背景下,越来越多的传媒集团开始谋求未来在新领域获得一席之地,并开始业务创新、组织创新。在这场创新竞赛中,人才培养已成为各路先行者的共同隐忧。传统新闻学教育显然已经不能适应融合媒体时代的到来。

新闻业务课程是培养学生新闻业务能力的核心课程,业界暗流汹涌的创新实验至少给新闻业务教育带来三个挑战:

第一,媒介融合趋势要求新闻采编人员成为熟练掌握平面、音视频、网络等不同媒介产品的通用型人才,而目前的高校新闻编辑课程仍是按照培养适应不同媒介编辑工作的专门人才而设置的。基于对媒介融合的传媒产业发展预期,当前传媒集团开始的内容生产创新试验主要表现在两个方面:一是对技术的追逐,期待最终形成能将报纸、网站、手机、电视等不同媒介合一的“终端”;二是期待进行多种媒介一体化的内容设计和生产,而不再将每个终端视为各自独立的媒体。尽管不同传媒集团内容生产媒介一体化的创新模式并不相同,但是新的内容生产流程均要求新闻采编人员成为熟练掌握平面、音视频、网络等不同媒介产品的通用型人才。而目前国内各高校的

① 郑强:《地市报创新发展的“全媒体”战略与实践》,《中国记者》2008 年第 8 期。
② 吴国华:《滚动新闻大战显传播威力》,《广州日报》2007 年 6 月 21 日。

新闻业务课程仍然是按照媒介划分的，例如编辑学分为报纸编辑学、电视编辑学、网络编辑学等。这种课程设置不仅仅容易造成重复，而且导致高校培养的学生多是只熟悉一种媒介产品制作方法的特供型人才。

第二，传统新闻业务课程的内容设置以采编工作的内容为核心，融合媒介编辑部改变了记者和编辑原有的工作内容，新闻业务课程也需要打破原来的框架。例如，在现阶段，在多数网站，网络编辑的主要工作内容是两个：一是代发新闻，即转载有协议的传统媒体的内容，编辑做的主要工作是新闻筛选及修改标题；二是制作网络新闻专题。这是因为在现有模式下，网络新闻仍然主要是载体，以传播新闻为主，而非以生产原创新闻为主。商业门户网站没有采编权，有传统媒体的网站也不具备自己的制作力量，多数仍以发布集团内传统媒体新闻内容为主。但是，在媒介融合背景下的新型编辑部，网络不仅仅是媒介，而且是由独立的内容生产能力的媒体组织，要求网络编辑具有与传统媒体编辑一样的新闻信息处理能力，甚至还要高于传统媒体编辑，因为时效性更强，编辑处理时间更短。再如，传统的电视编辑学只需要学习制作电视台生产的各种产品，而在媒介融合的背景下，电视编辑学习实际上应该是对视频产品的编辑方法的学习。编辑工作内容的改变，使得依据编辑工作内容，即基于工种所做的课程划分不甚合适。新闻编辑需要找到一个新的架构方法，能够让学生学习各种信息的编辑处理方法，符合业界实际需求。

第三，业界对采编人才的技能需求发生了转变，新闻教育尚需拿出相应对策。高校新闻业务课程需要加强对学生新闻报道解读及策划能力的培养。媒介融合不仅改变了编辑部的工作流程，也使得编辑部工作的重心发生重大变化。媒介融合改变了媒介竞争格局，能够实时传播的手机媒体、网络媒体等将成为新闻信息传播的急先锋，激烈的竞争之下，新闻信息的解读将成为传统媒体的必争之地。编辑部内容生产重心将前移，编前策划成为重中之重。烟台日报报业集团的“全媒体数字复合出版系统”，设置了选题策划的统一管理。过去，每个媒体自己完成选题策划，各自分散管理；统一选题管理后，利用该平台，不同部门可以一起完成选题策划——分工协作，例如包括多媒体采访和资料准备工作。根据选题完成的多媒体采访内容，在提交时与选题自动关联。信息的一次采集、多介质发布迫使各媒体把策划日常化、常规化、纵深化，以推陈出新、避免同质。管中窥豹，这一变化显示出媒介融合趋势下编辑部组织发展的趋势。目前高校的编辑课程中，已经加进了新闻策划的内容，但是从媒介融合的实际需求来看，分量还不足。

特别是，现有课程规划中，对于采编人员信息解读能力的训练还较少。

三、对新闻业务教育创新实践的几点思考

面对媒介融合的挑战，各新闻院校也在积极调整教学计划。

全媒体记者被戏称为“背囊记者”，因为在采访中，他们要带齐全套设备，从摄像机、照相机到录音机一应俱全。各高校新闻业务课程改革的目标以培养“背囊记者”和全媒体编辑为主要导向。中国人民大学新闻学院借助本院广播电视教研室的力量和新媒体教研室的力量，为全体学生新开设了两门业务性的专业课程：音频视频内容制作、数字传播技术应用。这两门课程的开设，使新闻学专业原先只侧重于印刷媒体的专业课程体系得到改造。此外，人民大学新闻学院还新设了一门“跨媒体传播实验”的专业课程，将课堂教学与学生媒体建设相结合，探索了一种新的实验教学模式①。中国传媒大学对学校文科类、艺术类学院的课程体系作了适当调整，除了采写编评，还加入了生产流程的课程②。中国政法大学新闻与传播学院步伐更大，新闻业务课程重新整合七门必修课程，分为两个序列：媒介技术系列、新闻信息处理方法系列。媒介技术系列主要讲授平面媒体编辑技术、网络媒体编辑技术、广播电视媒体编辑技术，新闻信息处理方法系列则为新闻采访学、新闻文本写作、社会调查方法、新闻编辑学。方法系列课程要求打通媒介的界限，技术课程则提供支撑。这样的课程设计既保证了学生能有足够的多种媒介产品的制作技术训练，又避免了新闻编辑学课程按广播编辑、电视编辑、网络编辑、报纸编辑等不同媒介划分时，内容交叉的弊端。此外，技术系列课程的单独设置也解决了不同媒介的新闻编辑技术与方法容纳在一门课程中导致体系过于庞大的问题。

这些探索非常可贵，不过还远未到位，高校新闻业务的教学改革至少还应解决以下四个问题：

第一，要正确对待一个终端与多个平台的关系。与目前针对全平台展播开展的新闻业务教学改革同时进行的还有媒介融合另一个方向的研究——终端融合。终端融合指由于消费者对信息的多样化和一体化需求，

① 蔡雯：《媒介融合前景下的新闻传播变革与新闻教育改革》，《今传媒》2009年第1期。

② 吕莎：《新媒体浪潮下的传媒教育——专访中国传媒大学副校长胡正荣教授》，《中国社会科学报》2009年9月22日。

在信息传播的终端发生了融合，包括终端设备的融合和终端服务的融合。毋庸置疑，技术是这一轮媒介变革最重要的推动力。数字技术改变着信息的流动方式，也被认为终将改变受众的接收方式。在目前的研究中，手机被视为最具潜力的终端，由于技术发展的过程限制，手机终端新闻信息主流形态目前还未定局。但是，显然，手机这一终端有自己的规律，不能等同于多媒体平台的叠加。各高校基于多个平台展播进行的新闻业务教学改革如何与未来的融合终端接轨，并最终生产出真正意义的融合新闻，还需要进一步研究。

第二，需要正确处理技能多样和技能专精的矛盾。美国密苏里新闻学院媒介融合项目创始人迈克·麦金说："媒介融合是一个实践性很强的专业，对老师自然也有很高的要求，我们选用的都是技术型有丰富实践经验的教师。但是，到目前为止，我们学院还没有一位老师能够教所有的媒介技能。所以，我们每门课都是团队授课。"①密苏里新闻学院是全球较早开设媒介融合专业的顶尖新闻院校，他们的困惑不仅仅显示出师资力量的匮乏，也给高校新闻业务改革带来启示：高校并不能期许培养出所有媒介技能都非常专精的天才。高校新闻业务课程的学分是有限的。从目前新闻业务课程改革实践来看，有限的时间、有限的课程设置如何化解技能专精和技能多样的矛盾是目前高校新闻业务创新迫切需要解决的问题。多数新闻院系在应对媒介融合而作的课程调整中都是增量改革，学生需要掌握的技能普遍增加。我们要做的必定不仅仅是量的增加，还需要更好的课程体系的建构，课程内容的融合改造。

第三，需要解决高校对融合新闻培训课程的开发滞后于业界需求的问题。媒介融合的理论研究先于实践，而内容融合的业务研究理论界显然要滞后于实践。2009 年，大批媒体开始致力于融合编辑部的改造，对于培训的需求极为旺盛，但是高校新闻院系所能供给的业务培训显然还颇为有限，活跃于这个领域的培训机构来自于国外。例如，2009 年 8 月，由佛山传媒集团联合美国密苏里新闻学院共同举办的媒体融合战略战术高级研讨班吸引了来自青岛日报报业集团、成都传媒集团、珠海特区报等单位的国内知名媒体从业人员约 150 人听课。随着媒介融合在业界逐步深入，高校新闻业务课程应该能迅速满足市场短期培训的需求，产学研结合，在这一历史时刻

① 傅晓燕：《媒介融合下的美国新闻业和新闻教育变革———访美国密苏里新闻学院媒介融合项目创始人迈克·麦金教授》，《新闻与写作》2009 年第 8 期。

发挥应有作用。

第四，需要解决好技术发展日新月异与人才培养周期之间的矛盾。传媒技术革命带来的深刻变化难以预期，技术、资本正在重构传媒业。未来很长一段时间将困扰新闻教育的一个问题是信息技术飞速发展，而人才培养和知识更新速度远远跟不上信息技术的发展速度。在这种情形下，传统的按照传媒业工作内容设置的新闻业务课程恐怕要被迫转型，不仅仅是内容重构，教育理念也需要做出调整，例如，技能和知识的教授将不再作为新闻业务课程追求的重要目标之一。而如果不把多种媒介技能作为新闻业务课程改造的目标，新闻业务课程建设的核心指向应该是什么？媒介融合趋势下，传媒人才的培养也需要探索全新的模式。

“新闻编辑”课程实战教学模式的创新

宋双峰*

“新闻编辑”是应用新闻学的重要分支之一，是新闻专业学生必须了解与掌握的一项重要业务技能。它所强调的“品牌定位、报道策划、标题制作、版面设计”等技能，在现代新闻媒体中的作用越来越受到重视和强调。

一、关于“新闻编辑”课程目前现状的思考

“新闻编辑”并不是一门新课，是新闻业务的必修课，在全国各大新闻类专业都有开设。但目前广大新闻院校中的新闻编辑课，却是一门比较“麻烦”的课程：老师不爱教，学生不爱学。因为教学往往流于理论，忽视实践，导致学生动手能力差，基础不扎实，走上岗位后上手慢。学生背了一脑门子定义、概论，却无法与实践结合，做不出好的策划报道。因此，如何强调实战性，把理论与实践相结合，让学生切实掌握从知识到能力的转化途径，是值得任课教师认真思考的问题。特别是在目前媒介大融合的趋势下，如何把报纸、杂志、网络、广电等编辑技巧的共性提炼出来，让学生开阔视野，在把握业界发展趋势的前提下做好新闻编辑工作，真正突出自己的实战特色，成为新闻编辑课首先要解决的问题。

为此，笔者调查和搜集了目前全国一些高校的新闻编辑课程的概况、参考教材和教案，发现普遍流于理论化，实践性不强，更没有突出实战的教学特色。笔者还专门走访和请教了部分高校教授此课程的教授们，他们普遍反映新闻编辑课不好教，容易形成课上枯燥、课下睡觉的局面。有一位教授甚至这么说：“这课比较枯燥，我在课上都恨不得表演给他们看了，光想多给他们讲点知识点，学生还总觉得没意思。”笔者也私下征求过这位教授的学

* 作者系中国青年政治学院新闻与传播系讲师、博士。

生们的意见，他们反映：老师教课的确很努力，但感觉课程讲授偏于理论，比较枯燥，没什么意思，不爱听。

这样的课堂局面是如何造成的？这中间必然有一些环节不容忽视，需要多加探讨：

首先，笔者从教材入手，通过各种渠道如各大图书馆、书店、电子书籍等，把已出版的有关新闻编辑课的教材、书籍等基本都找全了，认真阅读，发现在目前的大部分教材中，还是偏重理论，忽视实践，阐述了很多鸿篇大论，却没有把理论和实践很好地结合起来。而且，很多教材案例老化，观念陈旧，没有跟进最新的媒介发展趋势。学生学习完，掌握的好多还是一些陈旧的知识，不能与时俱进。

其次，在教学方式上，笔者也进行了研究、探讨。笔者搜集了一些院校新闻编辑课的教学 PPT，也抽时间去旁听了一些课程，发现在教学方式上也存在一些问题：满堂灌的现象相当严重、与学生的互动环节较少、学生动手练的机会不多、课上案例更新不及时等等，这些都造成了学生对此课程厌倦的现状。

二、教学改革的思路和措施

新闻行业与其他行业有很大的不同，它是一个常干常新的行业，"新"字是它的主要特点。因此，在新闻教学上也必然要突出"新"的特点：理论新、观念新、案例新、讲解新。

因此，在课程的设计和教学过程中，笔者进行了一定程度的探索，利用自己曾在报社工作七年的实践经验，结合新闻编辑的理论，希望以实战的教学模式，让学生真正成为编辑部的主角。

课程设计的总体思路：以实战的技能训练，把知识转化成能力，打造思考型的编辑部。讲授中最要求突出的是：实训能力和最新的知识点更新。

首先，在教材的选用上，虽然有一本指定教材，但不拘泥于此，而是综合多本教材，取其精华，并结合最新的新闻热点作为课程案例。通过案例的互动教学，将新闻实践前沿信息带到课堂，让学生了解和认识中国新闻实践中的实际问题，启发他们展开思考和研究。同时，还向学生提供了大量的扩充性学习材料，拓宽学生的知识面，帮助学生加深对本课程业务知识的理解和运用。

其次，在教学设计上，以实战为主导，做了多项设计：

第一，课程完全以实战的大编辑部的形式组成。

在第一节课上，把新的教学模式告诉大家，征求意见，取得配合。同学们通过竞聘上岗的模式，民主选出总编(由同学担任)。在其领导负责下，设计安排出各编辑部门，各编辑部主任由同学自行推选。在他们的组织下，开展各部工作，负责每期(每次课)的报道策划等任务。教师任总编助理。所有岗位非终身制，随时可以竞聘轮换。通过岗位锻炼，不仅提高编辑业务能力，而且也训练和增强了同学们的管理和协调能力。因为实际编辑工作中常常需要进行各方面的协调工作，从课堂上就开始训练，进入实战状态，可以尽量减少今后实习和就业的磨合期。

第二，实战教学，模拟编辑部的情境教学方式。

每次课都在业务技能的传授和训练方面进行模拟编辑部的情境式教学，严格按照新闻编辑的专业标准和时间规定设计各个业务环节的课堂练习。

每次课程安排主要分为三大部分：一，编前会。由主编召开编前会，由一两个部门就最近新闻热点介绍自己的策划或可借鉴的编辑技巧，教师点评。二，教师授课环节。先理论，后案例，努力做到理论和实践结合。三，能力训练。每次课都安排一部分时间，针对每次课上讲授的需要掌握的重点，做随堂训练：如策划、品牌定位探讨、标题制作、版面设计等。随堂训练以各编辑部为单位，大家一起讨论，或展开发言，或亲自动手制作版面等，在实战中得到锻炼。

第三，设置新闻博客(由总编负责建设、维护)。

大家的发言、作业、教师提供的延伸阅读资料等都在此上传，并组织大家进行讨论，形成开放的编辑部讨论空间。同时，也是课程编辑部在网络空间的延伸，成为编辑部报刊的电子版面，是同学们对网络编辑的管理和应用。

第四，实践教学。

课程强调的是锻炼学生的能力训练，为了提高学生的实战能力，课程并不局限于模拟编辑部，还实施了“走出去”和“请进来”的教学改革。

“走出去”是带领同学们一起到知名新闻媒体参观，深入了解媒介运作的详细情况，面对面地与真正的编辑、记者探讨今后媒介的发展策略。同时，还联系中国知名期刊，推荐同学到杂志社实习，真正在实践中得到锻炼。而且，通过协商洽谈，有的杂志社表示愿意接收表现优异的学生为正式采编人员，为学生以后就业解决后顾之忧。

"请进来"是邀在业界知名的老编辑，到课堂上介绍自己多年的编辑经验和技巧，用丰富的实践案例，为大家传经送宝，答疑解惑。

三、教学改革的成效和不足

虽然这是新闻编辑课程教学方面的改革，但作为任课教师，从中收获到的不仅仅是教学经验。在与学生们的互动、探讨的过程中，我们一起教学相长，我也从中学习到了很多，特别是对大学精神的理解。在跟他们的相处中，我越来越认识到：大学精神，是对于健全的人格、学习的能力和创新精神的追求。古人云：师者，传道授业解惑也。而在 21 世纪的新形势下，仅仅满足于"授业、解惑"是远远不够的，"传道"又意味着什么？如何与当代大学生的理念相结合？这些我都在授课中进行着思考。因此，在授课中，我注重了教学模式的实践性，让他们学会学习，追求创新，同时，也要加强自身编辑素质的修养，只有这样，将来才能脱颖而出。

在授课的过程中，我鼓励同学们大胆提出自己的观点，善于表达自己的思想。同时，鼓励他们提出质疑，学会"挑刺"，让他们认识到：不要只看到别人的优点，借鉴他们的长处，同时更重要的是看到他人的缺点，避免犯同样的错误。因此，在我的课程里，有一讲是"不要这样做"，只学会好的做法是不够的，我们只有在避免犯错误的前提下，才能更好地学习，更好地进步。

同时，只有你想到了别人没有想到的，看到了他人没有看到的更高的点，才能指出他人的错误，也就促使你自己不断地进步。无论对于《人民日报》、新华社等主流媒体，还是对于新浪、搜狐等门户网站，或者 BBC、《时代周刊》等国外媒体，我都鼓励学生不要信奉权威，莫唯书，莫唯上，而要相信自己，在实践中得到真知。

从目前掌握的资料看，新闻编辑课的实战教学模式在国内各院校还是少见的，而且易于调动学生学习的积极性、主动性。同学们也反映教学模式新颖，学生乐意进行自我管理，从中得到锻炼，并挖掘自己的潜力，为大家服务。上课时大家的积极性都很高，争相展示自己的创意和作品。课程主编也轮换了几次，无论是编辑技能还是管理能力都得到了良好的锻炼。特别是最后的能力训练环节，各编辑部讨论热烈，互相点评、分析，真正得到了实战的锻炼。

每个期末，学生们交上来的自己创作的作品都让我很"惊艳"，许多学生作品，创意、构思，比一些知名媒体从业者都有过之而无不及。这显示了他们在学习和创新能力上的巨大潜力。在每学期末的最后一节课上，大家都把自己的编辑成果与同学们一起分享，在课堂上探讨自己的编辑思路、创新和不足，每个 45 分钟都成为快乐的学习分享时光。

当然，编辑课的教学改革虽然取得了一些成效，也存在一些问题和疑惑，在教学中也碰到了一些阻力，还需要在今后的改革中更好地把课程设计在各个方面进一步细化、创新，以便达到更好的教学效果，真正做到把知识转化成能力，达到在"课堂上能学进去，在结课后能走出去"，在实习和工作单位没有距离和陌生感，学以致用，在新闻编辑、策划、管理能力上都得到深入的锻炼。

目前存在的问题和疑惑主要有以下几点：

首先，这种教学模式非常依赖于学生的配合，因材施教显得尤为重要。因为这种教学模式互动性强，常常需要同学发言和探讨，甚至亲自动手做策划和训练。我在教学中发现：每个班级有不同的班级性格，整体班级性格比较活跃的班，很快就能接受这种教学模式，并融入进来，参与程度很高，达到很好的教学效果。而整体班级性格比较沉闷的班，就需要一段时间的引导，才能让"模拟编辑部"的运作走上正轨。因此，在有个学期，虽然同是新闻编辑课，但我仍就不同的班，分别针对不同的需求，做了不同的教学 PPT，以便达到更好的教学效果。

其次，学生们的学习观念和方法还需要进一步引导。有些学生，还满足于上课听讲、记笔记，考前划重点、背笔记的学习模式。而在实际新闻工作中，哪里有"笔记"可循？不懂的地方，哪里有老师可问？都要靠自己的努力开创一片天地。没有创新、没有主动的学习精神，到新闻工作岗位，只会寸步难行。因此，刚开始，也有同学对这种教学模式感到不适应。因为基本每节课都需要他们亲自动手做练习、讨论议题。有的同学总想偷懒，或者浑水摸鱼，在这种实践课上躲不过去，就会在私下提意见。针对这种情况，我在课上开诚布公地对大家说，欢迎大家提意见，只要言之成理，越多越好，我们都是为了课程的完善和进步。随着课程的深入，这部分同学有的通过电子邮件，有的口头跟我表达了歉意。

另外，学生们的学习心态仍需要正确调整。有些学生，学习的目的是为了得到分数，而并不是为了真正锻炼自己的能力。因此，对课堂训练感到有些厌烦，觉得这种方式老师麻烦，学生也麻烦。有的同学，好高骛远，眼高手低，总想一口气吃成胖子，做大的策划，做惊天动地的创意，而不肯在基本功上下苦工夫。比如做标题、做版面设计，谈起来头头是道，做起来寸步难行。

而且，往往这样的同学容易对教学有意见，觉得讲得浅，练得难，实践太多，理论不够等等。其实，理论都出自于实践，只有把实践的基础打好，才能更深的理解理论，引领时代。

综上所述，新闻编辑课程是一门实践性很强的课程，如何把理论和实践紧密结合，突出强调实战和能力训练这两方面内容，充分调动学生学习的自主性和能动性，强化学生的动手能力，是本次教学改革研究的主要内容。

这种实战教学模式的创新，以提高学生的实战能力为目的，希望把“新闻编辑”做成集课堂讲授、实验教学、校内实践、社会实践于一体的综合型教学平台，让学生的能力得到更深入的锻炼，既能在校内站起来，在校内有广泛影响，又能走出去，一展中青院新闻系风采的全能选手。

但目前的教学改革也存在一些问题和阻力，这些都需要在今后的教学工作中，有针对性地进行调整和引导，以便在教学工作中更好地提高教学效果，让学生们真正能够学以致用。

媒介融合背景下的影视艺术教育初探

陈艺强*

一、新媒介艺术品格

新媒介艺术教育是当今世界最前沿的研究课题。作为新媒介艺术领域中的重要分支，影视艺术从诞生时就不可避免地与新技术相结合，形成新媒介，因此也形成了它作为新媒介艺术的品格。

新媒介艺术的第一个艺术品性就是对高科技的依赖。从前卫电影、视频艺术到数码艺术和网络艺术，新媒介艺术的发展无不彰显着它与高科技的亲密关系。视频和录像技术的大量使用，形成了以电影、电视等为展示工具的视频艺术。这种新的艺术样式从横向上吸纳了装置艺术和行为艺术的表现方式，加入了诸如身体、电影摄影机、电视机等新的媒介材质混合构成视频装置艺术；从纵向上它注重创作主体自身主体性的挖掘，在对主体性的展示过程中拓展为以观念性和自我认同性为特征的两类视频艺术。随着信息社会的发展，基于计算机技术的普及，很快又演变成了数码艺术和网络艺术，从而创造出一种新型的虚拟性的审美体验。

仅仅从材质上定义新媒介艺术是不够的，它在形态上还呈现为对现有图像资源的移借和拼贴，并且通过多种特殊的艺术创作手段形成一种混同的文本形态。被誉为反叛性文本的代表之作《女巫布莱尔》（很多电影理论家把它视为美国“独立电影”的典范性文本，但我们更愿意把它看成新媒介艺术的代表）在拍摄方式、叙事组织等多方面为新媒介艺术树立了全新的艺术书写观念，彻底洗刷了人们业已存在的新媒介艺术理念，达成了文本认识途径的革新。在整个影像叙述中，出现了电视摄像机（专用）、家用摄像机、

* 作者单位：北京吉利大学影视学院。

老式16毫米电影摄影机等多种书写工具的杂合，通过对新闻报道式的镜语系统的采纳和连缀，形成了影像风格的差异性组接，造成了屏幕显示的影像跳跃，串联了人类目前的最落后与最先进的影像工具。这直接改变了传统文本中的影像肌理，漫溢出新媒介艺术形态的松散性和民间化特征，展露出影像形态的多样性与丰富性，契合了新媒介艺术之先锋性形态特征。

新媒介艺术的艺术品格还体现在影像与图式风格的奇观化本性上，奇观呈现是“复合的，被想像与放大的影像化场景……是真正属于电影的世界，它炫目的视听价值没有替代性，融合了宇宙太空、宗教经典、历史隐秘、域外传奇、童话演绎、考古发现等多种内容的影像奇观”。①

而当前在我国，随着数码技术的大量应用，影视艺术的创作与从前相比，已经取得了很显著的成效，而新技术、新媒介的发展，传统艺术的创作手法融入 Apple System、摄像机、高清设备的硬件支持之中，传播手段也被计算机、数字技术、网络和手机等新鲜媒体所取代。而三网融合又给我们带来更多的新技术的应用。

二、媒介融合背景下的影视艺术教育现状分析

三网融合，是指归属于工信部的电信网、互联网和隶属广电总局的广播电视网间的互联互通，业务运营商互相渗透和交叉，有利于网络资源实现最大限度的共享，并实现数字化信息革命。三网融合规划了多年，但一直没有实质性推进，而此次三网融合政策的出台将打破国内三网融合十几年的坚冰，意义重大。三网融合不仅能使电信网、计算机网和有线电视网三大网络实现融合，更能带来跨产业、跨平台的新发展，在这些大融合的背景下，影视艺术创作形式和传播方式以及播出平台的革新和改变带来了艺术教育形式与内容的改变。因此，如何在媒介融合的背景下培养适应市场经济的新媒介艺术人才，值得我们进一步探索和思考。

当今中国，迅猛发展的经济社会对新媒介艺术人才的需求与日俱增，使各类新媒介艺术专业在中国高等院校迅速膨胀。据统计，目前全国有90%的院校建立了艺术院系或者开设了艺术专业，而其中很大一部分院校也开设了数码影视艺术专业。大规模扩招以及快速上马式的专业设置方式，带来了数码影视艺术教育上的很多问题。

① 虞吉:《电影的奇观本性——从梅里爱到美国科幻电影的理论启示》,《当代电影》1998年5期。

1. 影视艺术教育中相当一部分学生专业基础较差

由于高等院校艺术类招生数量的不断增加，不少家长、考生都认为学习艺术类是考取大学的捷径，于是越来越多的考生加入艺术生的阵营，造成艺术考生数量的逐年攀升。2001 年北京只有 2.1 万艺术考生，之后每年以50%左右的速度增长，到 2007 年艺术考生已经达到 16.92 万，占了当年参加高考的考生数量的 1/4。而到 2008 年全国的艺术类考生已经超过100 万。

这些考生中，虽然现在也有不少是真正喜欢影视艺术的，但调查显示，现在更多的考生并不是真正喜欢影视艺术，而是因为文化课不理想，不得已选择参加影视艺术类的考试。这些考生单凭文化考试往往是无法进入理想中的大学的，于是便通过一年甚至几个月的短期艺术专业集训，希望以此考入理想中的高校。进入大学以后，由于没有什么专业基础，自身也缺乏太大的热情，加之文化基础也不好，致使其学习中的困难很快显现，给高校的教学质量与教育管理带来了很大的困难。

2. 影视艺术教育中专业教师队伍整体水平有待提高

数码影视艺术是一门新兴的学科。很多高校加大了研究生培养的力度，这些研究生毕业后绝大部分加入了高校教师队伍中来，但这些远远不能满足高校对专业师资的需求。目前，从事数码环境下影视教育的教师很多是从纯影视艺术或者计算机专业转“行”过来的，这些教师有的只懂得艺术，有的只懂得技术，转行之后却没有转换思维，固守老一套传统教学方法，把数码环境下的影视艺术教育当成纯艺术或者纯粹的软件课，根本无法达到预期的教学效果。

一些高校为了创牌子、抢生源、提高知名度，聘请了一些没有教学经验的社会知名人士或者公司从业人员承担教学工作。这些兼职教师没有经过岗前培训，也没有取得过教师资格证书，对于教学规律和方法知之甚少，教学的质量让人担忧。总的来说，目前数码环境下的影视艺术教育的师资普遍存在年轻化、学历低、专业水平不高、没有学科带头人等情况，整体素质亟须提高。

3. 影视艺术教育的相关课程设置不尽合理

有的高校即使没有专业教学条件和软硬件设施，也勉强地设置了数码影视艺术专业，不考虑本地区经济、社会环境以及市场对人才需求的特点的情况下，不作深入研究，照搬其他学校的教学大纲，结果造成了课程设置不合理现象的出现。一些高校的数码影视艺术专业教育存在重技术、轻艺术的现象，课程设置不合理，教育模式过多停留在技术层面上，缺少对学生艺术修养的培养，最终导致软件知识方面的课程开设过多，而对艺术专业的课程设置偏少的现象。

4. 影视艺术相关的教学设备相对匮乏

数码环境下的影视艺术教育对技术手段有着较大的依赖性，这使得对其支持设备的要求很高，一般教学需要的 Apple System、高清摄录制作设备、调色特技设备、动效制作设备等专业教学软硬件。多媒体教学设施等价格都比较高，一些高校由于各种原因无法对教学设备进行大规模投入，有的甚至缺乏必要的教学条件，无法达到有效的教学效果。

三、对媒介融合背景下的影视艺术教育的发展对策和建议

面对媒介融合下的影视艺术教育中存在的各种问题，只有积极应对、认真分析思考、在各个环节上下工夫，才能全面提高数码影视艺术教育的质量，为其进一步发展打下良好的基础。我们针对现状给出以下几点建议：

1. 加强管理队伍的建设，提高学生学习专业的信心和热情

高校应该有效利用辅导员的专业优势，加强对辅导员科研方面的要求，与时俱进，不断研究适合数码影视艺术专业学生的管理方法。我们通过教学实践证明，新媒介教学具有形象性、多样性、新颖性、趣味性、直观性、丰富性等特点，当多媒体教学技术和影视艺术教育很好地结合在一起时，它就能激发学生的学习兴趣，使他们真正成为学习的主体，变被动学习为主动学习。因此，这对深化课堂教学改革，大面积提高教学质量，全面提高学生素质具有相当重要的作用。

2. 以人为本，教师为主

以多媒体教学手段人为地割裂教师与学生之间的有机联系，是多媒体教学发展的大忌。如果教师对于展示影视艺术的多媒体素材没有充分的理论见解和实践能力，他只是按部就班地操作多媒体课件，按事先安排好的教案去讲；或者在讲课中，缺少与学生的交流，学生有一些疑问，面对多媒体的“死模式”，怕老师尴尬而又无法启齿，这样便导致学生学而不实，老师授而不深，达不到本课的大纲要求，这节课就成了一堂课件演示课，忽略了教师的主导作用，学生的主体地位。

正确的理解应该是：教学过程是一个复杂多变的过程，是包含了教师对教育思想的理解、教师的经验、教师对学生的了解、学生的学习态度、教学资源的充分合理使用，以及实施过程中复杂微妙的师生双边活动等等在内的过程。

3. 大力加强媒介融合背景下影视艺术专业师资队伍建设

在信息技术和新媒介艺术飞速发展的今天，要培养出适合市场需求的高质量的人才，必须有一支稳定高素质的教师队伍，而新兴的数码影视艺术专业对教师队伍提出了更高的要求。

首先，教师必须对本专业深入研究，掌握最前沿的专业知识、技术手段以及最先进的教学理念；此外，教师还必须了解本专业学生的特点，制定出适合数码影视艺术专业学生的教学程序和方法。而且，高校应对新进的教师进行岗前培训，并有计划地提供年轻教师培训进修的机会，促进师资队伍主动探索数码影视艺术教育教学规律，不断提高教学质量。

4. 不断完善媒介融合背景下影视艺术专业的课程体系

在重视软件技术课程建设的同时，影视艺术教育也不能忽略艺术、人文基础课程的建设。很多学生对软件学习充满热情，但缺乏艺术、人文方面的基本素质。高校在课程设置中必须加大对艺术基本功的训练，加大对人文素养的培养，使用先进的技术软件教学，多方面齐头并进，才能培养出适合社会发展需要的高素质人才。

新媒介艺术中的影视艺术专业是一个多学科交叉式的专业，需要从业人员有跨专业、多领域的知识面。影视艺术专业必须打破各种细分专业间的界限，淡化专业概念，推行选课制，建立与其配套的课程体系，通过让学生涉猎广泛的知识来提高学生的专业综合素质。中国传媒大学动漫学院和影视艺术技术学院的招生中，结合不同学院间的教学资源和专业优势，共同培养复合型人才，其教学思路为我们提供了良好的借鉴。

5. 完善教学设备、加大基础教学设施建设

在媒介融合背景下的影视艺术专业对技术方面的依赖，要求高校必须在购置影视摄录设备上有一定比例的资金投入。收取较高的学费，教学设备却不能满足基本教学要求，这是对学生不负责任的表现。高校与市场接轨，引进高科技设备，让学生在学校里就能接触到当今先进的教学设备和软件技术，这样才能使学生走上社会后成为技艺兼备的数码影视艺术人才。

四、结　语

媒介融合背景下的影视艺术教育正在不断取得新的突破、创造新的成绩，媒介融合背景下的影视艺术教育也要顺应时代潮流，及时解决教学、师资、设备等方面存在的问题，建立适应未来社会需要的教育体系，方能培养出符合我国影视市场需求的一流专业人才。

参考文献

[1]葛文治:《多媒体在教育教学中的优劣势》,《艺术教育》2007 年第 2 期。

[2]王作其:《对数码艺术设计教育的分析与思考》,《时代文学(理论学术版)》2007 年第 3 期。

[3]廖晔:《新媒介艺术教育的现状与思考》,《衡阳师范学院学报》2006 年第 2 期。

[4]朱波、马腾飞:《新媒介浪潮中数码影视艺术教育的思考》,《电影文学》2008 年第 8 期。

[5]段运冬:《视觉文化的“创世纪”——新媒体艺术及其对影像文化的促动》,《现代艺术》2009 年第 10 期。

美国西北大学 Medill 新闻学院本科生教育实践研究

王天铮*

西北大学 Medill 新闻学院建于 1921 年，多年保持全美新闻学院排名前两名的名次，与哥伦比亚大学新闻学院难分伯仲。Medill 新闻学院卓越的教育与管理模式使其多次获得国家级奖项，在其公开介绍学院的资料中，她非常自信地认为自己是全美最杰出的新闻教育机构。学院以培养新闻业的领军人物为宗旨，强调培养学生多学科专业技能，重视学生在媒介融合背景下的实践操作能力，除主校区之外，在芝加哥市中心、华盛顿均建有实践教学基地，并同全美 100 多家媒体、世界十几家的知名媒体签订联合培养协议。目前，Medill 新闻学院有全职教师 43 人，均有多年的新闻业界从业经验，半数从业时间长达 20 年以上，85%以上获得过各级各类的新闻奖项。学生有 950 余人，其中本科生约 650 人，研究生约 300 人。已毕业学生大多从事新闻工作，就职于全美各级各类媒体，校友网络遍布全世界媒体业。学院本科生教育学制四年，未划分系别，仅设置了三个方向：报纸或在线方向、杂志方向和广播电视方向。

一、构建适应媒介融合发展需要的传播理念

Medill 新闻学院规定，本科生毕业前需要修满 45 门课。与许多中国大学的新闻学院不同，Medill 新闻学院要求本科生修满的非新闻专业课数量要远远多于新闻专业课数量。学院规定，在 45 门课中，至少选择 31 门非 Medill 新闻学院提供的课程，这 31 门课中，又要至少选择 23 门与人文社会科学有关的课程、3 门某学科深度学习类课程、6 门选修类课程。同时，学生

* 作者系中国政法大学新闻与传播学院讲师。

大学四年期间需要完成 12～14 门新闻专业课程，其中包括 5 门必修类课程、5 门专业方向类课程和 2～4 门专业选修课。

1. 明确并扩展媒介融合理念

与国内的新闻学本科课程体系设置不同，西北大学的专业必修课仅仅 5 门，而学院提供的专业方向课和专业选修课却多达 40 几门。而这 40 几门课按照一定的逻辑关系分成几类课程提供给学生，详见表 1。

表 1　新闻专业课程设置表

<table>
<tr><th colspan="3">课程设置</th><th>说　明</th></tr>
<tr><td rowspan="5">专业必修课
（5 门课）</td><td rowspan="3">一年级</td><td>采访与写作</td><td rowspan="14">在大学二年级最后一个学期或者大学三年级第一个学期选择一个专业方向</td></tr>
<tr><td>多媒体报道</td></tr>
<tr><td>21 世纪媒介概要</td></tr>
<tr><td>二年级</td><td>多样化社会中的企业报道</td></tr>
<tr><td>三年级</td><td>媒介法与媒介伦理</td></tr>
<tr><td rowspan="9">专业方向课
（5 门课）</td><td rowspan="3">报纸或在线
（5 门课）</td><td>1 门必修课：媒介表现：报纸或在线</td></tr>
<tr><td>下述 4 门课中选择 3 门：报纸或在线报道（2 门课）、报纸或在线表现（2 门课）</td></tr>
<tr><td>下述三门课中选择 1 门：互动新闻报道、杂志和专题写作、视频和广播</td></tr>
<tr><td rowspan="3">杂志
（5 门课）</td><td>1 门必修课：媒介表现：杂志</td></tr>
<tr><td>下述 3 门课中选择 1 门：互动新闻报道、杂志和专题写作、视频和广播</td></tr>
<tr><td>下述 4 门课中选择 3 门：杂志写作（2 门课）、杂志表现（2 门课）</td></tr>
<tr><td rowspan="3">广播电视
（5 门课）</td><td>1 门必修课：媒介表现：视频和广播</td></tr>
<tr><td>下述三门课中选择 1 门：互动新闻报道、杂志和专题写作、视频和广播</td></tr>
<tr><td>下述 4 门课中选择 3 门：广播电视报道（2 门课）、广播电视制作（2 门课）</td></tr>
<tr><td rowspan="3">专业选修课
（2～4 门课）</td><td colspan="2">技术类选修课（共提供 12 门）</td><td rowspan="3">1. 大学二年级开始开设专业选修课；
2. 可以选择非自身专业方向课外的其他两类专业方向课程作为专业选修课。</td></tr>
<tr><td colspan="2">专业新闻类选修课（共提供 9 门）</td></tr>
<tr><td colspan="2">整合营销传播类选修课（共提供 5 门）</td></tr>
</table>

由表 1 可以看出，学院单独开设了与媒介融合直接相关的课程，例如

"多媒体报道"、"21 世纪媒介概要"等。为了凸显媒介融合的重要性，学院在 5 门必修课中安排了 2 门与媒介融合直接相关的课程，其中"21 世纪媒介概要"教授各类媒介的特性及其发展趋势，侧重介绍媒介融合的传播理念，而"多媒体报道"则从新闻实践的角度教授媒介融合环境下新闻报道应具有的操作能力。同时，学院还开设了大量与媒介融合间接相关的课程，在任何一类专业方向课和专业选修课里都能找到。通过开设这些课程，扩展了学生对于媒介融合的认知视野：专业方向课程中设立报纸或网络在线方向，旨在强调在报纸日渐衰退的情景下，网络在线出版将是报业转型与发展的方向；技术类选修课里面的媒介设计课程旨在综合应用各类媒介内容编排技术；专业新闻类选修课不仅强调各类专业新闻报道，而且结合媒介融合背景下各类媒介报道均重视互动的现状，开设互动报道类课程；整合营销传播类课程扩展了新闻专业学生对媒介工作的认知，使学生从市场营销的角度理解媒介融合以及由此带来的与媒介相关的社会活动，并引导学生关注媒介和新闻业发展的未来，以及如何适应和引领未来媒介的发展。

2. 树立"内容为王"的观念

Medill 新闻学院规定本科生要选择至少 31 门非 Medill 新闻学院提供的课程(详见表 2)，意味着学院构建了 T 型课程体系。所谓 T 型课程体系，是指既重视与新闻工作相关的各类人文社会科学的教育，即增加学生知识储备的广度，它相当于字母 T 的一横；又重视新闻学的教育，即增加学生本学科的专业深度，它相当于字母 T 的一竖。目前，我国内地的新闻学教育也采取 T 字型课程体系，非专业课一般指通识课，可分为通识必修课和通识选修课，专业课也分为专业必修课和专业选修课。但在非专业课和专业课比例分配上，很少出现非专业课数量高于专业课数量的情况，那么，Medill 新闻学院为什么要这么做？

这是因为 Medill 新闻学院一贯认为，无论媒介形式如何变化，最重要的是"内容"。即使在媒介融合的时代，仍旧是内容为王。新闻专业的学生不仅需要掌握基本的采编技能和多媒体技术，更需要有认知、辨别、分析和评价新闻事实的能力，这就需要学生具有牢固的人文社科基础，并对某一类学科具有一定深度的认知，且能将这些知识应用到新闻实践中来，成为能提供质量有保证的新闻内容的新闻工作者。例如，某学生打算成为财经记者，开学之初，就可以选择有财经媒体从业经验的教学老师做自己的专业辅导教师，他除了要修完所有非专业必修课之外，还可以选择 3 门不同深度的经济学类课程，同时还能选择新闻学专业课程中的商业报道新闻类课程，以及整合营销传播类的课程，其中很多涉及经济学的课程要求在专业实习之前完成。在大学二年级或者三年级，该生可以根据自己的专业方向选择相应的财经媒体实习。这样，该生在大学四年中，除了学习新闻学专业必需的新闻业务类和媒体技术类课程，还储备了财经记者必需的财经知识和对财经新闻事件、财经新闻人物的洞察力与分析力，同时，至少三个月的专业实习更使学生对财经新闻工作有了亲身体会，知道在以后的学习中应该继续学习哪些知识和技能。

表 2　非新闻专业课程设置表

<table>
<tr><th colspan="3">课程设置</th><th>说　明</th></tr>
<tr><td rowspan="9">人文社会科学和自然科学类课程（23 门课）</td><td rowspan="7">必修类课程（14 门课）</td><td>艺术或艺术史（1 门课）</td><td></td></tr>
<tr><td>经济学（1 门课）</td><td></td></tr>
<tr><td>历史（3 门课）</td><td>必须既选择美国历史类课程，又选择非美国历史类课程</td></tr>
<tr><td>文学（3 门课）</td><td>在英语语言文学或者外国语言文学中选择</td></tr>
<tr><td>政治学（2 门课）</td><td>必须包括有关美国政府方面的课程、国际关系或者国际研究类课程</td></tr>
<tr><td>宗教、哲学或伦理学（1 门课）</td><td></td></tr>
<tr><td>自然科学、数学或逻辑学（3 门课）</td><td>必须选择 1 门统计学类课程</td></tr>
<tr><td colspan="2">深度学习类课程（3 门课）</td><td>1. 这 3 门课必须选择同一学科的，学院指定的专业包括人类学、经济学、性别研究、历史学、政治学、心理学或者社会学。
2. 学院对学生选择课程的难易程度①也作了规定：只能有 1 门课程选择难易程度为 100 的；至少选择 1 门难易程度为 300 以上的课程。
3. 学生如果在必修类课程中选择了相关专业的课程，不能再次计入深度学习类课程中，需要重新选择相关课程。</td></tr>
<tr><td colspan="2">选修类课程（6 门课）</td><td>1. 这 6 门课程学生需要在 Weinberg 艺术与科学学院中选择。
2. 至多选择 1 门难易程度为 100 的课程，至少选择 2 门难易程度是 300 的课程。</td></tr>
</table>

① 西北大学对所有课程进行编号，同时也对课程的难易程度进行了界定，编号在 100－199 的课程为最简单的，难易程度可视为 100；200－299 的课程较难，难易程度为 200；300－399 的课程更难，难易程度为 300；400－499 在本科生中最难，难易程度为 400。编号 100－499 的课程为本科生课程，编号 500 以上的为研究生课程。

续表

课程设置	说　明
其他学科课程 (8～10门课)	除了新闻学院,学生根据自己的兴趣爱好,在全校任何一个学院选择喜欢的课程。
全球和多元化文化类课程 (11门课)	1. 在上述23门人文社会学科课程和8～10门其他学科课程中,学生需要选择11门与全球和多元化文化相关的课程。 2. 11门课程中,需要选择3门外语课,其余8门课程必须关注以下一个或者多个领域:性别、种族、年龄、社会等级、民族、宗教或者残疾人士。

由此可以看出,尽管Medill新闻学院开设了一些专业课程以应对媒介融合的需要,但是仍然将教育的重心放在"提供高质量的新闻内容上",这也折射出了其新闻学教育理念:内容为王,即使在媒介融合的时代,媒介技术、管理等要素都是为提供给受众高质量的内容服务的。

二、媒介融合技术及其新闻业务的选择与实践

媒介融合带给新闻从业者最直接的冲击是从业者需要掌握多种媒介技术和新闻业务。学院设置媒介技术和新闻业务课程的思路是既要让学生基本掌握各类媒介技术和新闻业务以应对媒介融合的发展需求,又要让学生至少精通一种类型的媒介技术和新闻业务以在媒介融合环境下有所专长。

根据这种思路,学院在较低年级开设了"多媒体报道"、"21世纪媒介概要"、"采访与写作"等涉及各类媒介技术和新闻业务的课程,这些基础课程不仅要求学生能够理解相关的理论内容,还要求学生能够将多媒体技术应用到课程讲授内容上。以一年级的专业必修课"采访和写作"为例,该课程每周上两次课,每次课三个小时,两个老师各负责一次课。每周第一次课以教师讲授为主,主要讲解一些理论知识和案例;第二次课前老师会布置一个选题,然后学生到室外采访两个小时,回来完成该报道的制作。报道形式包括平面报道、音频报道、视频报道和网络在线报道。制作完成后,老师逐一面批,如果认为不合格,会让学生在课堂上继续修改,直到修改成功。尽管这门课程以讲解新闻业务为主,但在学生实践中会涉及多媒体技术,因此老师也会在课堂上简单介绍各类媒介技术的使用,使学生未上专业媒介技术课程之前,就对多媒体技术有了初步的了解和应用。

在有了一定的专业基础后,学院开设了三个方向的新闻业务课程(见表1)。学院建议学生可以选择其中一个方向作为自己的专业方向,同时可以选择其他两个方向的课程作为自己的专业选修课,这样就能够对现有各类媒介的新闻业务和技术有更深入的学习与应用。所有的方向课程均在新闻实验室中讲授,学生边听边实践,教师即时指导。一般而言,学生都会根据自己的兴趣爱好选择某类媒介作为自己的专业方向,同时也是自己的就业方向,但还会选择另一个或者两个专业方向作为辅修方向,以备就业单位需要从业人员具有较高的多媒体水平。

三、基于媒介融合的实践式教学

笔者刚刚阅读 Medill 新闻学院上述的课程设置时,比较疑惑为什么专业必修课仅 5 门,且有 3 门安排在一年级,难道需要学生们必须掌握的专业理论和技能仅仅 5 门课就能讲授完么?学生们二年级之后都学些什么呢?随着进一步的访谈与听课,发现了其中的“奥秘”——所有的课程设置和教学均与新闻实践相联系,尤其侧重于媒介融合时代的新闻实践,也就是说,学生在四年本科学习后,可以直接到媒体工作,几乎不需要任何的适应过程。

1.“实践式”课堂教学

Medill 新闻学院教学的一大特色就是“实践式”课堂教学,即将课堂教学与实践教学紧密结合,因此很难区分哪些课程是课堂教学、哪些课程是实践教学,大部分课程都会给学生去户外、实验室或者学校自己修建的 newsroom 进行新闻采集与编写的时间。所谓 newsroom,即新闻工作者的工作室,包括工作间、编辑间、音频视频剪辑间等等,使用一套软件连接各个新闻工作者的电脑,使得新闻资料编制传送一体化。Medill 新闻学院在芝加哥市中心和华盛顿分别建立了两个 newsroom,供学生上课和实习使用,很多课程都在这两个 newsroom 里完成。之所以选择这两个地点,是因为 Medill 新闻学院临近芝加哥市,在市中心建立 newsroom,交通发达,学生可以在短时间内去往芝加哥地区的各个地点,同时市中心非常繁华,学生可以采访到各类人士。而华盛顿是全美的政治文化中心,学生可以及时采访到最新时政素材和重要人物,方便制作新闻作品。在这两个 newsroom 里,学生可以充分地体验媒介融合带来的新闻实践的变化,并有大量的机会去采制媒介融合需要的多媒体新闻。

Medill 新闻学院之所以只开设 5 门专业必修课，并且有 3 门专业必修课安排在一年级开设，与他们重视实践教学的教育理念密切相关。这 5 门课是新闻学的基础课，每个学生只有掌握了最基础的新闻理论和新闻技能，才能有效地理解专业方向课和专业选修课。学院更希望学生在一年级学习与掌握新闻学基础知识和技能，在余下三年将更多的精力应用到学习专业方向课程和选修课程上，发展自己对某项专业新闻的兴趣爱好，进而将更多的时间投入到新闻采编制作的新闻实践上。也就是说，部分专业必修课以教师讲授为主，专业方向课和专业选修课以学生实践为主、教师指导为辅。绝大多数课程没有老师长篇累牍地讲授，通常的做法是老师在半个小时之内讲授完课程的主要内容，而后布置题目，学生使用校内或者 newsroom 里面的各项设备去采集、编辑和制作新闻作品，完成后由老师一对一地修改。一般采用小班教学方式，一个班至多 20 人，任课教师有较为充足的时间指导每一个学生，这样有针对性的教学保证学生在有限的课时内迅速地提高新闻业务水平，并对自己的实际能力有一个客观的认识。同时，这种重实践、轻理论的教学方式折射出学院的一种教育理念：重视创新。在同一些任课教师的交流中发现，教师们在课堂上不占用很多时间讲授理论和案例是有原因的，他们认为那样会使学生有思维定势，报道视角、语言风格等都会受到局限，他们更相信学生自己的洞察力和创造力，而且他们认为在媒介融合的背景下，新闻界不仅需要从业者会熟练使用各种技术，更需要从业者在此基础上有创新思维，将内容与多媒体更好地融合在一起，因此教师们更倾向于让学生在一片空白的情况下去“认识”新闻和新闻实践，他们提供给每个学生个性化的教学辅导，而不是“大锅饭”式的课堂讲解，这样取得的收益不仅远远大于纯粹的课堂讲授，还会帮助学生形成乐于创新的工作习惯。

2. 实践教学

Medill 新闻学院并不满足于让学生在有限的课堂时间内进行新闻实践，而希望学生能够全方位感受什么是新闻工作，因此，学院特意为学生安排一个学期（约三个月）去美国本土或世界其他国家的媒体实习。学生可以选择三年级的任何一个学期出外实习，实习之前，必须完成 2 门专业方向课。根据自己选择的专业方向，列举 6 个实习单位意向，并列举选择这 6 家媒体的理由，然后相关教学辅导教师会同学生进行谈话，确定其比较适合去哪些媒体。由于学院同全美 100 多家媒体、十几家世界各地媒体建立了合作关系，学校会根据学生的申报情况，同一些媒体进行联系，尽可能地为学生找到最适合其发展的媒体。同时，学院规定学生必须在实习单位每周工作 40 小时，每周必须给指导教师写信汇报实习情况，还会给学生一些实习费用。如果想去其他国家的媒体实习，需要提出特别申请，写明申请的媒体、理由、实习计划等。学校经过审核后，会同相关媒体进行联系，继而学生前往该国家或者地区，同留在美国的学生一样，指导教师会每周进行指导，但学院不会给学生相关的实习费用。通过至少三个月的实践，学生们能够清楚地认识到自己已学知识和技能的不足及业界对人才技能的需求，利用余下的大学学习时间弥补不足、提高技能水平。

每当笔者采访 Medill 新闻学院的教师或学生时，或者与其他学院的学生谈起 Medill 新闻学院时，几乎所有的人都会说"Medill 是全美最好、排名第一的新闻学院"，仿佛 Medill 就代表着一种"自豪"。的确，在当前美国许多大型媒体公司不断破产、新闻从业人员大量失业的形势下，前来学院进行宣讲的媒体公司仍然络绎不绝，绝大多数毕业生不是随便地找一个"相关"工作，而是找到了对口的新闻采编工作。这足以成为 Medill 乃至西北大学"自豪"的原因。综上所述，笔者认为 Medill 的核心竞争力在于她务实的教育模式。独特的 T 字型教学模式诠释了在媒介融合时代新闻人"什么都要懂"和"重点懂什么"；媒介融合技术及其新闻业务使学生既能将媒介融合应用到实处，又有所专长；实践式教学诠释了怎样将新闻学课堂延伸至社会领域，培养学生的媒介融合能力，让学生在动手中理解新闻。

从“大教育观”看媒介融合背景下的新闻传播教育走向

操 慧*

一、媒介融合:新闻传播教育从“大传播观”到“大教育观”的转型

“媒介融合”在当下已经不是个新鲜的概念,随着新技术带来的传媒迅猛发展以及传播格局发生的巨变,它既是传统媒体与新媒体的互动结果,也是信息社会人类媒介化生存的发展方向,传媒界对它的关注和应对,主要侧重于传播技术如何将新闻信息传播的有效性发掘出来,如何满足多样化的受众需求。2009 年 10 月 8 日至 10 日,世界媒体峰会在北京召开,以“合作、应对、共赢、发展”为主题,提出了六个重要议题,即:世界媒体的挑战、合作、机遇;传统媒体与新兴媒体:竞争、依赖、共存、发展;金融危机与媒体的应对;传统媒体如何应对数字化与网络技术的挑战;媒体并购;数字化多媒体时代的冲击与机遇;新技术对媒体发展的影响及作用;未来媒体编辑部及记者的发展模式。[①]其中有关媒介融合的议题占五个,足见它是全球化的媒介话题的聚焦。而这对于新闻传播教育正面临的巨大挑战来讲,既再次突出了理论与实践如何有效结合的恒久命题,又对教学中如何前瞻和务实地展开技能、思维、素养三方面的复合型人才的培养问题提出了正确对待、快速反应、科学创新的“问题单”。可以说,媒介融合既是传播的语境和发展趋势,也是新闻传播教育的时代语境和现实课题,在传媒作为国家软实力有机组成的全球化竞争背景下,其迫切的应对、本土化的突破既是新闻传播教育

* 作者系四川大学文学与新闻学院副教授、文化与传媒博士。

① 《媒体的“奥林匹克”:全球媒体寻求对话合作应对挑战》,新华网 http://www.xinhuanet.com,2009 年 10 月 07 日。

事业和工作者的时代使命，也是其与时俱进、保持自身创新力的现实需要。

1. 媒介融合背景下的互为主客体的相生关系

"媒介融合"暗含着主客体的互动，"融合"两字的意旨就是两个或多个作用体之间的运动状态，我们所谓的媒介融合就是指传统媒体和新媒体在传播内容、形式以及思维上的相互借鉴和吸纳。媒介融合在传播内容上的拓展与传播形式上的多元，最突出的特征就是"互动"传播的强化。在新媒体多样化的传播形式中，我们依然看到作为"内容提供者"的传统媒体不可替代的主导性。由于传统媒体在采访权、发布权等方面仍然占据优势，因此，媒介融合在思维层面的影响主要是传播主体对什么是新闻、什么是对受众有用的新闻以及什么是满足受众多样化需求的媒介手段等问题的深度追问。新闻和信息的界限正在打破，或者准确地说，新闻和信息是什么其实并不像以往那样重要，新闻和信息如何有用才是传播主体和受众最为关注的。所谓的"知情权"的最大化满足已经越加依赖满足的渠道和满足的多样化，而新媒体在媒介融合中提供的广泛的"表达空间"和"表达平台"正使得传统媒体吸引受众的"深度报道"重新探索报道的架构和方式，如此种种，我们一方面领略到前所未有的"耳目一新"，另一方面也对新闻传播教育充满着期待和使命感。简而言之，新闻传播范围的泛化与"以人为本"的需求服务使媒介融合的发展朝着纵深拓展，换位审视的传播关系在市场化驱动下使传统意义上的绝对主客体方式逐步消减，互动相生在媒介革新的实践中越加成为我们重新考察新闻传播教育方向的重要参照，教育目标的实现无疑要解决现实问题，与此同时，已经发生的"融合"趋势也正印证出教育滞后的症结，新闻传播的融合语境在主客体的互动相生中凸现其教育理念与时俱进之紧迫和重要。

2. 从"大传播观"到"大教育观"：新闻传播教育不等同于新闻传播教学

我们所强调的"大传播观"概念是将新闻作为其中的重要类别加以延伸，并注意大传播语境带给新闻以及信息传播方式、内容的变化。新闻传播教育应立足这样的大传播语境，注重对新闻传播人才的适应力、竞争力以及创造力的培养。

当下，传播实践和新媒介技术的更新使这个大传播语境的"融合"特征凸显，也因此，新闻传播教育的内涵也要继续直面和迎接媒介融合时代所带来的挑战。在此逻辑演绎下，我们所明确的即是：当代的新闻传播教育不等同于新闻传播教学，更不能窄化为新闻学教学或新闻业务教学，"融合"使新闻传播教育的语境转向以创新思维教育、复合技能培训为目标的协作型学习模式。“大传播”孕育了“大更新”,“大更新”又突破了院校教学的既有传统,与“请进来、走出去”的经验式教学不同的是,现在的新闻传播教育更需要观念创新、体制创新并行与并重的“大教育观”,即融合学院教育、社会教育(实践教育)和自我教育三位一体的教育观念,并在此基础上探索相应的有效的教育途径、教学手段。可以说,“大教育观”的三个面向的融合就是媒介融合时代我们新闻传播教育的发展方向与创新途径,而基于此的实践面向——协作型学习可以帮助新闻传播教育从院校走向广阔的天地,从职业培训走向可持续性的未来公民的媒介素养培养与提升,这即是下文要阐述的重点。

二、协作型学习模式构建:新闻传播教育的战略转型

1. 协作型学习模式的内涵

顾名思义,协作型学习,意在学习方式的改变;“协作”,不仅有相互帮助与合作的意思,还有作为同等主体的平等分享与互补的含义,综合起来,就是不同主体间为了既定目标而展开的分享、合作的互动式学习。这种学习方式的出现,基于知识经济时代社会高速发展对人的生存技能要求的终身化学习取向,同时也成为跨国资本控制下的许多先进企业进行员工在职继续再教育的一种模式选择,就其成本和管理难易程度来讲,都更容易掌控和调整,可以说是一种比较灵活的管理方式与职业生涯培训的模式。

2. 协作型学习模式的构建逻辑和途径

全球化带来的直接结果之一就是加速了资源共享和创意模仿,先进的观念和实践方式一经传播(无论通过什么渠道)就会引发同行、同业的追逐和效仿,所谓的“原创”已经越来越成为一种稀缺的资源和竞争中制胜的法宝。全球教育的发展亦是如此。从精英教育到大众教育,从职业教育到通识教育,在资源共享度越来越高的全球化进程中,知识的更新和知识结构的多元复合都使我们的教育面临如何适应社会发展又如何引领时代潮流的现实问题,单一模式的复制或者修补、完善,已不能满足变革的迫切需要和深度需求,多元化的需求满足以及资源的优化配置使协作型学习成为必然出路。虽然不是唯一的出路,是否为最佳的出路也有待考察和检验,但是就从实际出发、从迫切的需求出发来看,走协作学习型的道路应该是可行、可为

的。协作型学习强调的是学习主体的平行、平等关系以及学习进程的持续化，它是伴随性学习，也是有阶段性与针对性的一种强化学习。新闻传播教育的社会实践特性本身与这种伴随式的、持续化的过程学习有高度同构的结合点，从这个意义上讲，教育的主客体性因为有了协作学习而更加丰富与多元，教育互为主客体的学习模式也正是“大教育观”的核心“以人为本”的落实。

新闻传播教育的“大教育观”，上文提到的三个主要面向，即学院、社会、个体，都是丰富的资源载体，我们可以从这三类资源载体中细分出具体的内容：

(1)学院资源（新闻学、传播学、文、史、哲、社、经等学院资源及其他相关资源）——教学资源、研究资源，以及企业或社会组织机构的合作资源如广告公司、媒体等；

(2)社会资源（社会组织机构、企事业单位、社会公益性研究机构、社会实践就业指导基地等）——实习基地资源、政策扶持资源、基金助援等；

(3)个体资源——包括老师和学生两大教育教学个体，还包括一切相关机构和组织的个体的资本、知识、能力以及实体转化等。

由上可见，这三大类别的面向本身最关键的是资源，而占有和可以转化这个资源的核心是人，人是资源的主导，也是转化为效益的根本动力，当然实施转化为资本的终端的人也是接受者和受益体。如何将人的潜能和智慧调动、激发出来为社会和自我全面发展服务，并形成人与社会、人与自然、人与人、人与自身的和谐互动——即良性循环，这是我们教育和受教育的根本宗旨和目的，在这个意义上说，个体的才能发挥与转化需要的是融合性的平台，这个平台有着集纳的作用，也有着提供选择的作用，我们尽可以在这个广阔丰富的平台上依据规则去选择自己需要的资源，而加工、整合、提炼这些资源从而打造成新的有效能的资源，则是人的能力的在此开发和锻炼。在这个循环的过程中，教育的形态必然发生巨变，不是作为权威的单极言说（教育者说），学生只是被动的接受者；而是学生在接受教育资源的同时，同步或者多步地与社会化的多种资源开展多项对话和言说，并及时形成多层级反馈，这种反馈在当下的传媒领域体现为年老者向年幼者的反向学习。这才是真正意义上的“互动学习”，没有哪一方是绝对权威，因为变化的永恒性决定了新知和未知的急速扩展，教育者同时也是学习者，教育者的客观局限性要求其必须多渠道、多方式地与他人交流、借鉴、合作和再学习。我们在教会学生如何传播新闻信息、如何帮助受众解读信息的过程中，首先需要自我学习，利用课堂内外与学生及时、深入交流，他们身上的新知不一定比我们少；我们还要多向社会实践学习，新的技术、新的政策、新的方法等等都是我们学习的线索和指向，课堂外的社会化学习一旦经过整合和提炼再回到课堂，教育者的教学会变得深广和切中社会发展的脉搏，学生在这样的协作型学习模式下收获的是学院和社会有机衔接的知识、经验的延展，这会有效帮助学生适应力的提升和紧迫感、责任感的增强。另一方面，学生作为教育接受的相对体，他们不仅会真正参与到教学活动中来，还会提前熟悉社会某些部门、组织机构的运作规则，并且通过参与，与老师、家长、同学一起将“协作”进行到底。

三、未来媒体公民培育：新闻传播教育的社会化指向

未来的任何命题，都是对我们今天准备工作的检验，教育的要义正在于为未来做好准备和具有应对的能力。“融合”应该成为一种社会化教育的能力和途径。新闻传播教育的社会化指向，其实在上述协作型学习模式的探讨中已经得以阐释，本文在此从未来媒体公民培育的战略角度再作必要的补充和深化。

媒体融合的发展在打破媒介属性的过程中也开发多样需求，未来从事媒体传播的人不在数量，而在质量；不在专业化，而在复合型。就人类对信息的需求来讲，海量信息依然存在，但是分类指南、时效有用更加凸现，深度解释和前瞻导引必将在媒介应对需求中越加迫切，未来的公民不仅生活在实态社会，还具有双重身份，他们既是政治意义上的公民，还是媒介社区中的公民，他们在消费新闻信息的过程中会越来越参与到新闻信息本身的制作和发布中来。近年来，许多重大突发事件中的“公民新闻”不仅补充了专业报道的内容，丰富了报道方式，而且使媒介民主化的进程大大推进。对大众媒体来讲，专业报道正被日常化的业余的公民参与所丰富，“新闻线人”、“新闻爆料”等新名词、新现象不仅拓展着我们报道的内容，而且通过新媒体技术所传播的多样化的音视频报道使新闻传播的时效性、民生性、服务性、舆论监督性等大大提升。这些已然发生的关于新闻制播的“融合”动态让我们有理由预见，未来的媒体公民是一个伴随公民社会成长的庞大而重要的社群，新闻传播教育的全民化、通识教育转型势在必行。

1. 媒介素养教育的社会化开展

自中国大陆新闻传播研究引入“媒介素养”这个概念以来，我们加大了

对它的本土化研究的力度和应用性开发。2006 年 6 月 23 日，复旦大学媒介素质研究中心正式成立，并开通了全国首个媒介素质研究网站，吸引了社会各界关注，这说明了这个领域的研究意义和应用价值。事实上，“媒介素养”教育并不专属于媒介业界和高校新闻传播专业的师生，在媒介公关广泛开展和客观上参与社会实践的过程中，它已经成为全民素养的组成部分，因为信息化时代对人的基本生存技能和发展的要求，需要具备有效利用媒体传播的信息为自己服务，并且具备能够判别这些信息的能力，这种能力是需要培训和逐步构建的，学校教育是主要渠道之一，但是社会渠道尤其是社区渠道也不容忽视。从新闻传播的融合化趋势看，传播主体与接受主体不再是绝对意义上的各自为阵，他们在不同的语境和场合会互为传播主体和接受主体。随着新闻信息传播平台的开放和拓展，具体的媒介与媒介之间的界线在模糊和淡化，重要的是传播的内容，而由谁传播成为仁者见仁、智者见智的产物，媒介提供给大众的更多是作为价值判断的资料、依据和参考的架构；也因此，全民的媒介使用能力的指导、提升不是单一由高校新闻传播教育这个渠道所能够担当的，我们应该融合更多的社会资源，打造与创造更多的社会化平台，使全民媒介素养的教育社会化、日常化，从而反哺、促进新闻传播教育的现代化。

据一些在到国内外企业从事公共关系工作的新闻传播专业毕业生的反馈，企业对效益、利润的追求随着经济实力的壮大越来越注重其美誉度、知名度的提升，一些重要企业发布的年度社会责任报告就是通过媒介塑造自我形象的明证，他们对理解媒介、能够与媒体打交道和善用媒介的人才的需求超出我们的就业预期，而这个就业空间却因我们教育观念滞后加上教育手段的传统、落后而被错失。那些能够在这样的企业大显身手的同学在本科阶段的假期都有参加广泛的社会实习、实践的经历，他们学习和领悟到了复合型的知识结构以及善用媒体信息、善于和媒体沟通的重要。这给我们的新闻传播教育提出了非常迫切而严肃的课题。固守于狭隘的学科专业化和专业技能的精耕细作，对于未来人才的培养和社会需求的满足是亟须改革的，我们的新闻传播教育要面向未来，首先要在观念上审时度势，积极应对。“大教育观”的内涵同时也包括媒介素养教育，媒介素养教育的社会化体系构建，是提升学科建设、人才培养、快速反应社会需求的系统性建设，也是需要制度保障的创新建设。我们知道，许多发达国家以及我国的台湾等地区已经将媒介素养的全民教育纳入幼儿园、初高中正规教学之中。离开对信息本身的获取和正确使用的能力，我们目前的新闻传播教育的终极目标指向，在培养全面发展的人的深层意义上将是被动、滞后与短视的，从根本上说是“舍本逐末”或者“本末倒置”的；对于媒介融合的应对也将是纸上谈兵、难有作为的。

2. 教育资源的多项引入和社会共享共建

传统新闻传播教育中的“开放办学”或者“开门办学”就是邀请与专业相关的媒介业的知名人士、管理者、经营者到新闻院系开讲座，传授一些从业经验和介绍业界最新发展的动态，这在中外新闻传播教育中都是良好和有效的传统，今天我们仍然要坚持，并把它做得更好。在媒介融合的背景下，教育资源的多项引进要求我们在社会化、实务化与综合化方面探索更多的合作办教育的模式与途径。

2009 年 10 月 26 日，台湾政治大学传播学院新闻学系和中央通讯社、Yahoo！奇摩网站签署合作项目协议——“未来公民媒体计划”，它被称为“台湾传播学界前所未有的产学合作案”①。该计划的第一阶段内容是通过台湾中央通讯社专业指导与把关，将台湾政治大学新闻系学生采写的新闻通过 Yahoo！奇摩网络平台正式发布，既让学生提早了解实务界如何运作，同时也让学生们得到实战职业训练。在该年 11 月 6 日推出的第一期“未来新闻－Your News”中，受众可以在三方网站上同步看到该校新闻系实习报纸《大学报》以及网络新闻。该计划旨在“三方合作，建立前瞻、互动、参与和活力十足的未来新闻媒体，把社群和新科技注入校园媒体”②。

比之大陆新闻传播教育，台湾地区新闻传播教育的全球化意识较强，媒介素养教育社会化开展也较为领先，所以，我们从上述的最新动态中可以看到，要主动应对媒介融合的发展，教育机构和教育主体必须积极调动、善于调动社会资源为我所用，在合作中达成共赢，在合作中创新教育模式和拓展渠道(其实，就联合媒体搭建实习平台或建立实习基地而言，我们大陆新闻院系早有传统，但在跨媒体、跨平台搭建实战性职业化平台上还相对落后)。当然，在所有合作与社会共享共建中，观念的共识、前瞻的意识、可行的长远规划是最为重要的，具体的形式我们完全可以结合本土特点以及自身所长来灵活实施。

---

① 《“未来公民媒体计划”于 10 月 26 日签署》，台湾政治大学新闻学系网 http://www.jschool.nccu.edu.tw/，2009 年 10 月 26 日。

② 《Your News 于 11 月 6 日正式上线》，台湾政治大学新闻学系网 http://www.jschool.nccu.edu.tw/，2009 年 11 月 6 日。

未来的教育仍然是创新人才的培养，教育的竞争在于观念和指导行动的有效度上。我们可以预见，未来媒介融合的深度将进一步加强，它对新闻传播教育的社会化、现代化也将提出更高的要求。院校系统教育模式在当下和未来都将与社会资源互动互利，只有这样，未来人才的创造力与竞争力才会有所保障，我们的全民媒介素养才会提升并以此推进人的真正意义的全面发展。因此，“融合之道”对于新闻传播教育来讲，是自觉之道的契机和转型必然，“融合”既是观念转型之“道”，又是实践创新之“术”，只有深刻洞见到未来发展所需要的“道”与“术”的结合，我们的教育和业界才会生机焕发、互利相长。

新媒体语境下国际传播人才的培养

田智辉*

近年来,以网络技术为推动力的各种新媒体层出不穷。媒体技术影响着新闻传播,推进着新闻报道内容的多元化、手段的多样化、报道主体的复杂化。新媒体技术使公众越来越多地加入新闻信息的制作与传播过程,他们将在新闻的发现、细节的描述、背景的开掘、意义的分析等涉及新闻传播的各个环节注入能量。在国际传播过程中也是如此。新媒体的发展为国际传播提供了无限的可能性,同时也为国际传播人才的培养提出了新的挑战。如何在新媒体语境下探索适应国际传播人才的培养措施,是国际传播人才培养高校以及人才需求单位共同面临的课题。

一、新媒体语境对国际传播人才提出了新的要求

在新媒体时代,每个人获取信息和提供信息的权利都可以通过媒体技术的途径实现。web 2.0 技术所推动的新闻信息的传播进程呈现的形态演进路线是:传统媒体垄断的新闻信息传播将因公众的参与而走向媒体与公众共同运营的新闻信息传播时代。在这样的趋势下,着眼于传统媒体不同形态所做的专业分工,着眼于一则报道、一个版面、一个节目、一家媒体的管理方式,着眼于新闻工作者个体报道技能培养的传统新闻教育体系都必然发生改变。当代中国社会以及媒介生态的深刻转型,在以互联网为代表的数字媒体推动下,出现了技术融合、网络融合、内容融合和终端融合。面对各种媒介的融合,在坚持传承与创新的融合基础上,国际传播人才的培养应该注重更高层面上的融合,深刻认识融合之道,扎实推进国际传播教学创新,以保证国际传播人才教育适应新形势的发展。

---

* 作者单位:中国传媒大学。

目前中国的媒体在国际上的实力、影响力与西方发达国家的媒体相比仍有不少差距；国际思想文化传播的基本形势仍是西强东弱；中国的国际传播依然任重而道远。面对全球化的新格局，国际传播工作者更需要拓展国际传播的视野、确立从业者的传媒本体意识，紧紧围绕党和国家工作大局，以高度的政治责任感加强和改进国际传播工作，充分展示我国的良好国际形象，让世界了解中国，让中国走向世界。国际传播中内外有别、外外有别的政策是国家主义价值观的一种体现，是根据国家的利益来调整传播内容、根据国际关系来决定传播内容的做法。新的传播形势对中国媒体在国际传播中应该扮演的角色提出了新的要求，中国媒体必须转变价值观念，以开阔的视野、开放的胸襟、开明的态度应对，这样才能在国际传播格局中真正产生影响力，让世人倾听中国传媒的声音。

近年来，我国的国际传播工作取得了很大的进步，但在西方媒体所主导的国际传播面前仍然势单力孤。尤其是当公共危机事件爆发时，主导国际舆论走向的往往不是中国的政府和媒体，而是对中国怀有偏见，甚至敌意的西方媒体。要从根本上引领中国主题的国际报道，提升中国国际形象，就要大力加强和改善对外报道，让世界更加真实地了解和平发展中的中国，更清晰地听到中国发出的声音。政府部门要学会积极应对国际媒体和国外公众，预防突发危机事件造成的负面影响，有效化解国际舆论对我国的误解和敌意。“要在这些方面实现突破，就必须造就一大批具有一流的外语能力，同时又掌握了说服策略和跨文化传播技巧，通晓国际媒体运作规律的国际传播人才，特别是能够积极应对公共危机的国际媒体的危机管理人才。”①

随着中国综合实力和国际影响力的大幅提高，我国媒体的国际竞争力也在明显提高，国际社会越来越重视我国主流媒体。但同时我们也清醒地认识到，就目前而言，“我们与西方强势媒体相比，无论是新闻采集能力、传播能力、辐射能力、技术装备能力，还是重大新闻的自采率、首发率、落地率和国际化人才等，都有相当大的差距。”②就突发事件报道而言，也有许多需要加强和改进的地方。重大突发事件报道是对一个媒体特别是国际一流媒体综合实力、把握能力、快速反应能力、报道观念和人才队伍的重大考验。能经受住这种考验，并在考验中提升，我们的国际影响力自然就会提升。

中国媒介与发达国家媒介的差距，归根到底是人才质量上的差距。没

---

① 郝平：《培养专业人才，应对“国际媒体危机”》，《对外传播》2008 年第 5 期。

② 周锡生：《突发公共事件应急报道中的国际话语权问题》，《中国记者》2009 年第 7 期。

有大批高质量的优秀人才，中国媒介就无法在新一轮国际竞争中赢得主动。当前，必须根据媒介全球化的需要，着手制定和实施人才战略，重点培养紧缺型媒介人才：既精通外语又具备传媒素养，掌握现代传播技术的复合型高级人才；适应国际竞争需要和能够参与解决国际争端的高级媒介管理人才。

二、复合型、专业化——国际传播人才的目标

要进一步加强我国重点媒体对国家形象的报道，具体而言，就是要加强重点媒体的硬件建设，建立覆盖全球的新闻网络和传播渠道，培育一支专业的、具有国际化视野的新闻报道队伍。只有这样，才能在重大国内和国际传播事件报道上有我们的声音，表明我们的立场，才能掌握主动权。为开创国际传播工作新局面提供有力保障，就必须努力造就一支复合型的、专业性强的国际传播人才队伍。

复合型人才就是多能人才。传媒的复合型人才包括知识复合、能力复合、思维复合等多种要素，他们应当具有较强的适应当今社会政治变革、学科交叉、知识融合、技术集成等的能力。他们应该善于把握政治规律、市场规律和传媒的一般规律。在信息技术时代，传媒的人才应具有不断发展的知识结构，包括：专业知识，即自然科学知识、社会科学知识和编辑学专业知识；知识面，即走出狭小的专业领域，具有比较宽阔的知识面，对邻近学科和交叉学科有相当的了解，尽力做到博览、多记、深思，避免成为学科综合化发展中的门外汉；还要有较强的文字功底和传媒业务知识，具备较好的经营意识和人文社会科学各学科融会贯通的意识。

传媒复合型人才的根本特质在于创新。传媒人才的主体创新是基础，主体创新要求传媒工作者必须树立高度的责任意识、不懈的创造思维，做到持续创新。通过创新，理性思考传媒的发展趋势，并推进思想成果与传媒实践的有机结合，促进传媒事业的科学、和谐发展。在人才方面，中央电视台提出了“新世纪人才工程”，把培养适应于国际传播的人才作为央视的发展战略，即“人才强台，人才兴台”战略。中央电视台“1131”工程，即从2006年到2010年，在“十一五”期间，培养100名具有现代管理能力的优秀中、高层管理人才，100名熟悉市场运作规律的优秀经营管理人才，300名精通电视技术的优秀专业技术人才和1000名国内一流的编辑、记者和播音员、主持人，并打造一批品牌播音员、名主持、名记者、名编辑，也就是要拥有国际大台管理能力的管理专家、经营专家和技术专家，建设一支高素质、创新的复

合型专业队伍。

同时，还应注重培养专业型的人才。传媒的胜负中，内容的影响力仍是一个极其重要的因素。媒体分众化、精细化的发展对新闻传播专业人才的需求非常突出。这要求进一步加强新闻传播教育的专业化和知识化。

从新媒体发展来看，我国与西方仍有相当大的差距。世界各国都把互联网作为提高国际传播能力、扩大国家影响力、提升文化软实力的重要手段和有效载体，采取各种措施谋求优势地位，扩大在网络空间的影响，抢占文化传播的制高点。提高国际传播能力，是顺应世界传媒发展趋势，实现我国媒体跨越式发展的需要；是更好地让国际社会了解中国、认识中国，向世界展示中国的需要；是积极参与国际文化竞争，增强我国文化软实力的需要；是打破西方舆论垄断，促进世界信息传播秩序更加公正合理的需要。

新技术把新闻教育体系中沿用多年的传统术语变成了需要被重新定义的新词汇，如何更新和完善新闻教育的学科建设使其适应时代的需要，是摆在我们每个新闻教育工作者面前的共同的课题。

由于国际传播涉及国际政治，它常常被意识形态化。但它同时也是世界各国人民交往中不可缺乏的一环，有着超越意识形态的一面。因此，国际传播中的价值立场难免发生冲突。当然，媒介的价值立场受很多因素的制约，如媒介与政治的关系、媒介的经营管理体制、国家传统文化对媒介的不同要求和认识。媒体在国际传播中的价值立场大致包括国家价值、商业价值、新闻价值、社会价值等几个方面。舆论学创始人李普曼说："正如我们按照自己的准则进行自我调整一样，我们也会按照那些准则去调整我们所看到的事实。从理性角度来看，事实对于我们的是非观而言是中立的。但实际上，我们的准则在很大程度上决定着我们应当了解什么以及如何了解。"[①]国际传播的目的是要让世界了解中国，我们应该克服泛政治化，找到人类共同的接受点，营造有利于和平建设的国际舆论环境，进而争取国际的帮助和合作。僵化的传播模式已经不适应今天全球化背景下的国际传播工作方式。从事国际传播的人才需要具有国际传播视野，必须懂得西方文化，熟悉西方人的心理特征，了解与西方文化进行对话的方法和路径，并能全面熟悉媒介竞争的环境，了解国际媒介竞争的趋势和方略，设计与西方传媒竞争的方法。遵循国外受众思维方式和认知模式，运用国际通用的手段和外

---

① [美]约瑟夫·斯特劳巴哈、罗伯特·拉罗斯：《今日媒介：信息时代的传播媒介》，熊澄宇等译，清华大学出版社2002年版，第39页。

国公众易于接受的语言，增强国际传播的感召力和影响力，努力使服务目标对象和中国视点传播相结合，在全球化、信息化条件下不断扩大中华文化的国际影响力。“我们要有‘神入’或替他人设想的能力，才能充分理解信息的意义，事实上，为了达到有效传播的目的，送出信息的人也必须能够为收受信息的人设想。”①

三、建立创新的国际传播人才培养机制

在国际化新闻人才培养上，国家有关部门已经有所动作。国家有关部门决定用三年时间培养一百多名驻外记者，由国内的清华大学、北京大学、中国传媒大学、北京外国语大学等六所大学专门成立国际新闻硕士专业来分担这项任务。这些学生全部通过大学英语六级，有的甚至通过英语专业八级，课程安排中有很多是由外国专家进行英文授课，最后一个学期将在驻外中央媒体实习。

国际传播要靠人才来支撑。要做好国际传播，不但要有一批高水平的中文编辑记者，还需要有一大批能够用英语或其他外语熟练地进行写作和翻译的人才，他们既懂政策，又熟悉两种文化，且能熟练地运用两种文化和文字。国际传播不是一般外语院校的毕业生能胜任的，经过专门的培训才能担当重任。国际传播的“翻译工作”，由于要逾越文化差异的障碍，大多具有“深加工”的特色，不同于一般的翻译。现在的新闻学院和翻译学院在培养这类人才的课程设置方面，还远远不能满足当前国际传播大发展的需要。从事国际传播还要有好的身体和心理素质。没有非常健康的身体，做不好国际传播。

在国际传播的教与行方面，搞教学和做媒体的人可以岗位互换，新闻院校的老师可以到媒体去工作一段时间，积累更多的实践经验，新闻院系可以多请有从业经验的人传道授业。要有大视野，要把整个新闻教学放在信息革命及人类社会发展的大背景之下，课程设置、教学内容、教学方法都要尽可能适应信息革命及社会发展这个大趋势。鼓励新闻院系学生读双学位，以掌握除新闻外的专业知识，这样的复合型新闻人才会更受媒体的器重。

培养国际传播人才的高校应与有关国际传播机构联合。中国传媒大学通过与中国国际广播电台、新华社、中央电视台等新闻单位共建研究中心，

---

① 汪淇：《文化与传播》，台湾三民书局1983年版，第142页。

共同加强国际传播人才的培养。中国日报社与北京外国语大学签约共建，将在人才培养、共同开发特色课程等方面展开一系列合作，全力为我国外宣事业培养和输送人才。双方将展开全方位的合作，除确定互为各自人才培养及培训基地外，还将在国家加强国际传播能力建设的大框架下推出"中国日报特色课程"，由中国日报社派出资深采编及经营专家团队，根据课程需求，就国际时事、社会热点、新闻采编、媒体经营、新媒体发展等相关专题设计课程，融合媒体实践与学校理论需求，为北外学生授课。北京外国语大学与中国日报社的密切合作契合了国家关于加快国际传播能力人才培养的战略举措。

"传媒人才应塑造持之以恒的创新思维，创新思维决定着传媒主体意识的高低。"[①]信息技术飞速发展，计算机等的广泛应用改变了传媒的生产方式。随着对外文化交往日益频繁，传媒人才的信息技术和外语技能，能发挥如虎添翼的作用。上海外国语大学根据国际传播人才需求的特点，设计了国际化传播人才的素质和能力指标，建构国际化传播人才素质和能力指标体系，将国际化传播人才的素质结构分为五个维度，将其能力结构分为四个维度，每个维度进一步细化为若干指标，形成国际化传播人才素质和能力指标体系。为使学生参与实践报道，2008 年 10 月 28 日上海外国语大学组织学生参加"美国大选采访团"，到美国俄亥俄州克里夫兰市开展为期两周的"美国大选"采访活动。学生通过在美国的实战演练，增强了跨文化传播能力，加深了对国际事务的认识和理解。

总之，在新媒体语境下，国际传播人才的培养应该与时俱进。通过掌握先进的媒体技术、新的采访技巧，在新的培养理念下，更多适应社会需要的复合型的、专业的国际传播人才队伍将应运而生。

① 杨树弘：《传媒人才的复合型历练》，《出版视野》2008 年第 1 期。

媒介融合与新闻报道 >>>

分析报纸引用网络词汇的特点

戚　鸣*

一、网络词汇被报纸高频使用的特点

近年来，报纸对网络词汇的包容性和借鉴性越来越强，都市报与网络媒介的词汇使用乃至边际模糊，因而使得两个媒介间的差异性越来越小。像"泼墨门""恐龙妹""抢戏范"等网络词汇在《新京报》、《北京晚报》上频繁使用。"'国际章'被'黑'了吗?"网络媒介惯用的单音节词汇在《北京晚报》上也被赫然用作标题。就连中央级大报也不甘落伍，2月1日的《中国青年报》就有《寒假来临，高校成了部分学生的"宅"基地》这样的新闻标题("宅男""宅女"本是网络流行语，被报纸借用)。为什么网络词汇高频率地被报纸使用?

比较广播电视口头解读媒介，报纸和网络媒介毕竟都是书面阅读，也就是说，在媒介的传播上都具有平面阅读的性质。书面阅读在词汇上的接近性本来差别就很小，随着阅读群体重合部分的扩大，这种接近性也越来越明显。就消息报道来说，报网词汇的同质化程度很高，比如我国选手王濛在2010年温哥华冬奥会女子短道速滑500米决赛中夺得金牌，新浪体育的报道与新华社没有差别，都选择了夺金时间、夺金结果、夺金成绩、中国队实现了冬奥三连冠等新闻要素，排列顺序也基本相同。如果说有差别的话，那就是网络消息中省略的使用比报纸要多，所以读起来跳跃一些。

1. 省略语

省略语汇符合新闻写作规律，新闻好用缩省的语汇。只是网络消息中省略的使用比报纸更多。"网络消息中省略的套用造成的语言的跳跃性非

* 作者系中国青年政治学院新闻与传播系系主任、教授。

但没有带来阅读障碍和理解负担，反而是网民喜闻乐见的语言特点。结构上跳跃，形式上浓缩，理解上有难度带来的是语义内容的丰富性，在尽可能少的页面空间里传达了尽可能多的内容。”[①]四年前学者观察到的这种报网差异，放到今天来看，差异度已经很小。报纸记者编辑一直在试图弥合两个媒介词汇的边际，这种弥合的速度之快，甚至令报纸读者感觉不出报纸媒介的滞后。如：“上合”组织——“上海合作组织”，网络上做了省略，词汇很快就被报纸采用。再如“PK”，源自网络词汇，也很快被报纸普及。网络的省略词汇一旦被读者理解，报纸便迅速借用，网络新闻这种语言省略已经被报纸认同。只是相对报纸等媒体，“网络媒介中的省略语更容易出现新创制，其语义有时需阅读消息主体后才能知道”[②]。如：“囧”是网友原创汉字象形表情，表示郁闷、无奈等各种情绪，堪称万能表情，2009 年李宁牌的“囧”字鞋热卖后，“囧”可谓登堂入室，进入社会主流的视野，“囧”、“槑”在大多数报纸排版系统中不再是新造字。当然，“囧”现在已经不仅仅是一个表情，它被报纸编辑衍生成一种精神、一种生活态度。“雷”也来自网络论坛用语。东方网记者张海盈、实习生于量在 2008 年 12 月 25 日报道中解释“雷”：“被很囧的人或事震撼到之后，如同被雷电击中一般的感受。网络之大，无奇不有。天天在网上闲逛，难免不被一些雷人、雷事、雷文、雷帖‘雷’倒。在这里，东方网友情提醒广大网友，网上冲浪，还请自备‘避雷针’。”如今，“雷”早就不再是网络专用词汇，报纸乃至广播电视无处不引用。

2. 单音节

单音节字表达被年轻人示作“新潮”，在新闻写作上是一种强调。作用是突出动词，让形容词动化（借鉴英语一词多义，如 beat，除了“打，打败，心脏跳动”外，还可以表示鸟儿拍打着翅膀，浪花拍打岩石等）。网络也有许多形容词动化处理，如：“黑”是形容词，谚语说“近朱者赤，近墨者黑”，但被网络更多地用成动词，“被人黑了”“黑客”等都有动词的意思。

“囧”“火”“雷”“顶”其实是网络简化双音节字的典范。双音节词是由两个音节组成的词，如：尴尬、郁闷、刺激等，占汉语词汇的绝大多数。此外，还有单音节词，如：苦、烦、乐等。还有多音节词，如：心想事成、计算机等。在汉语中，一个字相当于一个音节，双音节词相当于把一个字在词义相同的条件下扩展为两个字。如：“给”字变双音节词就是“给予”。既然表意不增加，

① 段业辉、李杰、杨娟：《新闻语言比较研究》，商务印书馆 2007 年版，第 285 页。
② 同上，第 246 页。

崇尚简约的网络喜欢单音节词就不奇怪了。土豆网刊登的《试论网络语言的特点》一文中，解释了为什么网络语言会简化，是因为它来源于键盘交流，多是英文的缩写和汉语拼音，如GG（哥哥）、TMD（他妈的）等，是为了快速键入，以对方能看懂为原则。久而久之便形成了省略的风格。从某种意义上说，倒是返璞归真：在古代汉语中，一个汉字往往就是一个音节；单音节词是一个音节组成的词，就是一个音节表示一定的意义，双音节词是两个或者三个以上的音节组成的词。不过这种缩省极端到使报纸深恶痛绝的错别字成了宠儿，如：东东（东西）、杯具（悲剧）、大虾（大侠）、斑竹（版主）等。随着互联网的普及和学生网上交流的增多，网络词汇大量涌入青少年的口语及书面语中，并向社会各个层面迅速渗透，使用的领域渐趋广泛，成为许多人生活的一部分。新闻是现实生活的反映，所以它不得不将网络用语引入报纸媒介，美其名曰“赶时髦”。

3. 话里有话

话里有话是新闻评论讨巧的技法，“范跑跑”“躲猫猫”语汇看似很幼稚但一语双关，新闻词汇喜欢一语双关。“宅男”“房奴”“躲猫猫”等网络词汇被收入新版汉英大词典，也是因为它们扩大了原有词汇的语义，如“躲猫猫”原义是孩童玩的游戏，现在扩大了语义，新含义为：代表着虚假、欺骗、蔑视群众智商，用不可能的理由来掩饰事实的真相。新闻报道网民乐于接力，说明它唤醒了公众内心深处的某种东西，公众渴望获知事件真相的心情是共同的。在证实和证伪同样困难的情况下，在公众心存怀疑报纸又无法传递真相时，“躲猫猫”的井喷就是一种必然。在真相被获知以前，每个人心里都会有一个更倾向于常识而非警方一面之词的看法。不仅如此，他们还会把心里的真相进行加工和表达。“躲猫猫”的风行就是这种加工、表达的特殊表现，其背后有汹涌澎湃却无处表达的民意积聚为支撑。

话里有话还是新闻报道“旧瓶装新酒”的技法。如：“艳照门”“诈捐门”“泼墨门”中的“门”大有系列报道的“范”，所以能被报纸频繁使用；“雷”也是，雷人、雷事、雷文、雷帖“雷出系列”，让报纸编辑实现了“旧瓶装新酒”。

二、网络词汇被报纸高频使用的规律

在新闻词汇运用上，你会发现它们大多成就于“隐喻”。即便看似直白的词汇，其实也不无“话里有话”。这也许就是中国式的幽默。2005年4月12日香港《文汇报》吴羊璧撰文《中国式幽默》，列举了司马迁的《史记·滑稽列传》。《史记·滑稽列传》很生动地记了当时几位幽默人物的故事。有一位,是楚国的孟优。这是一位乐人,高个子,会说话(“长八尺,多辩”)。楚庄王死了一匹爱马,太悲伤了,要以葬大夫的规格来葬这宠物,用高级的棺椁。众臣都觉得不合适,但是楚庄王生气,说敢提反对意见的,死罪。没有人敢说话。孟优就来了,入殿门就大哭,不停地哭,哭得十分凄凉。楚庄王问他哭什么,他先说,那匹马太好了,现在死了,怎么只给它大夫的葬礼规格呢?应该以人君的礼遇来葬,方够隆重。其实他这一场淋漓尽致的表演真意是批评楚王“贱人而贵马”。结果楚庄王在这场幽默的表演中受到了启发,说:“我真的过分到这地步么?”(“寡人之过一至此乎!为之奈何!”)终于按平常的方式处理了马。以幽默作为手段批评或者讽刺人还能令人深思,这正是中国式幽默——“优骂”。

隐喻,用最通俗的话讲就是“打比方”,它以想像方式将某物等同于另一物,并将前者的特性施加于后者或将后者的相关情感与想像因素赋予前者。人们为什么要使用隐喻?大致说来有以下几方面的原因:情感要求、修辞策略以及认知的必需。说隐喻是情感的需要,是因为它本质倾向于在不同感觉、经验和认识领域中发现相似之处,由此会产生“似曾相识”的心态,而心灵在观察熟悉的对象时往往因“轻车熟路”而感到松弛自在。其次,隐喻具有化异为同的亲和功能,由此而产生“自己人”的认同感。[①] 在中国,火的情歌多是兼容了直白与含蓄,像《老鼠爱大米》,像《涛声依旧》中的“这一张旧船票能否登上你的客船”。还有《两只蝴蝶》也师承了《梁祝》,人家是人变成了两只蝴蝶,这里是两只蝴蝶拟了人,异曲同工。

让我们再来看一看《新京报》2010 年 1 月 3 日《新知周刊》版上的一篇报道《蛇蜥善用毒,花样各百出》中的词汇:“作为用毒的‘豪门’,蛇类的毒牙五花八门。北京动物园两栖爬虫馆工作人员乔铁伦说,毒蛇以其毒牙的特征可以大致分成三类。‘管牙类’毒蛇达到使毒的最高境界。它们的毒牙长在嘴的前面,平常可以‘折叠’起来。而且,这些牙的毒槽已经完全‘密闭成管状’,就像一个‘针管’,它的毒腺周围有肌肉,毒牙可以像针管一样向伤口‘注射毒液’。”“乔铁伦说,给人造成最大痛苦的是血液循环毒素。拥有这类毒液的是蝰蛇、蝮蛇、竹叶青、五步蛇等毒蛇。它造成被咬伤处迅速肿胀、发硬,如果咬到人的嘴上,会肿起另一个‘小脑袋’,同时伴有流血不止、剧痛、皮肤呈紫黑色等症状。‘最邪’的是,这种毒液不但会影响血液循环,而且还

---

① 戚欣:《金融报道的分类和媒体策略》,《新闻战线》2002 年第 8 期。

具有消化功能，咬到老鼠相当于‘在肉上撒了嫩肉粉，有助消化’；而咬到人后如果没有及时救治则会引发大规模的组织坏死，往往要手术切除，结果伤疤看起来就‘像是被大鲨鱼咬了一口’。”“比起蛇来，蜥蜴一直被认为‘温柔敦厚’，不爱用毒。”“可以相信，中国鸟龙‘毒液’的假说一提出，关于爬行动物毒液的争论肯定会进一步‘升级’。”“豪门”“折叠起来”“针管”“小脑袋”“在肉上撒了嫩肉粉”等等，隐喻随处可见。与之相同，网络的“民间智慧”也同样是隐喻的集散地。像：“心里有座坟，葬着未亡人”“下辈子我要做你的一颗牙，至少，我难受，你也会疼”“都说，嫁人就嫁灰太狼，做人就做懒羊羊”等等。让我们翻开 2008 网络流行语辞典，可见一斑。

广州一普通市民在接受电视台采访谈及对“艳照门”的看法时，他表示事情与己无关，“我是出来打酱油的”。在电视媒介中的一句直接引语立即引起网络媒介的炒作。之后，当事人阿娇出来接受采访说出那句“很傻很天真”后，“很傻很天真”也在网上遍地开花，风靡全国，还引申到大家纷纷指责冠希“很黄很暴力”，而网络的力量“很好很强大”。百姓遇到上当的事就引用“看来我真的是很傻很天真啊！”贵州瓮安打砸抢烧突发事件，是因在河边连做三个俯卧撑导致少女投河的验尸报告，引起报纸记者评论：“虽然瓮安事件已尘埃落定，但是关于‘敏感群体事件的迅速公开’的话题至今仍在热烈的讨论中。民众需要的是真相，如果一味遮掩，大家就只能继续做‘俯卧撑’。”“俯卧撑”于是又在网络媒介上被炒作。网络媒介的力量的确“很好很强大”，致使南京某房地产开发商在街头打出的广告也引用了：“房价不会跳水，只是在做俯卧撑。”国足某队员奥运期间被怀疑在比赛期间出去泡妞，在检讨书中解释道：“那天晚上，我只是去洗了个澡，洗完后立即就回队了。这么短的时间，若有其他行为，也不符合我正常的习惯。”“开房洗澡”便成为一个极具嘲讽意义的新词汇，并先在网络上迅速传播，满足了人们变着新花样来嘲笑那种“此地无银”的可笑之事，嘲讽那种烂到根子了却死不承认的可笑之事。

2009 年的网络流行语，依旧是新旧媒介你方唱罢我登场。年初，在央视《焦点访谈》节目中，面对“天津市每年要偿还的公路建设的贷款量有多大”的提问，天津市政公路管理局官员回答说：“这事儿不能说得太细。”这句话很快在各个网络论坛从汽车板块向各个板块“推广使用”。在天涯、猫扑等论坛，一些帖子下面常常跟有“这事楼主说得太细了，下回注意”，就连“春晚”中蔡明的小品也引用了“这事儿我不能说得太细”。6 月 18 日播出的《焦点访谈》节目中，一位名叫高也的大学生接受采访时痛斥了谷歌中国链接，说其害得他的同学“心神不宁”。但随后有网友发现，这位大学生正在《焦点访谈》实习，一时间“《焦点访谈》造假”的质疑帖子传遍网络，高也及其女友也遭到人肉搜索。网友认为“心神不宁”是继 2008 年“很黄很暴力”事件后出现的新版本。“心神不宁”立刻成为流行语，《反腐制度化让腐败心神不宁》、《“29 岁市长”为何让人心神不宁》等标题在报纸媒介中随处可见。

中国人对隐喻的热衷和创造性智慧使网络媒介的“民间智慧”总能为报纸媒介锦上添花，所以报纸才会频繁使用网络媒介上的创造。

从美国和伊朗总统大选看社会化媒体的发展和影响

王秀丽　谢新洲*

随着互联网发展到 web 2.0 阶段，新兴的社会化媒体（social media）类型不断涌现，并影响着社会生活的方方面面。美国总统奥巴马在 2008 年的成功当选使社会化媒体的影响力得到了广泛关注。时隔半年后的 2009 年 6 月，在伊朗总统大选结果揭晓后引发的大规模抗议示威游行中，Twitter、Facebook 以及 Flickr 等社会化媒体成为伊朗示威者之间联系沟通以及向外界发布信息、争取支持的重要途径，再次向人们展示了社会化媒体的超凡影响力。何为社会化媒体？社会化媒体与其他网络媒体形式有何区别？在信息传播中有哪些优势和劣势？本文将以社会化媒体在美国和伊朗总统大选中的影响作为典型案例，初步探讨这些问题。

一、什么是社会化媒体？

社会化媒体，英文为 social media，亦译为社会性媒体。它并没有一个明晰的定义，通常被看作一种内容共享的新型在线媒体，具有参与、共享、公开等区别于传统工业化大众媒体的特征。当互联网进入 web 2.0 时代，网络不再仅是超文本链接的天下，而成了一个交互、共享的场所。

相对于传统媒体而言，社会化媒体为用户提供了一个更为自由开放的、双向互动的对话交流平台，并能以共同的兴趣、话题将人们组成一个虚拟社区。因此，社会化媒体也被看作是一种自下而上的草根性媒体，具有强大的舆论和行为引导作用。

社会化媒体的类型和表现形式多种多样，目前常见的形式包括社交网

* 谢新洲系北京大学传播学院副院长；王秀丽系北京大学新闻与传播学院讲师。

站、博客、微博客、播客、内容社区、在线游戏等，本文主要详述社交网站及微博客两种媒介形式。

1. 社交网站

社交网站是建立在社会化网络服务(Social Networking Services，SNS)基础上的交友网站，常被称为 SNS 网站。社交网站的理念源于六度分隔理论(Six Degrees of Separation)。该理论是美国心理学家 Stanley Milgram 在 1967 年提出的，简述为："你和任何一个陌生人之间所间隔的人不会超过六个，也就是说，每两个陌生人之间最多只需要经过六个人就能建立联系。"[①]在社交网站上，个人通过注册信息或建立主页，可以与他人建立起一个内容共享和沟通交流的平台。在社交网站上，朋友间通过分享日志、相片、游戏、视频等各类信息，加强与朋友乃至陌生人之间的了解与联系，从而最大限度地扩展个人的社交圈和社会资源。目前较受欢迎的社交网站包括 Facebook、MySpace、Linkedin，以及我国的人人网(原校内网)、开心网等。

2. 微博客

微博客(Microblogs)，又称为一句话博客或迷你博客，是社交网络与博客的结合。在微博客网站中，少量的内容或最新进展通过网络或者手机可以在朋友圈或公共空间中快速传递，使信息的沟通共享真正变得即时有效。Twitter 以及我国的饭否、新浪微博等都是微博客的代表。值得一提的是，美国的很多电视、广播节目现在都借助于 Twitter 这个平台，接受观众和听众的留言和信息举报，以便在第一时间获取新闻素材。而据《时代》杂志 2009 年 9 月的一篇报道，Twitter 一词已经被加入了英国的《柯林斯英语词典》(*Collins English Dictionary*)中。[②]

微博客的历史较短，Twitter 成立于 2006 年 3 月，在此之后，世界各地出现了很多 Twitter 的翻版。虽然微博客还处于初期发展阶段，但鉴于其具有信息简短、发布迅速、连接手机网络等优势，已经开始拥有越来越多的用户，很多企业和个人都开始用它进行产品营销和个人宣传。

除了上述列出的社会媒体形式之外，播客、内容社区以及维基(Wiki)、网络论坛、在线游戏以及各类点评网站都是社会化媒体的表现形式。

---

① Stanley Milgram. The Small World Problem. *Psychology Today*，1967，Vol. 2，60-67.

② William Lee Adams. Twitter and Gourmet Sex: They are in the dictionary now. *Time Magazine*，Sep. 03，2009 http://www.time.comtimearts/article/0，8599，1920277，00.html.

二、美国和伊朗大选中社会化媒体的影响

1. 奥巴马利用社会化媒体"网"络民心

社会化媒体在奥巴马的总统竞选活动中起了关键的作用。从信息的发布传播、收集反馈，到资金募集、选民动员，每一个环节中都有社会化媒体参与其中。奥巴马本人曾坦言社交网络是其竞选成功的重要因素："当我是社区组织者的时候，我最基本的信仰之一就是真正的变革永远都是自下而上的，没有比互联网更强有力的草根性组织工具了。"[①]奥巴马的竞选网站(www.MyBarackObama.com)就是一个典型的社会化媒体，其设计者和负责人就是Facebook的四个创始人之一，克里斯·休斯(Chris Hughes)。通过竞选网站，奥巴马为其支持者提供了各种参与竞选活动的选择，如加入当地的竞选团体，策划竞选宣传活动，更新竞选进展，设立个人资金募集网页，成立博客，加入Facebook奥巴马的粉丝团，以及下载奥巴马的演讲作为手机铃声等。

奥巴马的竞选团队中设有专人维护奥巴马的竞选网站以及它在Facebook、Myspace、Twitter、Eventful等社会化媒体上的网页；同时也有专人负责购买网络广告，回复选民短信和电子邮件，制作视频资料等。奥巴马本人及其妻子也经常亲自执笔给选民的电子邮件和视频资料等。[②]奥巴马的支持者们不仅在网络上是朋友，他们还通过参加社区聚会以及电话沟通形成现实生活中更有意义的联系。网络不仅充当了奥巴马与其支持者沟通的桥梁，也使其支持者之间可以互相联系。

奥巴马利用社会化媒体"网"络民心具体表现在：

(1)在奥巴马募集到的高达6.5亿美元的竞选资金中[③]，87%是通过网络渠道募集到的小额捐款[④]，这使奥巴马成为美国历史上第一位拒绝使用政府的公共资助来进行竞选的总统候选人。

---

① Brian Stelter. The Facebooker Who Friended Obama. *The New York Times*, July 7, 2008.

② Brian Stelter. The Facebooker Who Friended Obama. *The New York Times*, July 7, 2008. http://www.nytimes.com/2008/07/07/technology/07hughes.html? sq=how%20obam...0use%20social%20media%20in%20his%20campaign&st=cse&scp=15&pagewanted=all.

③ Jonathan D. Salant. Obama Leveraged Record Fundraising, Spending to Defeat Rivals. *Bloomberg News*, Nov. 5th, 2008.

④ Ryan Peddycord. How Obama Raised 87% of his Funds through Social Networking. http://www.resourcenation.combloghow-obama-used-social-networking-to-set-fundraising-records.

(2)奥巴马通过社交网站吸引和动员了大批的年轻选民为其投票或工作。奥巴马在 Myspace 上面有 80 多万个朋友,而麦凯恩只有 20 多万;在 Twitter 上面奥巴马有近 12 万支持者,麦凯恩却只有不到 5000 人;[①]在 Facebook 上,约有 240 万奥巴马的支持者,而只有 60 多万人支持麦凯恩。[②]

(3)奥巴马团队利用网络社区以及在线游戏有针对性地扩大其支持者的范围,包括在诸如非洲裔、拉美裔、亚裔、基督教和同志社区等特定种族人群和特殊群体的网络社区中设置了主页链接以便有针对性地宣传奥巴马的各项政治观点,以及向微软公司 Xbox 在线服务的 18 款游戏投放植入式广告等。

(4)针对网络的开放性和信息可控性差的特点,奥巴马竞选团队创建了一个"反诽谤网站"(www.FightTheSmears.com)全面反击针对奥巴马的各种谣言,以应对更加激烈的大选。通过这个反诽谤网站,奥巴马的支持者可以揭发传统媒体登载的以及网络上流传的有关奥巴马及其家庭成员的谣言和不实指责,对事实进行澄清,防止谣言的进一步扩散以至于影响选民的决定。[③]

正是借助社会化媒体的传播力和影响力,奥巴马得以广泛发布信息、募集资金、动员选民,并最终获得竞选的胜利。

2. 伊朗大选后的"Twitter 革命"

2009 年 6 月 12 日,当伊朗总统大选的官方统计结果显示,现任总统内贾德以明显优势获胜后,改革派候选人穆萨维不满大选结果,指责大选中存在明显违规,要求重新选举。穆萨维的支持者随即举行了抗议示威游行,并和伊朗军方发生严重冲突,造成大规模的流血事件。为避免事态扩大,伊朗政府宣布取消外国记者采访证,暂停了伊朗手机用户间的短信服务,并要求删除所有伊朗境内网站上"制造紧张"的信息。

在信息沟通严重受阻、西方媒体无法正常工作的情况下,社会化媒体成

---

① Frederic Lardinois. *Obama's Social Media Advantage*. http://www.readwriteweb.com/archives/social_media_obama_mccain_comparison.php.

② Michael Falcone. Youth Turnout Up By 2 Million From 2004. *The New York Times*, November 5, 2008. http://thecaucus.blogs.nytimes.com/2008/11/05/youth — tu... social%20networks%20media%20in%20his%20campaign&st=cse.

③ Brian Stelter. The Facebooker Who Friended Obama. *The New York Times*, July 7th, 2008. http://www.nytimes.com/2008/07/07/technology/07hughes.html? sq=how%20obam...0use%20social%20media%20in%20his%20campaign&st=cse&scp=15&pagewanted=all.

为了伊朗民众信息传递的重要载体。一方面,伊朗网民通过代理服务器登录 Twitter、Youtube 和 Flickr 等网站上传自己拍摄的视频和图片,向外界展示德黑兰街头抗议的真实情况;另一方面,他们通过这些社会化媒体彼此间传递有关抗议集会、警民冲突、死伤人数等的信息,作为内部沟通的信息平台。可以说,伊朗网民利用 Twitter 成功挑战了信息封锁,使原本发生在伊朗境内的这场冲突受到了世界关注。据 2009 年 12 月 Twitter 发布的公告显示,根据全年的关键字、短语、标签等使用情况统计,Twitter 用户 2009 年最关注的话题是伊朗大选,其影响力之大可见一斑。

三、社会化媒体的优势

美国和伊朗的总统大选充分显示出社会化媒体广泛的传播力和动员力。具体来说,社会化网络媒体区别于传统的工业化媒体或者 web 1.0 时代的网络媒体的优势主要体现在以下几个方面:

(1)社会化媒体赋予网民更大的内容创造权力,使网络内容更加丰富和多元化。像博客、播客、大众点评网站这样的社会化媒体给用户提供了更多表达、展示自己的空间。在社会化媒体中,个人在不需要掌握过多资源的情况下就可以成为一家个人报纸或者电视台,创造自己的图片、文字、音频和视频文件,表达自己的观点,并吸引相应的读者和观众。内容创造的权利使更多的普通民众有了参与和表达的空间,扩展了原本掌握在少数人手中的话语权,从而使草根阶层的声音可以被更广泛地传播。

随着网民广泛利用社会化媒体参与到各种各样的网络对话中,网络内容也日趋丰富多元。我们在分享职业记者、专业人士的精辟言论之外,更可以听到许多普通人的故事。这些故事为我们提供了更多的信息与看问题的视角。在奥巴马的竞选中,奥巴马的支持者主动为奥巴马创造了众多的竞选图片、视频等资料,传播奥巴马的思想,帮助他争取更多的支持者。

(2)社会化媒体加快了内容传播的速度和广度。一方面,社会化媒体上的内容更易于传播。例如,Youtube 上的视频广告或者博客上的文章链接可以方便地在朋友之间通过邮件或者即时信息传递。另一方面,由 RSS (Really Simple Syndication)技术所推动的新闻聚合服务强有力地推动了社会化媒体内容的传播。人们可以利用它方便地订阅网站上的内容,而不需要逐个访问每一个网站。RSS 的功能在于通过你的阅读器或者个性化主页通知某个网站有你所关心或者感兴趣的新内容,并将文字和图片发送给你,从而把各个网站及社会化媒体连成一个具有特定主题的社区。

社会化媒体的传播速度还表现在它的即时性。利用Twitter、新浪微博这样的社会化媒体工具,我们可以真正做到随时随地地发布信息、分享信息。例如,我们可以不必亲临现场而通过自己的手机、电脑了解到奥巴马演讲现场的精彩时刻。像Twitter这样的社会化媒体对灾难和突发事件的传播速度是远远超出传统媒体的。在报道美国空难、印度孟买的恐怖袭击以及伊朗暴乱中,Twitter用户传出的照片和信息都是即时的。

(3)社会化媒体提供了更快捷、全面的沟通对话机制。不论是博客、社交网站还是网络论坛,都为网民之间提供了更为畅通的信息交流渠道和对话空间。美国总统奥巴马在竞选期间很好地利用了社会化媒体的平台,关于经济、税收、医疗保险等方面的观点在其竞选网站、Facebook、Myspace等网络上自由流动,网民针对其感兴趣的方面进行提问;而奥巴马也及时对选民的提问做出回答,并根据选民的反馈意见不断调整自己的政策。这种双向的沟通对话有助于建立选民对奥巴马的认同感和信任感。这种认同感一旦建立,就很难被打破,以至于有些选民认为攻击奥巴马就像是攻击他们自己。

(4)社会化媒体实现了媒体内容的聚合创新。将一种或多种内容(软件、网站等)组合到一起发挥作用,被称为聚合(或者整合,aggregation)。聚合的产生主要是基于社会化媒体的开放性以及网站和技术方面的不断创新。奥巴马的竞选网站就实现了多种内容的聚合,既有视频文件,又有音频文件,既提供竞选信息,也募集竞选资金,同时还销售各类奥巴马纪念品。内容的聚合在增加网站的吸引力的同时,也为网民提供了多种服务的选择和参与的空间。

(5)社会化媒体具有强大的资源整合力量和民众动员力量。社会化媒体的最大影响其实在于通过分享和互动所形成的社区化和联通性,以及由此产生的动员力。当人们通过沟通交流而结成了具有共同身份认同的社区组织时,就有了共同的利益和目标,也就有了为捍卫这一共同利益和目标的向心力和凝聚力。不管是奥巴马还是伊朗改革派,都巧妙利用了社会化媒体的草根性,鼓励其支持者们通过Facebook、Youtube等社交网络来分享并参与互动,从而动员他们加入到争取胜利的战斗中。

四、社会化媒体发展中存在的问题

社会化媒体在给个人提供更多表达、参与、共享的权利的同时，社会化媒体也为虚假、诽谤、恶意中伤言论以及色情、淫秽图片/视频大开方便之门，从而产生了一系列的社会问题。

(1)网络信息准确度存疑，个人隐私受到侵犯。社会化媒体的开放性、匿名性以及信息把关人的缺失，是网络虚假信息泛滥的主要原因。博客、贴吧、论坛等都是谣言和虚假、欺诈信息的策源地。这类信息往往以极富煽动性、耸人听闻的标题吸引受众的注意力，并在各大论坛、网站转帖，在短时间内产生巨大的舆论影响力，并对受害个人或群体带来巨大的精神伤害或经济损失。海南毒香蕉事件、山东费县的剧毒花生案以及近期有关"艾滋女"闫德利的网络谣言等，都是一些人试图通过论坛或博客散布谣言来达到他们的目的。虽然这些事件最终被证实是假，但是鉴于社会化媒体的强大传播力，这些谣言所造成的经济损失和对受害人的精神伤害已经不可挽回。

网络暴力已成为又一大社会问题。曾在网上吵得沸沸扬扬的铜须门事件、虐猫事件，以及卖身救母事件都是网络暴力的表现。网络暴民不但纸诛笔伐，还通过人肉搜索对当事人进行现实的人身攻击和精神骚扰。虽然很多时候，网络暴民是站在道德卫道士的立场上以主持正义的身份进行道德审判，但是更大程度上是以一种心理宣泄，是以群体娱乐的心态对事件中的受害人进行人格和身心上的践踏。

(2)网络色情借社会化媒体广泛传播。在社会化媒体形式出现之后，媒体资源从稀缺走向滥用，人人手中都握有了信息发布权。因此，一些人可以堂而皇之地通过博客、社交网站、网上相册、视频网站等渠道传播色情图片和视频。其中一些人通过色情图片来提高自己博客或网站的点击量，以获得经济利益。当网站不能完全履行监管义务，不能控制色情信息的上传时，必然造成网上色情的泛滥，对广大网民尤其是青少年网民造成毒害。鉴于此，2009 年 12 月 8 日，中央外宣办、全国"扫黄打非"办、工业和信息化部等九个部门召开了电视电话会议，部署在全国范围内联合开展深入整治互联网和手机媒体淫秽色情及低俗信息专项行动，以净化互联网环境，建立良好的网络文明风尚。

(3)社会化媒体的发展与内容监管。随着国外的 Youtube、Facebook、Twitter 以及我国的饭否、叽歪等社会化媒体网站因为发布一些制造社会不安定因素的信息相继被封之后，社会化媒体的生存发展与内容监管的矛盾逐渐显现。互联网的开放性所带来的不安定因素与我国追求稳定的政治体制和媒体制度产生了一定的冲突，而目前这一冲突的解决方式就是政府对某些社会化媒体网站的屏蔽。虽然出于政治控制和社会稳定的需要，社会化媒体必须要面对政府的内容监管，但是内容监管与网络的信息自由传递精神相悖。因此，如何处理好这一矛盾也是社会化媒体发展中面临的一项重要任务。

五、结　论

鉴于社会化媒体的开放性和匿名性所带来的种种社会问题，个人和企业在使用社会化媒体中要注意两个方面：

一方面，网民要提高自身的媒介素养，不做网络谣言的传播者、网络暴力的实施者和网络色情的散布者，同时还要准确识别谣言，及早公布真相。谣言在无人传播的情况下，会自生自灭。

另一方面，政府和互联网行业协会应该出台相关的法律法规以及行业自律规定，对社会化媒体上的虚假信息、色情信息进行适当的管理。虽然目前在这方面还没有制定专门的法律法规，但是一些行业自律公约已经发布，如由中国互联网协会发起的国内首份《博客服务自律公约》2007 年在北京正式发布，已经成为约束当前博客文化中的不利因素、引导网络社区和谐发展的指导性文件。而对于网络色情的泛滥，包括文化部、公安部、工信部在内的九大国家部委也已经开始联合采取行动力图铲除网络色情。

对于利用社会化网络媒体进行宣传营销的个人和企业来说，应该像奥巴马团队设立反诽谤网站那样在社会化媒体的使用中趋利避害，在充分利用网络的传播力和影响力的同时，对网络上的虚假信息进行全面反击。

发展报道:新闻现代化的品种创新

张立伟*

近几年,发展报道蓬勃发展,成为中国新闻实践的一大景观。2009 年 11 月 1 日 22:00,我用百度搜索"发展报道",出来 2000 万条;对比 2007 年 8 月 22 日 19:00 的同样搜索,百度是 151 万条;仅仅两年,增长 13 倍多!发展报道已成为不可忽视的巨大存在,它究竟是什么?我们还知之甚少。本文认为它是新闻报道现代化的新品种。

一、新现代化框架

《河北日报》记者范文俭与人闲聊,得知全国闻名的箱包加工集散地白沟镇在搞"三个集中":企业向园区集中、农民向镇区集中、土地向大户集中。他立刻来了精神:这是上一版头条的东西!缩小城乡差别、实现城乡协调发展、加快农村现代化,是我国现代化建设最大最难的问题,白沟探了新路。范文俭在深入采访后写出消息——《白沟,越来越像个小城市了》。镇长说,从中央到地方媒体,报道白沟的太多了,从你这个角度写的,还没有,别人光看到箱包!

为什么别人光看到箱包,范文俭看白沟像小城市?关键是他有个农村现代化、中国现代化的框架。正如框架理论家所言,媒介的框架就是选择的原则——是强调、解释与表述的符号系统。框架使记者对纷繁错综、常常矛盾的大量信息进行迅速而例行的加工。简言之,框架用来筛选素材,强调或排除某些素材,框架把强调的事物从背景中突出,就像一幅画的画框使画像从墙上突出一样。

进一步问,这框架是怎么来的?框架理论认为框架有两个来源,一是个

* 作者系四川省社会科学院新闻传播研究所所长、二级研究员。

人意识，二是超越个人经验的文化。21 世纪初，我国进入发展新阶段，实施“三步走”战略的第三步：基本实现现代化，首先是用 20 年时间全面建设小康社会。发展＝现代化，这是最根本的大局，是覆盖和渗透一切领域的大文化。以现代化的考量、全面建设小康社会的考量来观察现实，一旦从自发上升到自觉（个人意识），两个来源合一，新框架就形成了。用它来筛选、强调和排除新闻素材，一个报道的新品种就出现了，即发展报道。新就新在框架的创新，能发现其他报道框架看不到的东西，能发现“白沟越来越像个小城市”。李普曼说：“我们所见到的事实，取决于我们所站的位置和眼睛的习惯。”第一个以花比美人的是天才，至于第 N 个反复报道白沟箱包的，大多是循环往复的工作报道，蛋炒饭、饭炒蛋，连“炒作”也让人厌倦得打呵欠，当然也不是发展报道。

发展报道作为新品种，下面还有细目。全面现代化包括六大领域：经济、政治、文化、社会、环境与人（个人意识与行为），相应地，发展报道也一分为六：经济发展报道、政治发展报道、文化发展报道、社会发展报道、环境发展报道、人的全面发展报道。总体来看，发展报道＝中国现代化报道。分开来看，横向有一分为六；纵向有发展的阶段性，不同阶段有不同重点，本世纪头 20 年，重点是全面建设小康社会的报道，当前重点是深入贯彻落实科学发展观的报道。这就解释了发展报道两年增长 13 倍多的原因，既有深层基础原因：发展是中国最基本最前沿的新闻事实，发展与受众生活多方面密切碰撞；更有当前热点原因：发展报道为深入贯彻落实科学发展观、夺取全面建设小康社会新胜利营造良好舆论氛围，发展报道在媒体间互相借鉴和传播。这些原因都会长期存在，发展报道还要大发展！

二、新框架四大视角

新品种源于新框架，新框架蕴含新视角，由于发展的复杂性和丰富性，它不是一种而是一组视角，具体有四点：

1. 前沿创新

现代发展理论是反胚胎隐喻的，它认为发展并不具有胚胎发育的固定步骤和普适必然，相反，发展是通过不断创新构成对现存格局的突破。那么，报道中国发展，就是要报道各大领域的前沿创新、“吃螃蟹者”或“第一个”。

第一个总是针对特定问题，或抓住机遇，或应对挑战。2008 年，我们与金融危机不期而遇,《浙江日报》深入基层,报道了应对危机的10个"民间样本":(1)"万向"为何能长盛不衰——对一个成功企业的深度分析报道;(2)中国轻纺城何以从卖布到卖衣——对一个知名市场转型升级的报道;(3)超市货架上为何多了自造商品——对一些超市转变生存理念的报道……(9)传统小吃为何一变脸就卖火了——对一种农产品创新的报道;(10)居民为何愿意上网买菜——对一个"社区网络菜场"的报道。

10个样本显示,针对某个问题,也有不同的创新。应对危机就有10个样本,而金融危机只是经济领域的问题之一;经济,又是现代化的六大领域之一。六大领域的前沿创新,那是10的N次方了。本地有,外地更有。媒体要想信息灵通,就要突破地域局限,紧紧盯住前沿。2003年4月,山东新一届省委领导带领各厅局及地市党政一把手赴苏沪浙三省市学习考察。《大众日报》意识到,这是山东发展的标志性事件,立即成立采访组赴苏沪浙,推出"借鉴南方经验,加快山东发展"为主题的系列报道。省委宣传部将报道编纂成书——《记者眼中的苏沪浙》,作为省委工作会议的学习材料,指定为全省解放思想大讨论的重要读物。该书在山东各地书店畅销,至今还有领导说:山东掀起新一轮又好又快发展的浪潮,《大众日报》功不可没。

2. 风险警示

创新可能失败,创新的长远结果往往难以预料,风险是创新的伴随物。那么,发展报道一方面为创新鼓与呼;另一方面也要对问题与风险保持警醒。20世纪80年代对步鑫生的报道是兼顾两者的典型,先有《一个有独创精神的厂长——步鑫生》,弘扬开拓创新精神,推动了全国的企业改革;后来步鑫生一错再错,工厂亏损被免职,再发表《步鑫生沉浮录》对之进行多方面解剖。尤其值得注意,写这两篇通讯的是同一个人——新华社浙江分社记者童宝根。这位令人尊敬的记者当时被指责"成也萧何,败也萧何",现在看,幸亏有他追踪报道对象的两面,激起社会对"改革典型"的反思,促成对企业家的观察更加辩证。

越发展,社会系统越复杂,小失误越可能酿成大意外,越需要风险警示来关注发展的代价,行使"纠错"功能。2006年,因影响景观、道路拥堵等原因,杭州有关部门拟取消电车线网,全市所有电车面临下岗。仅仅通报此事,那只是实录式新闻;但《钱江晚报》进而追问:若现有电车换成柴油车,每年多产生的废气要7个植物园来消化……这就上升为发展报道,它警示措施的后果!报道提出:环保与城市美观和交通,难道鱼和熊掌真的不可兼得吗?连续六天,报纸上开设市民意见PK台;网络版开启讨论区,设"民意投票台”；还举办一场由市民报名参加的“电车去留民间听证会”，通过网络视频直播……“保电”与“撤电”充分互动博弈后，杭州市政府广纳民意，留下了3条电车线。诺贝尔经济学奖得主西蒙论证人是“有限理性”，一般认为它包含两层含义：一是环境的复杂性和不确定性，使获得信息不完全；二是人的计算和认识能力有限。中国越发展，社会越复杂，人是有限理性就越突出。但人也是唯一能扩展有限理性的动物，即通过制度化安排：民主、法治、组织、秩序、技术等，让更多公民平等参与公共事务，减少出错概率或尽早纠错。发展报道的风险警示，以及像这次的搭建公共意见平台，按民主程序互动和博弈，都是制度化扩展有限理性的手段，它在中国可持续发展中还要起大作用。

3. 历史贯通

发展是前后相继的过程，从历史纵深中更能看清发展。位于大连天津街中心地段的天和广场要拍卖，同城媒体大多发了动态消息。《大连日报》却上升为发展报道，除了告诉读者拍卖原因和底价外，还加上北京王府井大街的改造如何渡过“冷点”期、恢复往日繁荣的历史回溯，然后对大连天津街的改造进行展望。题材不是独家，但当前事件与不同历史资料相联相通，处理肯定是独家，历史贯通的魅力就在这！

人的特殊性是经常“瞻前顾后”，我们通常选择某些时刻，对发展作专题盘点。像改革开放30周年，新中国成立60周年，尤其是后者，传统媒体使出浑身解数，商业网站如网易、搜狐、新浪、腾讯等也出人意料地倾力投入，其实也在意料之中，发展报道早就不是传统媒体的专利。网易的国庆专题页面最长，内容最多，但最大亮点还在纲举目张、条理分明。我们是站在现在来回顾过去，因为发展＝现代化，越是大型盘点，就越要统筹兼顾现代化各大领域。网易报道的第二部分“国庆 · 策划”是以回顾为主的专题报道，有关于经济发展的《中国制造》、《人口大迁徙》；政治发展的《中国式标语》、《〈人民画报〉封面》；文化发展的《60年新词语》、《国人求学路》、《民间娱乐生活》；社会发展的《从未停止的解放》、《婚姻变奏曲》；国内外环境发展的《行政区划流变》、《大阅兵手册》、《传递中国心》；人的发展的《天安门前的回忆》、《博友亲历60年》……它在现代化六大领域中选择回顾了14个方面，来追寻现代中国的脚步，它是站在现在的制高点上解释过去，而对过去的新理解同时也给予我们对未来的新展望。有了回顾与展望的双重视角，过去→现在→未来贯通，过去照亮了现在，未来则带来延伸感和新的憧憬……

4. 人的现代化

以上视角均关注“发生了什么事”,人的现代化重在“人(个体)的发展”。同一件事,把关注点由事转向人,就可能别开生面。浙江德清县的“民间设奖”,始于10年前太平村农民马福建首创的“孝敬父母奖”,10年后,各类民间奖增设到20个。就事论事,设奖已在多家媒体报道多次,《湖州晚报》转而盯人,看民间奖的放大效应。民间设奖20个,先后有4000多名普通百姓受奖,带动了全县文明程度的提高。记者摆脱报道设多少奖、怎么设奖的老套,转换角度写出《德清“草根奖”的乘法效应》。

事是人的活动,扭住活动而非事件展开,就容易落脚到人。近几年,一些媒体开设励志栏目或节目,就是突出人的活动。励志是人的发展,但不是全部内容。“头悬梁、损头发,锥刺股、添疮疤”的励志毕竟和现代化相去甚远。人的发展需要定位在人的现代化,这才是广阔天地大有作为。什么是人的现代化?美国社会学家英格尔斯耗时10年,调查亚非拉六国,收集6000个样本,把人的现代化也即现代人的心理特征,概括为12条:(1)愿意接受新经验,较能把握创新机会;(2)随时准备接受社会变迁;(3)勇于表示意见,也尊重别人的看法;(4)勤于收集信息,尊重事实和验证;(5)现在和未来取向,不留恋过去;(6)办事讲效率,相信自己可以控制环境;(7)对公私生活有较长期计划;(8)信任感,相信自己所置身的世界是可信赖的;(9)重视专门技术;(10)对教育和现代职业的渴望;(11)相互了解,尊重和自尊;(12)了解生产过程,相信普遍性工作原则。

现代人的12特征,就是报道人的现代化的12视角。以之观察国人——不拘身份、地位、成就大小,只抓住人的发展=人的现代化,就能够超越励志报道往往局限弱势群体、开初打响后题材难以为继的困窘。吴晓波的《激荡三十年》成为畅销书,重要内容之一就是写出中国企业家:柳传志、张瑞敏、鲁冠球、王石、年广久、牟其中、禹作敏等人,成为现代企业家的艰辛、奋进、曲折、成功与失败。其书数次重印,是否意味着巨大的“阅读饥渴”?一个阶层的现代化尚且如此荡人心魄,其他阶层或人群呢?一些80后、90后让老一辈看不惯的事,其实更现代化,媒体再当“九斤老太”,要让小男生小女生晕死的!

三、新闻报道现代化

现代化是社会的全面转型，它是一转百转，中国现代化必然要求新闻报道现代化。后者有两方面的内容：一是原有报道品种增加现代性因素；二是出现新的报道品种。前者此处不论，后者就是发展报道，它有新框架、新视角，正是新闻报道现代化的品种创新。

品种创新有两层含义：

(1)时势造英雄。新闻是对事实的报道，2008 年，中国人均 GDP 超过 3000 美元，我们提前 12 年实现了 2002 年制定的“全面小康”的单项目标；2009 年，中国加快向世界第二大经济体逼近；近几年，一些发达的省、市、县提出“两个率先”，即率先全面建设小康社会，率先基本实现现代化；一些领域，比如教育，在现代化建设中具有基础性、先导性和全局性的作用，中国要实现现代化，教育必须率先现代化……正是这些全面建设小康社会、加快推进现代化的事实，呼唤新闻报道的创新，使记者的现代化考量、全面小康考量越来越自觉，促成了发展报道的大量涌现。

(2)英雄也造时势！新闻报道的基本元素是“选事实、使共享”，以上四大视角，聚焦发展这个中国“第一要务”的事实，各有特殊功能：前沿创新促成新知的扩散，提高创新的社会收益；风险警示制度化“纠错”，使现代化成为反思的现代化；历史贯通汲取历史经验或凝聚共识；人的现代化更新国人心理、态度和行为，是所有领域可持续发展的最终依据。在多数情况下，新闻报道采取某种视角的同时就将其他视角排除在外，发展报道四大视角的特殊在于，它们不互斥而是互补，前沿创新与风险警示一正一反，历史贯通与人的现代化一宏观一微观，既可单用也可合用，它们从不同角度报道发展，把个别人和事及时转化成公共事件、共享资源。这样，发展报道不仅记录历史“是什么”；更通过“使资源公共化”，积极建构现实“应该是什么”，从而参与发展，推动历史的形成。这就是英雄造时势、报道造历史！

发展报道强调记者的主体性，以现代化框架来观察、感知、捕捉和传播新闻，而这个过程，也是新闻记者现代化的重要内容。记者现代化、新闻现代化、中国现代化——立德、立言、立功，三者互渗促进，这是作为最大的发展中国家的中国记者的特殊际遇！

——大鹏一日同风起，扶摇直上九万里！

探究网络环境中的危机公关传播效益①

——“飞鱼大麻门”事件媒介传播案例解析

鲁 津 祝小超*

随着互联网的普及，作为“第四媒体”的互联网在给人类信息传播带来便利的同时，也为危机事件的爆发及迅速传播营造了便利的环境。近年来通过互联网传播的危机事件日益增多，给危机事件责任主体造成的危害和损失不断加大，主体应对危机的难度也相应增大。近期发生在世界游泳冠军菲尔普斯身上的吸食大麻事件，对危机公关传播效益方面的学术研究非常有价值。笔者以其为例对危机公关传播及其传播效益理论进行了探讨，总结概括了网络环境中影响危机公关传播效益的因素，以及危机公关传播策略的启示。

一、“飞鱼大麻门”事件的传播过程与性质界定

北京时间 2009 年 2 月 1 日，英国《世界新闻报》独家爆料，2008 年北京奥运会八金得主“飞鱼”菲尔普斯被抓拍到吸食大麻②。当天，本人承认该事实。随即美国媒体便对该事件进行了报道③，世界三大通讯社也于同日刊登了这则名人丑闻。④4 日，我国中央电视台新闻频道《新闻 1＋1》节目对该事件做了专题讨论，并且，国内各媒体、论坛形成热议。短时间内，“飞鱼”吸食大麻的消息传遍了全球。

* 鲁津系中国传媒大学译审，公共关系系硕士研究生导师；祝小超系中国传媒大学公共关系系研究生。

① 本文为北京社科项目阶段成果之一。

② 《盘点体育明星吸毒事件 飞鱼最让人意外》，九方观点网 www. View. 9van. com，2009 年 4 月 24 日。

③ 《美媒体回放菲尔普斯“飞鱼大麻门事件”过程》，新华网 www. xinhua. net，2009 年 2 月 4 日。

④ 《三大社点评菲尔普斯事件 飞鱼道歉承认吸毒事实》，网易体育 2009 年 2 月 2 日。

危机是对一个社会系统的基本价值和行为准则架构产生严重威胁，并且在时间压力和不确定性极高的情况下，必须对其做出关键决策的事件。[①]“飞鱼”吸食大麻的事情经过媒体的传播，给他带来了巨大的社会舆论压力。身处危机情境之下，作为事件责任主体需要当机立断，并采取一定的措施加以应对。

二、网络传播特点

互联网将“飞鱼大麻门”事件的相关照片传遍了全球，菲尔普斯在北京奥运会上创造的良好的国际形象随之陷入谷底，同时上亿美元的经济收益也因此受损。为挽救其损失，菲尔普斯在事件发生后第一时间向大众表示歉意。对外公布的简短声明中表示，“我的行为非常让人遗憾，这显示了自己糟糕的判断力”，“为此，我感到抱歉，我向大众和我的泳迷保证这件事绝对不会再发生”。[②] 通过互联网，菲尔普斯的道歉迅速传播，道歉中所包含的菲尔普斯对待“大麻门”事件的坦诚、自责、勇于担当等态度也传递到了全球网民的心中。接下来，在美国游泳协会对其吸食大麻事件展开调查并开出禁赛三个月的罚单后，他坦然地接受了一切处罚，并积极肯定美国游泳协会给予的惩罚的公正性，并认为：“这样的处罚是公正的，我完全接受！很明显，你犯了错，就应该受到处罚。”[③]同时，菲尔普斯主动接受包括我国CCTV在内的各国主要媒体的邀请，积极回应“飞鱼大麻门”事件。综观“飞鱼大麻门”事件的传播过程，事件的发生、发展和平息都与当今时代的媒体环境密切相关。

在互联网高度发达的今天，危机事件的公关传播具有新颖的特征：

1. 时效性强，传播迅速

主要体现为两个方面：第一，网络媒体中可供选择的信息传播方式较多，例如WWW万维网以及BBS网络论坛、3G手机无线上网等。在传播信息的过程中，上述多种传播途径往往同时发生作用，信息在各种方式的复合作用下会以几何倍数递增的速度传递。第二，与传统媒体相比，网络媒体传递信息无需繁琐的编排。网络媒体可以将新近发生的事实在第一时间公

---

① Rosenthal Uriel, Charles Michael T., ed. *Coping with Crises: The Management of Disasters, Riots and Terrorism*. Springfield: Charles C. Thomas, 1989. 转引自薛澜等：《危机管理》，清华大学出版社2003年版。

② 《菲尔普斯发表声明为吸毒道歉 可能面临禁赛处罚》，新浪体育2009年2月2日。

③ 《犯了错就该受到处罚 菲鱼称禁赛仨月很公正》，人民网2009年2月8日。

之于众，或将事件后续报道的相关媒体文字与图片扫入网络进行传输。因此，一旦危机事件与网络结合，其传播速度将大大增加。“飞鱼大麻门”事件就是在网络的推动下一夜之间变成了全球瞩目的事件。

2. 信息针对性强，对受众影响更直接

网络媒体信息的针对性是其独特的传播优势。大量拥有共同爱好或相关利益的人群在网络上形成的集合——网络社区是确保网络传播信息具有强针对性的基础。尤其是在一些基于人际网络的虚拟社区中，信息的传播更是直指目标对象。在“飞鱼大麻门”事件的网络传播过程中，支持和反对菲尔普斯的广大网友是推动整个事件发生和发展的重要力量。无论对“大麻门”事件持何种态度，他们大都具有爱好体育比赛尤其是游泳比赛、喜爱参与讨论和争辩等特点。这些具有相同特点的人通过网络媒体聚集在一起自由地发表各自观点和看法，形成了网络舆论的策源地，直接影响事件的发展趋向。

3. 传播主体的多元化

网络中的任何个人或组织都可以成为传播的主体，都有权在网络中就相关问题发表观点。另一方面，“信息把关人”在网络环境下变得相对无力，任何人都可以发布信息，无论其信息来源是否可靠。由于危机公关主体很难确定事件具体的传播者，因此通过网络进行危机事件前期的信息控制较为困难。

4. 信息传播的全球化

只要是互联网络接通的地方，信息就可从世界上的任一个地点传递到另一地点。即使是一件微不足道的事情，只要有足够的人关注就有可能变成全球关注的话题。菲尔普斯吸食大麻事件被曝光之后，早在我国传统媒体对该事件进行报道之前，相关信息就已经通过互联网传播到我国。互联网使得该事件由局部的地区性危机事件迅速扩展为全球性的危机事件。

鉴于上述特点，探究在网络环境中的危机公关传播及其效益就突显出其重要性和紧迫性。

三、危机公关传播与危机公关传播效益

为了更清晰地解析这则危机公关传播案例，并从理论上更深入地阐述和探讨危机公关传播效益，我们需要明确作为基础与前提的关键性概

念——危机公关传播。

1. 危机公关传播

国内外学者从各自的角度对危机公关传播下过不同的定义。美国学者Jonathan Bernstein认为，危机公关传播，即在危机管理过程中借用公共关系手段进行与公众的沟通及处理相关信息，如信息监测与传播、媒体关系管理等，从而弥补形象与声誉损失；美国学者班克斯(Banks)认为，危机传播是指在危机发生之前、之中以及之后，介于组织和公众之间的传播；中国人民大学喻国明教授认为，危机传播就是指企业、组织或政府面对危机事件所采取的、旨在减少危机损害程度的沟通信息、树立形象的策略；国内学者史安斌认为"危机传播就是危机前后及其发生过程中，在政府、组织、媒体、公众之内和彼此之间进行的信息交流活动"[①]。综合国内外学者的观点，笔者认为，所谓危机公关传播，即危机事件责任主体为应对危机借助公共关系手段进行的一系列传播活动。

2. 危机公关传播效益

达到危机公关传播预期的传播目的，取得相应的传播效益是危机公关传播的主要目标。美国著名传播学者罗杰斯在其著作《传播学史：一种传记式的方法》中提出"类型效果论"，并将传播的效果分为"正功能效果"、"反功能效果"和"零效果"三种类型。危机公关传播效益属于传播的"正功能效果"，即危机公关传播活动对危机主体及社会所产生正面的效果与收益。

传播效益研究以经济效益和社会效益两大类为主，危机公关传播的效益亦如此。通常情况下，危机公关传播的经济和社会效益的主要表现为：事件主体通过危机公关传播活动后所产生的效益，即事件主体通过实施公关传播活动将危机的损失尽可能减至最低甚至转"危"为"机"。

在"飞鱼大麻门"事件中，菲尔普斯在经济和形象方面都严重受损。就经济而言，若干赞助商中止了与他的合作，其中Kellogg麦片公司、Rosetta Stone语言学习软件公司以及AT&T无线公司明确表示拒绝与其继续合作[②]，"飞鱼"因此损失近千万美金的广告收入[③]；就形象而言，曾经被绝大多数美国人称为游泳"神童"，被看作是"美国偶像"的代表人物，他的成功被定

---

① 廖为建、李莉：《美国现代危机传播研究及其借鉴意义》，《广州大学学报(社会科学版)》2004年第8期，第19页。

② 葛晓倩：《菲尔普斯形象受损 三家赞助公司拒再续约》，《竞报》2009年2月10日。

③ 《丑闻让菲鱼损失超过千万美元》，中国宁波网www.cnnb.com.cn，2009年2月12日。

义为“美国梦”的现实写照[①]，但“飞鱼大麻门”事件曝光后，菲尔普斯身上所承载的众多特殊含义也随之淡去。

尽管“飞鱼大麻门”事件给菲尔普斯造成了不小的损失，但他事后实施的一系列危机公关传播活动为他带来了相应的效益：

(1)经济效益。“飞鱼”实施的危机公关传播活动得到了大多数赞助商的认可和支持：赞助商瑞士名表欧米茄表示，“菲尔普斯的行为纯粹属于‘个人行为’；而速比涛则把菲继续形容成‘速比涛团队内非常重要的一员’；另外菲尔普斯代言的饮料公司和希尔顿饭店也表示了自己对八金王的支持”。[②] 在中国，中国第一汽车集团公司表示，“菲尔普斯仍将是该公司新产品的代言人，仍将延续与菲尔普斯的合作，并会按计划投放菲尔普斯做的汽车广告”。[③] 众多赞助商的信任和支持，为“飞鱼”带来了相应的经济收益。

(2)社会效益。“飞鱼大麻门”事件曝光后，“飞鱼”第一时间坦然承认事实的举动赢得了众多社会组织的支持。“国际奥委会、美国奥委会、国际泳联、美国泳协以及菲尔普斯的主要赞助商都站在这位年轻人一边，表示依然会支持他。”[④]“飞鱼”的危机公关传播赢得了巨大的社会认可，取得了良好的社会效益。

三、网络环境中影响危机公关传播效益的因素

通过“飞鱼大麻门”事件，我们发现网络环境中影响危机公关传播效益的因素是多方面的。本文从传播主体、传播对象以及传播媒介三个方面概括网络对危机公关传播效益产生的影响。

1. 从传播主体方面解析，事件主体的原则和方法影响危机公关传播效益

网络媒体具有传播规模大、影响范围广、传播速度快等特点，因此网络环境对危机事件的传播起着扩大化的作用。事件责任主体的一言一行经过网络媒体的传播将会对其自身产生难以想像的影响。这种影响在一定程度

---

① 《CNBC：神童完美诠释美国梦 菲尔普斯成现象级人物》，新浪体育 www. sina. com. cn，2008 年 08 月 15 日。

② 《赞助商原谅菲尔普斯：奥巴马也吸食过》，中国网 www. china. com. cn，2009 年 2 月 4 日。

③ 《大麻事件后中国厂商表态 将与“飞鱼”继续合作》，大洋网 http://www. dayoo. com http://www. dayoo. com，2009 年 2 月 12 日。

④ 《美国游泳协会痛下“狠手”菲尔普斯被禁赛三个月》，新华网 www. xinhuanet. com，2009 年 2 月 6 日。

上决定了危机处理的结果和传播效益的高低。因此，事件责任主体一定要坚持正确的原则，采用正确的方法进行危机公关传播，才能取得预期的效益。

我国著名危机管理专家游昌乔在其著作《危机公关》中提出危机公关5S原则，即承担责任（shoulder the matter）、真诚沟通（sincerity）、速度第一（speed）、系统运行（system）、权威证实（standard）等五项应对危机的基本原则。危机事件责任主体如果能够坚持上述五项原则，危机公关传播将获得良好的效益。反之，则有可能遭受巨大的损失。

在"飞鱼大麻门"事件的处理中，菲尔普斯不加任何强辩地诚恳认错，是坚持真诚沟通（sincerity）的原则进行危机公关传播的典型表现；在事件发生后立即向公众坦诚事实，是按照速度第一（speed）原则的要求进行的危机公关传播；他的上述做法显示出其主动承担责任、勇于担当的优良个人品质，完全符合承担责任（shoulder the matter）原则的要求；最终"飞鱼"的行为不仅赢得了赞助商的理解，更获得了包括国际泳联在内的权威组织的鼎力支持，这一系列结果得益于菲尔普斯对权威证实（standard）原则的正确运用。权威组织的支持不仅为"飞鱼"处理危机事件提供了良好的舆论环境，而且有力地推动了事件向良性方向的发展。菲尔普斯处理"大麻门"事件的过程，可以得出，危机事件责任主体坚持正确的原则，采用正确的方法是成功处理危机事件，获取良好危机公关传播效益的基础和关键。

2. 从传播对象方面解析，舆论领袖对待责任主体的态度影响危机公关传播效益

舆论领袖就是那些与大众具有相同社会地位，被认为具有某些专长并且对某些问题见解深刻，能向人们提供建议和解释并且改变大众态度和行为的人。[①] 在网络环境中，舆论领袖群体可能成为推动危机事件传播的最有影响力的源头。因此，正确对待舆论领袖并充分发挥其特有的舆论影响力对于危机事件的处理具有极其重要的意义。在此次事件中，舆论领袖大多是"飞鱼"忠实的支持者。通过舆论领袖的努力，大部分不支持"飞鱼"的网民逐渐改变了态度，一股强大的"挺菲"的舆论力量在舆论领袖的引领下喷薄而出，菲尔普斯也因此取得了巨大的危机公关传播效益。

---

① 该观点来自美国著名社会学家拉扎斯菲尔德和卡兹，请见《西方新闻传播学名著选译》中《人民的选择》，上海社会科学出版社 2008 年版。

3. 从传播媒介方面解析，责任主体运用的公关传播手段影响危机公关传播效益

危机公关传播需要借助一定的媒介和手段。在网络环境中主体可运用的网络媒体依照传播对象可以划分为：A. 人际网络媒体，如电子邮件、网络聊天、博客、播客等。B. 群体或网络组织媒体，如 BBS（网络论坛）、SNS（社交网站）、Intranet（内部网）等。C. 网络大众传播媒体，如门户网站、传统新闻媒体的网络站点等。[①]不同类型的网络媒体具有各自不同的传播特点：其中，A 类网络媒体具有典型的人际传播特点，采用人际网络媒体进行危机公关传播能够赋予主体人性化的面孔，有利于缩小主体与受众之间的心理距离；B 类媒体具有典型的群体传播特点，由于受到群体传播中“舆论领袖”作用的影响，群体组织内部易达成统一意见，这种统一意见会直接影响整体舆论的发展和变化；C 类传播媒体具有受众广泛、影响力大的特点，是主流舆论的主要构成部分。

在“飞鱼大麻门”事件的处理过程中，菲尔普斯及其团队成功地运用网络媒体进行了相应的危机公关传播。首先，“飞鱼”通过 A 类网络媒体——个人博客发表正式道歉声明，拉近了他与广大泳迷的距离，该声明一经公布便在短时间内获得了公众的认可，产生了良好的传播效果；其次，在 BBS（网络论坛）、SNS（社交网站）等 B 类媒体内，关注“飞鱼大麻门”事件的受众对该事件及其道歉声明进行了热烈的讨论，尽管褒贬不一，但形成了一股强有力的舆论力量，推动了主流舆论的发展；最后，在 C 类媒体的介入下，“飞鱼大麻门”事件终于得到了公众舆论的正面定性。“飞鱼”对待危机事件的诚恳态度在短时间内传遍了网络世界，得到了公众的认可。正是凭借对网络媒体传播手段的正确运用，菲尔普斯才获得了巨大的危机公关传播效益。

四、四点应对危机的公关传播策略启示

“飞鱼大麻门”事件的危机公关传播不仅使我们进一步认识到网络环境中的危机事件传播特点，更让我们体会到网络给危机公关传播活动带来的挑战。

1. 以正确的态度对待危机，以适当的原则和方法进行危机公关传播

“态度决定成败”——诚恳的态度是成功处理危机的前提。危机事件责

---

① 匡文波：《网络传播理论与技术》，中国人民大学出版社 2007 年版。

任主体只有像菲尔普斯这样从始至终以诚恳的态度面对危机，坚持以 5S 原则抵挡网络舆论风暴的袭击，才能最终取得相应的危机公关传播效益。

2. 认真分析网络传播媒体的特点及其影响，采取正确的手段进行危机公关传播

网络媒体因类型不同而具有不同的传播特点。各种网络传播媒体间的相互作用构成了复杂多样的网络传播环境。因此，正确运用各种网络媒体进行危机公关传播，可以最终带来危机公关传播效益。在“飞鱼大麻门”危机事件的处理过程中，“飞鱼”及其团队正确运用了一系列的危机公关传播手段，使事件转危为安，最终获得了预期的传播效益。

3. 正确认识舆论领袖的作用，有效引导并运用其影响力以获取舆论支持

舆论领袖具有改变周围人态度和行为的影响力。他们在很大程度上影响甚至决定着舆论的走向。在网络环境中，危机事件责任主体应当重视并正确认识舆论领袖群体的作用，采取有效地措施运用其影响力为处理危机事件服务。“飞鱼”在舆论领袖——国际奥委会、美国奥委会、国际泳联、美国泳协以及主要赞助商和网络支持者的帮助下获取了较大的舆论支持，进而取得了较好的危机公关传播效益。

4. 建立健全危机预警机制，从源头上预防危机

处理危机的最佳方式是遏制危机的发生，危机预警则是预防危机的最佳方式。危机事件的发生从表面来看往往具有较明显的偶然性，但同样存在必然性。危机预警所要做的就是发现这些“必然”并采取相应的措施加以处理。危机预警要求危机事件的主体在危机发生之前做到以下几点：第一，仔细检查自身因素，预防潜在危机。历史经验告诉我们，大多数危机事件往往是由主体内部原因造成的。主体要从自身开始仔细检查，定期检视可能存在的问题并及时进行修正。第二，密切关注外部环境，积极调整自身状态。外部环境的变化是导致危机发生的又一重要原因。第三，制定规章制度，形成预警机制。主体要在总结各类直接或间接危机处理经验的基础上制定科学合理的规章制度，最终形成严密的预警机制以预防类似危机事件的发生。

参考文献

[1][美] 沃纳·赛佛林、小詹姆斯·坦卡德:《传播理论:起源、方法与应用(第四版)》,郭镇之译,华夏出版社 2000 年版。

[2][美]罗杰斯:《传播学史:一种传记式的方法》,殷晓蓉译,上海译文出版社 2005 年版。

[3][美]罗伯特·希斯:《危机管理》,王成等译,中信出版社 2001 年版。

[4][美]斯科特·卡特李普、阿伦·森特:《有效的公共关系》,明安香译,中国财政经济出版社 1988 年版。

[5]吴宜蓁:《危机传播:公共关系与语艺观点的理论与实证》,台北五南图书公司 2005 年版。

[6]郭庆光:《传播学教程》,中国人民大学出版社 1999 年版。

[7]胡百精:《危机传播管理》,中国传媒大学出版社 2005 年版。

[8]刘刚:《危机管理》,中国经济出版社 2004 年版。

[9]廖为建、李莉:《美国现代危机传播研究及其借鉴意义》,《广州大学学报(社会科学版)》2004 年第 8 期。

[10]匡文波:《网络传播理论与技术》,中国人民大学出版社 2007 年版。

[11]游昌乔:《危机公关》,北京大学出版社 2006 年版。

双重面目的谣言传播节点

——从“陆幽宫外孕”传闻看商业门户网站的谣言扩散

刘　津*

2008年6月，体育名嘴黄健翔一篇具有影射意味的博文，在几个小时内引发了关于央视记者陆幽与国足主教练有染并怀孕的网络谣言的大规模扩散。此后，面对舆论，当事人陆幽愤而起诉黄健翔名誉侵权。此案历经两次审理，至今未尘埃落定。这是一起源自实名博客的谣言传播事件，在其谣言传播链条中，商业门户网站的自制新闻充当了有力的谣言中转站。本文通过对相关网络新闻的跟踪，尝试分析商业门户网站在谣言[①]传播中的隐蔽作用。

一、事件的缘起与进展

2008年6月6日，国家足球队世界杯预选赛主场对卡塔尔一战的前一天，黄健翔在其名为《丑话说在前边》的博文中，不具名地抨击了国家足球队主教练：

> 说真的，你比前任差远了。人家起码把“零距离”安排了一个好结果，不仅当时共享荣华富贵，直到现在，还让她代理自己在中国的一切商业合作，可谓仁至义尽够男人够成功。可是你呢？把人家搞成了宫外孕，回到单位里弄成丑闻，你却缩头乌龟了。人家也被撤了国家队首席跟队记者的身份了，落得个鸡飞蛋打。搞得很多粉丝还十分纳闷十分想念，因为很久在国家队的报道里看不见她的倩影了。单说这一点，你就比前任差多了。对吧？

几个小时之后，黄健翔删去了这段敏感语句，并在博客中注明：

---

* 作者系中国青年政治学院新闻系讲师、传播学博士。

① 本文中的谣言，指在社会上出现并流传的未经权威信源公开证实的信息。

> 接受了部分网友的意见，删去有关私人生活的攻击。面对中国足球在生死关头的种种“怪现状”，常常让人无法做到心平气和。

然而，这段仅仅在网上停留了若干小时、有关他人隐私的文字，却并没有随着博主的删除而销声匿迹，而是产生了巨大的后续效应。此后，那个“首席跟队记者”就是中央电视台记者陆幽的言论在网络上不胫而走。后来的版本逐渐演变成：国家足球队主教练杜伊把央视女记者陆幽搞成宫外孕。

这一“性丑闻”出炉之后，黄健翔博客流量暴增，在当年底达到4000万，黄健翔也因此被评为新浪网十大博客。截至2009年8月27日，这篇博文的点击率已超过127万次。

当舆论普遍将“性丑闻”的始作俑者归结为黄健翔口无遮拦的博文时，黄健翔自我辩解道，真正将当事人身份落实在杜伊和陆幽头上的并不是他本人，相反，部分媒体为了炒作的需要而利用了这种说法。

2008年6月16日，黄健翔在名为《贼喊捉贼》的博文中辩解：

> 此处我必须说明，我的博客文章里根本没有出现“央视”二字，也没点教练的名字。对于所谓性丑闻当事人，既未提及工作单位更没有具体姓名所指，连“X女士”这样的修辞手法都没有用。
>
> 我的个人博客，能有多少人看？请问有几个人在我的博客里看到了什么？如果不是那些人忙不迭地奔走相告到处转帖还捕风捉影添油加醋，这件事根本就不是新闻。这些纠缠于此事的大众传播机器，才是真正的谣言中心。

黄健翔认为自己的博文在最初阶段影响力只有几千人，自己不应该成为败坏女主角声誉的罪魁，推波助澜的是好事的网民和媒体，他们带来了流量的激增。他认为，媒体扩散了这些隐私，而后将不道德的帽子扣在了他头上。

黄健翔在接受媒体采访时表示，他的博文发表后，是网易把陆幽和宫外孕女记者联系在一起，并放在新闻标题里，还称是他说的。真正侵犯陆幽隐私及名誉的是这些媒体，他也是媒体造假栽赃的受害者。

“性丑闻”传开之后，当事人陆幽“一下子从一个只在足球圈里颇有名气的央视女记者，变成了一个与中国足球黑幕有关的私生活不检点的美女记者”。她在接受《青年周末》采访时称：“这件事让全社会都窥探我的子宫。”她后悔在2007年夏天将自己宫外孕的事告诉了一位男同事，结果被移花接木。

陆幽决定用法律来捍卫她的权利。她认为，谣言传播至此，黄健翔难辞其咎，虽然他“原文里没有指名道姓，没有单位，殊不知你画了一张我的脸”①。

2008年11月10日，北京市朝阳法院受理了陆幽起诉黄健翔隐私侵权一案。2009年5月8日一审法院判陆幽败诉，主要理由是陆幽提交的证据尚不能证明黄健翔博文语句“具有直接且排他的指向性”。2009年11月20日上午9时，陆幽状告黄健翔名誉侵权案在北京市第二中级人民法院进行了二审审理。目前，本案尚无最终结果。

二、谁在对号入座：谣言传播链剖析

1. 谣言故事的成形与扩散

谣言建构于过程之中，一则谣言并不是一次性成形于第一个传播者，而是在传播的过程中完成情节的构造和补充。“面对一个含糊不清的事实，群体中的成员们集中起他们的精神才智，以求对现实找到一个令人满意的定义。”②可以说，谣言的故事是群体参与的共同成果，“陆幽宫外孕”事件的发展脉络中，可以找到以下几个关键节点：

导火索（黄健翔）——画出了这张脸

黄健翔的隐名博文是事件的发端。该文虽寥寥数语，亦未提及真实姓名，但其含沙射影的言辞为谣言的风传埋下了伏笔。

首先，这是一起名人八卦。“零距离”一词暗示米卢，而网民又可从米卢推知男主角杜伊。况且，这个故事还是“教练与女记者的不正当关系”这一老故事的新版本，当年外界猜测的米卢和李响关系的传言，在杜伊和某女记者身上复活。再者，“未婚宫外孕”有违传统婚恋观，仍是一个敏感的道德问题。以上元素，激发了读者再现文中人物的热情，网民的道德感也随之甚嚣尘上。

通常，当谣言传播时，人们主要依据传谣者的可信度做出选择。而黄健翔的知名度和权威性，给其博客读者造成了真实可靠的假象。

在这个环节上，谣言主人公的身份和形象是朦胧的，但博文中“首席”、“倩影”、“宫外孕”等特征为人们顺藤摸瓜提供了线索，如陆幽所说，他画出

---

① 赵国军、王峰：《我是一个利益操纵下的“牺牲品”》，《法制日报》2009年4月30日。

② 让-诺埃尔·卡普费雷：《谣言：世界最古老的传媒》，郑若麟译，上海人民出版社2008年，第150页。

来这张脸，真实人物与脸之间的对应关系，则是由其他人补充的。

命名者（网民）——找到了替罪羊

很难找到第一个将陆幽与黄健翔博文女主角对号的网民，依据网民"我爱宫外孕"所撰热帖的说法[①]，早在2007年底的天涯论坛里，就曾有人说杜伊使陆幽宫外孕，但当时并未掀起风浪。黄健翔博文刊出的当月，"天涯来吧"的"陆幽吧"里出现了6篇帖子，皆在标题中直接指出此事。一时间，这个版本的传闻甚嚣尘上。

值得注意的是，6月16日，也就是黄健翔博文发表后的第10天，新浪网出现了以陆幽名义开通的博客，并冒充陆幽口吻在博文《黄健翔：今晚你疯了没有?》中对黄健翔进行挖苦讽刺。之后，陆幽立即申明该博客系冒名。假冒博文看似站在陆幽立场上，实质上却承认了陆幽与杜伊的关系。在许多不知此博客为假冒的读者看来，这篇博文等于陆幽承认谣言为真。

黄健翔本人多次申辩，将陆幽对号入座的是网民而不是他，他曾向记者表示，网友就涉案文章的内容发表评论、进行推断、作出结论是他们的权利，自己没有干涉或阻止的权利或能力，第三人行为给陆幽造成的损害不应归责于自己。[②]

强力中转站（主流媒体）——在默认与证伪之间

这里所指的主流媒体，是指对公众的认知和判断具有很大影响力的媒体，包括传统媒体及其网站和发布新闻信息的商业门户网站。前者是权威的专业传媒机构，奉行职业操作规程和伦理；而后者，在转载源自传统媒体的时政类新闻信息的同时，也自制部分报道。

在谣言传播的过程中，主流媒体承担的责任是质疑、核实和驳斥谣言。在"陆幽宫外孕传闻"中，传统媒体及其网站是客观报道双方争论、逐步接近真相的主要力量。而商业门户网站的自制报道部分，则呈现出多种面相，既包含对谣言的默认和传递，也包含对事件的跟进和客观呈现。以下是笔者对商业门户网站自制报道的内容分析：

在百度新闻搜索中，键入"陆幽"一词，得出2008年6月到2009年7月的151篇报道，其中，明确署名来源于传统媒体的文章86篇，商业门户网站的自制报道65篇。

---

① 《陆幽状告黄健翔内幕》，[EB/OL]. [2008-12-03]/[2009-08-20]. http://www.tianya.cn/publicforum/content/sport/1/159219.shtml.

② 张蕾：《陆幽提交"宫外孕"病历 欲牺牲个人隐私上诉到底》，[EB/OL]. [2009-05-08]/[2009-08-20]. http://www.chinanews.com.cn/tygnzqnews/2009/05/08/1683519.shtml.

商业门户网站的自制报道根据信息摄取的方式,可以分为三大类,第一类是网站编辑在不外出采访直接获取信息的情况下,汇总网上已有各类资料的报道(22 篇),包括娱乐盘点(7 篇)和事件综述(15 篇)两种类型;第二类是摘录文章(6 篇);第三类是网站记者外出采访的事件跟进性消息(37 篇)。见表1。

表1　商业门户网站自制报道的构成

<table>
<tr><td rowspan="2">汇总报道</td><td>事件综述</td><td>网站编辑直接将各方传闻汇总,这些传闻来源包括:传统媒体的报道、论坛的文章、实名和匿名博客文章及其他网络信源。</td></tr>
<tr><td>体育娱乐盘点</td><td>往往包含“十大”“八大”等字眼,将同类事件集纳在一起,带有很强的娱乐色彩。</td></tr>
<tr><td>摘录文章</td><td colspan="2">直接刊登诉状、摘录当事人的博客以及法院的判决文本。</td></tr>
<tr><td>事件跟进性消息</td><td>本网记者采写报道</td><td>网站人员以网站记者的身份采写的新闻报道。</td></tr>
</table>

三类报道中,“汇总报道”和“摘录文章”属于网站从业人员的非核实性报道,主要是整合和转发既有的报道和网民言论。“摘录文章”如实选择保留诉状、判决文本和博客的原貌,不存在歪曲和篡改的成分。而“汇总报道”中则是传闻和可靠信息的混合物。

22 篇“汇总报道”中,共有 15 篇“事件综述”,其中 8 篇以转载和介绍网民论坛帖子为主,包含真假难辨的说法、偏见之语和侮辱性词汇。例如:《足协狠批杜伊造宫外孕另有其人,黄健翔错杀陆幽》属于对一篇无名网友的帖子介绍,消息无从求证;《陆幽裤带文化其实也是需要 IQ 滴》则充斥“女妓者”等辱骂性低俗词汇;《黄健翔离婚与张靓颖同居? 网友质疑“假陆幽”》援引了冒名的“陆幽博客”中暗指的黄健翔与张靓颖的暧昧关系;《陆幽开庭语录引热议 提交宫外孕诊断书》直接转载论坛文章,其中讽刺陆幽将自己打扮成“一副芊芊少女、可怜无辜的正经样子,博取同情”。7 篇“体育娱乐盘点”中有 4 篇将“杜伊致陆幽宫外孕”作为事实放置在文章正文或标题中,等于公开认可谣言的真实性。“汇总报道”扩散了各种民间流言,也在一定程度上默认了谣言并带动了新的谣言。

事件跟进性消息,是网站自派记者的采访报道。自采新闻的可靠性以报道本身的客观性、平衡度为准绳,在这一事件中,除法庭审理现场和判决外,平衡报道的两端主要是陆幽方面(本人表态、实名博客、代理律师、起诉书）和黄健翔方面（本人表态、实名博客、代理律师、辩词）的信息。在此，将商业网站报道过程中的平衡性把握和传统媒体加以比较，见表2和表3。

表2　商业门户网站自采报道（共37篇）的平衡性列表

只报陆幽一方	只报黄健翔一方	双方都报	双方都未提及
21篇，占57%	6篇，占16%	2篇，占5%	8①篇，占22%

表3　传统媒体报道（共86篇）的平衡性列表

只报陆幽一方	只报黄健翔一方	双方都报	双方都未提及
33篇，占38%	5篇，占5%	40篇，占47%	8②篇，占9%

整个过程中，陆幽与黄健翔接受媒体报道的活跃程度形成强烈反差。由于作为谣言受害者的陆幽积极借助媒体表达个人感受和驳斥谣言，而作为谣言原发站的黄健翔一直力图回避是非，因而，无论是传统媒体还是商业网站，都有相当比例侧重陆幽的单方面报道。而商业网站尤甚，高出传统媒体19%。

然而，即使在黄健翔态度非常消极的情况下，传统媒体依然付出了平衡观点的努力，其兼顾矛盾双方的报道比例，高出商业网站42个百分点。这说明，在追求客观的执著精神方面，商业门户网站仍有相当大的差距。商业门户网站平衡报道仅占5%，意味着，绝大多数的商业门户网站自采新闻呈现一边倒的倾向，其客观性处于低水平。

就消息源的多样性考察内容的可信度，则可作出如下比较，见表4、表5、表6。

表4　同时直接采访到陆幽和黄健翔本人的

商业门户网站	传统媒体
0篇	12篇，占总比例14%

① 3篇起诉内容介绍，4篇法院判决，1篇业内律师对案件的分析。

② 5篇关于开庭的预发短讯，1篇业内律师分析，1篇李承鹏博客中有关黄健翔近况的摘引报道，一篇客观陈述的年终盘点。

表 5 信源数量一览

	商业门户网站	传统媒体
一个信源	22 篇，占 54%	16 篇，占 19%
两个信源	14 篇，占 38%	46 篇，占 53%
三个或多于三个信源	2 篇，占 5%	20 篇，占 23%
基于已有报道的综述	1 篇，占 1%	4 篇，占 5%

表 6 单一信源报道的具体构成

商业门户网站		传统媒体		
采访一人	仅有判决结果和起诉内容	采访一人	援引博客	预发短讯
17 篇	5 篇	9 篇，其中 4 篇陆幽专访	2 篇	5 篇

统计发现，“多方求证”这个专业媒体运作中保证信息真实性和可信度的重要规则，在门户网站中并没有得到很好的贯彻。在门户网站全部报道中，超过一半（54%）的报道基于单一信息源，即在陆幽、黄健翔、陆幽律师、黄健翔律师、业内律师、判决结果、起诉内容、陆幽和黄健翔博客中等信息渠道中，只采纳了其中一个，比传统媒体高出 35%；基于两个或两个以上信源的报道共占 43%，比传统媒体低 33%；同时采访到陆幽和黄健翔本人的报道没有一篇，低于传统媒体 14%。这说明，偏颇和信源单一是目前门户网站自采新闻的通病。

再将两者单一信源报道的内容加以对比。理论上说，单一信源的报道，无法确保内容的可靠性。但从采访的认真和翔实来考量，门户网站的此类报道大多少于 500 字，内容单薄粗糙，而传统媒体则近半数为深度专访。门户网站有 5 篇只介绍起诉和判决内容的报道，这也是网站记者的“简便”之作，在传统媒体中，不存在这种报道形式。传统媒体有 5 篇预发短讯没有明确信源，这不能归罪于记者，而是短讯体裁本身的特征所决定的。概言之，在“陆幽事件”中，真正以比较规范的操作方式肩负核实之责的，主要是传统媒体。

综合分析，可以认为，商业门户网站在谣言传播的链条中，同时扮演着传谣者和准专业的核实者两种角色。商业门户网站编辑发布的“汇总报道”是默认、转述和扩散谣言的一个不容忽视的渠道。商业门户网站的独立采写报道，在一定程度上履行核实谣言的责任。但采访的全面性、客观性和可靠性存在相当大的缺陷。

三、双重身份：门户网站面临的制度悖论

商业门户网站在谣言传播中的中介作用，并非是一种偶然现象，而是有其深刻的制度原因的。

依照我国2005年出台的《互联网新闻信息管理条例》中规定，非新闻单位设立的互联网新闻信息服务单位，应当在签订书面协议的情况下转载、发送传统媒体发布的时政类新闻信息，并应当注明新闻信息来源。转载来源不合法的新闻信息、登载自行采编的新闻信息或者歪曲原新闻信息内容的，则由国务院新闻办公室或者省、自治区、直辖市人民政府新闻办公室依据各自职权责令改正，给予警告，并处罚款。

但该条例限定的新闻信息，是指"时政类新闻信息"。也就是说，非时政类新闻信息的传播并不遵循此规定。这就意味着，商业网站可以自制非时政类新闻。

然而，在关于商业网站是否拥有采访权的问题上，新闻出版总署的认定是，商业网站没有采访权。新闻出版总署报刊司的负责人在解答人民网记者的提问时申明："商业网站不是新闻单位，由于其没有合法采访和首发新闻的资质，经批准的也只有转发新闻的职能，没有自采新闻职能，因此这类网站一律不发新闻记者证。"①

如此，商业网站就陷入了一种复杂的境况：可以自制非时政类新闻，但不拥有采访权。这导致其生产出两类新闻产品：

一种是记者在无记者证和采访权的情况下，以网站记者的身份外出采访并写成的报道。采访证本身是对记者从业资格的认证，采访证的缺失在一些情况下对记者的全面采访造成障碍，对新闻的品质构成影响，妨碍了记者本人和网站依照专业规则和伦理监督记者的采访行为，也使得社会机构和个人无法依照新闻职业要求对记者和网站加以指正和问责。

另一种是记者或编辑在不经采访的情况下，综合包括网上传闻在内的各类资料整合而出的报道。这类新闻时常夹杂虚假、不确定表达。使用"有网民说"等匿名消息源，作者不充当核查中介，使传闻依旧停留在不确定阶段，从而使网站充当了一个强势的"传闻扩散器"。

---

① 《新闻记者证换发将结束 商业网站没有新闻采访权》，人民网[EB/OL]. [2010-02-22]/[2010-02-28]. http://news.xinhuanet.com/newmedia/2010-02/22/content_13022834.htm.

商业门户网站属于强势媒体，拥有很高的公众关注度，理应提供确凿可信的信息。但在事实操作中：一方面，由于拥有新闻转载权且点击率可观，门户网站被公众作为权威信源对待；另一方面，不拥有采访权的商业网站，在自制报道时，并不以专业媒体的要求约束自己，从而使其实质上相当于业余新闻源，在一定程度上充当未经证实的信息的出口。在“权威媒体”的外包装下，经由这一渠道传播的谣言，戴上了一层可信的面纱。商业门户网站这种兼具专业新闻机构和民间新闻机构双重特质的身份，使其谣言扩散更为隐蔽和危险。

如果我们要求门户网站履行权威媒体传递真相、过滤谣言的社会责任，如果我们希望媒体的伦理规约能够同样诉诸门户网站的自律和社会监督，那么，弥补目前制度上的悖论就是必要的。网络监管部门可以考虑，在条件成熟的时候，向部分门户网站发放非时政新闻采访证，将其自制和转载的信息，都纳入专业化的轨道，这样，才能从根本上保障其新闻报道品质。

从奥巴马总统访华看新媒体在公共外交中的作用

王凤翔*

2009年11月，美国总统奥巴马访华，海内外媒体广泛关注。媒体对奥巴马的行程、金融危机中的中美关系进行了充分报道。奥巴马总统访问中国，从对外交流与外交礼仪方面看，是符合两国长远利益与国家利益的友好访问；如果从美国视角看，是在新媒介融合的语境下实施对华新媒体公共外交，试图在中国意识形态与舆论传播领域“跑马圈地”，对中国人民和政府的一场“民主”布道。媒界、学界对奥巴马总统新媒体公共外交、话语叙事虽有认识与了解，却论述较少，本文特加以分析。

一、新闻叙事的新媒体化是奥巴马政府访华最大最新的舆论传播攻势和公共外交传播，是一种传播软实力

1. 新闻叙事的新媒体化

奥巴马政府本次访华不但重视传统媒体，而且充分运用新媒体，实现新闻叙事的新媒体化。

(1)奥巴马政府非常重视网络媒体的应用，预先征求媒体与中国国民的意见，试图为美国树立良好的国家形象。

腾讯网、开心网等网站都是中国著名的社交网站和民间舆情交流平台。美国大使馆在腾讯开设博客(http://usembassy.qzone.qq.com)；美国大使馆开办奥巴马访华的中文网站与中英文视频；美国使馆文化处登陆开心网(http://www.kaixin001.com/embassyusa)，以引起民间更大的关注，有利于实现影响力。

* 作者系中国社会科学院新闻与传播研究所副教授、博士。

美国驻广州总领事馆新闻文化处设立了微博账号@GZPAS，试图建立民意的公共交流平台，使馆方面称其为“活动信息发布、活动文字直播、思想交流、文化分享的开放平台”。@GZPAS 等或文字或视频网络直播奥巴马上海与中国青年对话等活动。

(2)美国大使馆邀请媒体博主 danwei、anti 等到大使馆，并联系上海、广州的视频进行对话与沟通；甚至破天荒地允许电脑、手机和 3G 网卡带入会场，让博客作者全程直播新媒体吹风会，试图推动中国民间精英、舆论领袖的参与、认可与支持。

2. 此举旨在加强公共外交传播，展示美国传播软实力

软实力是指一种通过让他人做自己想做的事情而获得预期结果的能力；在信息时代与新技术条件下，有可能获得传播软实力的国家应具有以下特点：第一，该国的主导文化和理念更接近于普遍性的全球规范；第二，该国拥有最多的传播渠道，因而对如何解释问题拥有更大的影响力；第三，该国因其国内外所作所为而获得信誉的增强。① 而软实力最强的美国公共外交的核心是“信息与思想的跨国际流通”②。

网络传媒是当今社会最大的信息、舆论、思想与文化的跨国际流通和传播平台。网络传媒是公众了解事实和社会价值观的主要渠道之一，网络依靠重复性的信息和知识的传播活动，与社会各界建立广泛的社会联系，传播与塑造社会共同的知识、规范、信仰和价值观，呈现和反映个体的情感、观点、价值和信仰，同时也解构规范、理念和价值。美国价值观认为：互联网自由和全球接入是自由的基石，自由是美国的核心价值和主流意识形态。“网络总统”奥巴马访华，通过新媒体把公共外交置于美国外交政策的心脏地带，开展国家行销。

首先，是以网络媒介的大众传播为目标，通过直接或间接的方式影响其报道议程和报道倾向，吸引全球眼球，引导或者说服中国民众，使其认同或者遵从本国的观念、价值乃至政策，能够创建有利于自身政策成功的政治和舆论环境，实现美国的全球战略利益和塑造良好国家形象的战略策划，借此传播世界开放互联网政策，推行美国式的民主价值观与新闻自由观，把美国的主导文化和理念构建为更接近于普遍性的全球规范。

---

① [美]约瑟夫·S. 奈：《硬权力与软权力》，门洪华译，北京大学出版社 2005 年版，第 153 页。

② Allen C. Hansen. *USA: Public Diplomacy in the Computer Age*. New York: Praeger, 1989.

其次，开辟新媒体传播渠道、新的传播方式和便于交流的生活方式形成辐射力、影响力和话语权。“互联网生来就是一个全球媒体”①，得网民支持者得天下。新闻舆论处于意识形态领域的前沿，不仅是一种客观的媒介叙事，同时是一种意义和价值的构建。奥巴马政府在访华过程中新闻叙事的新媒体化方面受到全世界媒体的关注，不但在新闻传播方面形成渠道话语权，而且构建了“一个意义和实践的有组织的集合体，一个中心的、有效的、起支配作用的生活的意义、价值和行为系统”②。

再次，美国网络自由政策旨在构建全球认同的价值观，访华新闻叙事的新媒体化是美国网络自由政策的一项内容。奥巴马挟“网络总统”胜选的“雄风”，在访华时通过新闻叙事的新媒体化，利用覆盖全球的信息传播网络，提升媒介的传播能力，实现“信息与思想的跨国际流通”，试图通过构建美国式民主价值等具有意识形态的“Hope”，通过参与对方国家的政治与社会辩论，通过网络文化等方面的吸引力，“Change”对方国家的态度与立场。

二、奥巴马政府访华公共外交的新特点

大众传播是公共外交的主要方式。公共外交是“政府与外国民众进行交流的一个过程，目的是使自己国家的观念、理想、制度和文化以及国家的目标和现行政策为外国民众所了解”。③ 美国前国际交流署署长约翰·莱茵哈特(John Reinhardt)认为，“美国的公共外交是美国政府进入国际思想市场的活动”。后冷战时代，美国利用全球传播媒介优势进行舆论控制和舆论同化；总统的信息传播是传播关系建立和巩固的有效方式，有利于双向对话和沟通。在新媒介语境下发挥社会性个人的传播优势，是整合公共外交新的途径和方法。具有全球影响力和个性十足的社会公众人物——美国总统奥巴马，一方面非常重视与中国政府与中国领导人的对话与沟通；另一方面也希望通过公共外交实现美国的国家利益。这也反映出美国公共外交的新特点与新趋势：

---

① [美]爱德华·赫尔曼、罗伯特·麦克切斯尼：《全球媒体——全球资本主义的新传教士》，甄春亮译，天津人民出版社 2001 年版，第 147 页。

② 转引自黄忠敬：《意识形态与课程——论阿普尔的课程文化观》，载《外国教育研究》2003 年第 3 期。

③ Hans N. Tach. *Communicate With the World*: *U. S. Public Diplomacy Overseas*. New York: St. Martin's Press, 1990.

1. 重视新媒体的选择与运用，进行 e 外交

在媒介语境下的美国总统都比较重视运用媒体与国民沟通和选战，如罗斯福总统广播发言“炉边谈话”、“电视总统”肯尼迪、“网络总统”奥巴马。奥巴马总统不但运用互联网赢得了草根力量的强力支持，成为美国民主的符号；而且在访华时巧妙地将新媒体运用到外交领域，将其成为国家政策的一部分，即 e 外交。主要表现如下：

(1)任用非常熟悉中国国情与历史和非常熟悉媒体公关操作的“中国通”，为奥巴马总统访华做好舆论预热。尤其重视新媒体的选择与运用，在新的媒介环境下进行 e 外交。

(2)在中国最具特色与个性、最受中国网民欢迎的两大社交网站腾讯网与开心网开设交流平台，客观上会产生媒介强强联合的传播效应，受到更大关注。

(3)非常重视微博客的运用。微博客已经成为一大迅速传播的媒介利器与舆论主导新手段，而且其特点便于中国网民便捷、容易、简明地传达意见。

美国驻华大使馆通过新媒体舆论吹风和奥巴马上海青年对话等活动的视频，实现南北互动与全面展示，在中国掀起了一场媒体解放运动与奥巴马的媒介传播“黑旋风”。

2. 奥巴马公共外交范式：以民主进步性与技术先进性融合构建的网络自由

奥巴马总统以民主进步性与技术先进性融合构建的网络自由是西方所谓的新闻自由的一种演绎，并演化为一种全球的普世语态、公共话语和意识形态，本质上是美国控制之下的自由，是西方对中国等第三世界国家的一种话语霸权。

2010 年 1 月 21 日，美国国务卿希拉里发表题为《网络自由》的演讲，宣布美国将把“不受限制的互联网访问作为外交政策的首要任务”。希拉里在讲话中呼吁中国对谷歌及其他美国公司受到的网络攻击展开彻底调查，她说：“我们希望中国当局对网络入侵展开彻底调查，我们希望调查过程和结果是透明的。”在讲话中，希拉里大谈信息自由带来的好处，并不时对伊朗、朝鲜等国的网络使用进行批评。

3. 重视非主流或民间的声音

奥巴马没有像其他访华的外国政要一样给予中国最大主流强势媒体中央电视台的独家采访，有试图淹没中国主流媒体的主流话语之嫌；与此同时，他对微博客等非主流媒体非常重视，对微博客使用的高度、广度、频度、力度与深度在中国前所未有。

美国政府十分重视与网民的对话。大使馆预先进行沟通与征集，并通过网络同步征集与奥巴马进行实时文字对话；在面对面的对话对象方面，选择在上海与青年互动对话。一是上海市是一个最受西方文化熏陶、国际化程度高和引领中国经济前进与文化发展的城市，容易形成互动；二是因为抓住了年轻人，就抓住了希望，抓住了中国青年的精英，就可以改变中国的未来。

奥巴马访华结束后，其社交网站主页仍存在，虽然可以理解为加强两国民众的友好沟通；但是美国也可以通过微博客等新媒体，不但加强对中国政治、经济、文化的渗透，而且加强对中国社会问题与社会矛盾的了解、梳理和整合，作为决策参考，使其成为影响中国的媒介利器。美国政府试图加大对中国博客、微博客领袖的“培养”与“对话”，通过意见领袖影响中国的媒体受众与媒介新生代，以构建未来美国利益的舆论支持者与话语跟风者。

三、奥巴马访华的新媒体作秀，重在“思想交流、文化分享”，旨在传播美国的价值理念，以美国国家利益包装的意识形态通过新媒体的及时报道与现场叙事在中国的意识形态领域“跑马圈地”

在全球化、信息化与传播全球化的语境下，美国希望通过新媒体实现美国主导的国家战略利益与世界霸主地位，即“通过新的权力源泉来实现其目标：操纵全球相互依存，管理国际体系结构，共享人类文化价值”①。

美国政府把与中国青年互动对话②作为传播之重，不但在奥巴马访问之前就通过网络媒体等预先征求了与奥巴马对话的问题，而且在一个台子中间开放性地与青年互动。本文对奥巴马大谈美国所推广的新闻叙事与价值话语作了摘录与总结。

1. 操纵全球相互依存

奥巴马认为全球贸易、信息流通、互联网开放等是全球相互依存的基础与前提。

---

① Joseph S. Nye. The Challenge of Soft Power. *Time Magazine*, February 22, 1999.

② 参见 2009 年 11 月 16 日新华网现场直播材料。

“贸易在许多方面影响人民的生活……可以在太平洋两岸创造更多的就业机会，让我们的人民过上质量更高的生活。”

“贸易应该是开放的，信息流通应当是自由的，而法律要保证这个公平。”

2. 管理国际体系结构

奥巴马在演讲中表示，如今中美两国有着积极合作和全面的关系，为在当前重大的全球问题上建立伙伴关系打开了大门，这些问题包括经济复苏、洁净能源的开发、制止核武器扩散以及应对气候变化，还有在亚洲及全球各地促进和平和稳定。

奥巴马认为，作为美国总统，当务之急是保护美国人民，由于“9·11”恐怖袭击事件，以及世界各地的恐怖事件造成无辜人的死亡，美国要和很多国家进行合作来应付这种恐怖暴力。国与人以及国与国之间的暴力，要通过交流、通过对话，通过加深人与人、文化与文化之间的理解来减少。

3. 共享人类文化价值

奥巴马以讲故事的新闻叙事方式陈述美国民主历史，把自己能够当上总统作为美国民主的样本。他自诩“美国永远为了全世界各地的核心原则说话，我们不寻求把任何政治体制强加给任何国家，但是我们也不认为我们所支持的这些原则是我们国家所独有的，这些表达自由、宗教崇拜自由、接触信息的机会、政治的参与，我们认为这些是普世的权利，应该是所有人民能够享受到的，包括少数民族和宗教的族群，不管是在中国、美国和任何国家”。他认为，在美国信息是自由的，并使得其民主制度变得更强，使他变成一个更好的领导人。

4. 信息心理战

奥巴马政府在舆论传播中有意无意地去中国中心化，建美国中心化。碎片化的各个网络个体及其节点，被整合到与奥巴马对话的平台上，而对中国恰恰是一种解构。在对中国民众的新媒体公共传播与沟通中，美国的政治目的与外交诉求因为奥巴马及其美国政府的私人化、人性化、对话化，而显得具有中国人情味、人际温情化、关系民主性。俄国学者利西奇金、谢列平的《第三次世界大战——信息心理战》在总结苏联垮台时痛心地认为：“第三次世界大战的本质主要在于使用了新武器——信息心理武器，以及对人们攻心以及对社会意识施加影响的若干手段之应用。出现了展开公众宣传的技术手段和方法。使用它们不仅可以操纵个体意识，而且可以操纵整个民族的意识。这些技术手段和方法的运用最终将导致社会经济进程和社会经济关系的破坏，从而使国家毁灭。"①

从宏观历史看，西方媒体与舆情话语权的强大在于历史形成的以经济力量与技术力量为主导的制度性保障及由此形成的利己的国际利益话语体系。奥巴马政府访华新媒体公共外交和希拉里关于互联网自由的演讲等行为，都源于其国家利益和历史惯性。冷战中，苏联解体，东欧瓦解；现今世界上除了中国等少数国家走自己的路外，世界大多数发达国家走的是西式民主道路，施行的是西方新闻传播模式。尽管西式民主、新闻自由经常被赞美，然而非洲还是处于贫困之中，南美洲还是处于被掠夺之中，西方的所谓普世价值本质上是脱离国情、民情、媒情、世情的病态普世。不过，从反面看，奥巴马总统利用新媒体技术加强普适传播、价值叙事与公共外交的一些经验，值得我们党和政府在执政建设与公共外交方面借鉴。

① [俄]B. A. 利西奇金、Л. A. 谢列平：《第三次世界大战——信息心理战》，徐昌翰、赵海燕等译，社会科学文献出版社 2003 年版，第 2 页。

媒介融合文化中的受众：参与和互动实现自我赋权

吴世文*

以数字化为基础、互联网为核心、受企业利润和受众需求双重推动的媒介融合(Media Convergence)，是当今媒介发展的大势所趋。媒介融合是一个逐步扩张和深入的过程，而不是一成不变的结果，它对社会方方面面的影响已经超越了纯粹技术的层面而扩展到社会结构、经济活动和文化形态等领域。其中，由于媒介融合对社会文化形态和文化生产的影响，被名之以“融合文化”(Convergence Culture)的概念范畴受到人们关注。

融合文化是当前媒介融合的重要研究向度之一。美国是融合文化研究的重镇，亨利·吉金斯(Henry Jenkins，2004)和马克·迪耶兹(Mark Deuze，2007)不仅较早使用了融合文化的概念以描述媒介融合的文化现象，还合作提出了“融合文化范式”(the convergence culture paradigm)(Henry Jenkins; Mark Deuze，2008)。我国 2005 年舶来当下意义上的媒介融合的概念，[①] 目前国内学界正在切入融合文化的研究，精准地意识到了融合文化是媒介融合的研究重点之一(部书锴，2009)，已有学者探讨了融合文化在民众“集体智慧”与商业文化两极权力中的冲撞和协商，进而指出媒介文化权力问题是融合文化的核心问题(纪莉，2009)。指向受众——融合文化的生产者和消费者的研究将是融合文化的重要研究议题，它在更为广阔的学术场域还与媒介融合中的受众问题相联结，国外已有研究者从心理学层面探讨受众在媒介融合的多媒体情境下如何适应同时做几样事情。本文聚焦媒介融合之融合文化中的受众，讨论受众(主要是积极的受众)通过参与和互动生产融合文化及其中的权力关系。

---

* 作者系武汉大学新闻与传播学院传播学专业 2009 级博士。

① 郑保卫、樊亚平、彭艳萍：《我国媒介融合研究的回顾与前瞻》，《新闻传播》2008 年第 2 期，第 8—11 页。

一、融合文化:传播新技术驱动下受众参与和互动的产物

媒介融合中的融合文化以受众参与和互动生产为特征,本质上是一种参与式文化(Participatory Culture)和互动式文化。受众的参与和互动是融合文化的生产方式,受众参与和互动的媒介文本生产打破了印刷出版、电影、广播、音乐、电视和互联网之间的分际,是一种综合文字、图像和声音的丰富的多媒体形式的网络出版(Web Publishing),从而生产和创造了融合文化。由于受众的参与和互动具有广泛性,融合文化还是一种大众文化或通俗文化(Popular Culture),或曰"草根文化"(Folk Culture),例如维基百科(Wikipedia)、百度知道、博客(Blog)、播客(Podcast)、社交网(SNS)、威客(Witkey)等。

受众参与和互动以生产融合文化是由传播新技术驱动的,传播新技术为受众的参与和互动提供了前提和保障。

在当前的社会语境和技术条件下,传播新技术指的是在广播、电视之后出现的数字(化)技术、网络技术、数据库技术、多媒体技术,以及光纤通信及卫星通信等技术。传播新技术催生了众多新媒介,诸如网络媒体、IPTV、博客、播客、移动电视、手机电视、楼宇电视等。传播新技术和新媒介深深地扎根于社会和文化中,同时,它们也对社会和文化产生了深刻的影响。特别是自 20 世纪 90 年代以来,以网络媒体为代表的新媒介开始介入人们的日常生活,尼古拉斯·尼葛洛庞帝(Nicholas Negroponte)曾指出,"信息技术的发展将变革人类的学习方式、工作方式、娱乐方式,一句话,人们的生存方式"[①],对此人们已"眼见为实"。

受众能够以参与和互动的方式生产融合文化,这与传播新技术的传播特性密切相关。其中,传播新技术的个人化、交互性的传播特征直接驱动着受众参与和互动以生产融合文化。

传播新技术个人化的传播特征为受众搭建了一个开放的、平等的传播平台,它"允许"受众广泛地参与信息传播,信息的获取和发布极为方便、快捷和廉价,只要拥有计算机和简单的上网设备便可接入互联网。广泛的参与激发了受众的积极性和主动性,同时,"鼓励"和"刺激"受众积极生产传播内容以建构自身的话语权。于是,巨量由积极的受众参与生产的原子化的、

① 喻国明:《解读新媒体的几个关键词》,《广告大观(媒介版)》2006 年第 5 期,第 12—15 页。

个性化的“微内容”穿行于网络平台，并在传统媒体和网络媒体间相对自由地流通。

交互性是传播新技术最显著的传播特征，它使得受众能够便捷地互动——不仅与传统意义上的传者互动，而且与“他者”（其他个体受众）互动，共同推动着传播的持续与变革。通过互动，不同的观点与意见能够相互碰撞、修正与整合，约翰·弥尔顿（John Milton）所谓的“观点的自由市场”具备了形成的可能性。而对融合文化的生产来说，互动更重要的意义在于：它通过讨论、问答的形式或者批判与反批判的模式“刺激”或“诱发”了媒介文本生产，并赋予其某种指向性和目的性，同时，它通过受众参与讨论和相互“纠错”，无形中形成了融合文化生产的“自我修正机制”，从而保证了受众生产的质量和效率。

传播新技术还以压缩时间和空间的魅力，化天涯为咫尺，或实时交流，或延时互动，使受众的参与和互动超越了传统的地理因素和时间因素的局限，在更广阔的领域和更深刻的层次展开，从而将融合文化的创造和生产推进到了一个新的高度。

总之，在传播新技术的驱动下，积极的受众以参与和互动的方式生产了融合文化。广泛的受众参与是互动的基础，而受众互动是参与的深化和升华。受众通过参与和互动成为融合文化的主体，这契合了历史唯物辩证法的逻辑：人民大众是历史的行动者和主体。在融合文化的生产中，受众发掘了传播新技术潜在地解放受众群体文化创造力的可能性，他们的无穷智慧和无限创意在融合文化中得以体现和彰显，从这种意义上讲，传播新技术吻合了受众群体的文化创造需求。

二、自我赋权：“受众制造”与“传者生产”的博弈

从前述可知，在媒介融合语境中，融合文化是正宗的“受众制造”，积极的受众是融合文化的主体，他们深入地参与了媒介文本和媒介文化生产。在“前融合文化时代”却是一幅迥异的景观：媒介文本和媒介文化生产主要由传播者把持和垄断，“传者生产”一统媒介。

“受众制造”的融合文化是受众集体智慧的结晶，它打破了传统的由传播者线性地、单向地控制与垄断媒介文本和媒介文化生产的格局，实现了媒介内容来源的多元化、丰富化。更为重要的是，“受众制造”在媒介文本和媒介文化的生产中引入了受众角度，受众的意见和观点得以在媒介上公开表

达和传播。至此,受众由20世纪70年代以来学者们热衷讨论的采取“对抗(Oppositional)读解”策略回应“传者生产”的传播内容,发展到自身积极生产传播内容,直接“占领”传播阵地和建构受众话语权。

在“传者生产”语境中,媒介文本和媒介文化生产在总体上代表媒介所有者和传者等“把关人”的利益、立场和态度,传者牢牢把持着传播的话语权。从“传者生产”的视角出发,受众是被动的接受者,受众端的传播权利一直遭到忽视。早期传播效果研究的“魔弹论”甚至认为受众是应声媒介内容而倒的无力的“靶子”,传播媒介拥有不可抗拒的强力,传播效果就像子弹击中身体或者药剂注入皮肤一样迅疾生效。后来的研究提出了传播的“有限效果”或“弱效果”,对受众主动性和积极性的认知也随之演进。20世纪70年代以后,人们重新认识到传播的“强效果”,受众的主动性得到进一步强调,英国文化研究学派的主要代表人物与集大成者斯图亚特·霍尔(Stuart Hall)指出,受众能够通过“协商(negotiated)读解”或“对抗(Oppositional)读解”解码出与传者意图发生轻微的意义争斗或完全背离的传播内容。[①]这些研究是“传者生产”媒介文本和媒介文化背景下受众权力状况的写照:受众一直被束缚在“传者生产”的框架内,做着有限的“自选运动”。

毫无疑问,“受众制造”和“传者生产”在媒介融合中相遇时,二者的博弈就此展开。二者之间存在方向一致的媒介内容生产,相互融合,共同塑造着媒介景观,也存在背道而驰或两两相向的媒介内容生产与话语权争夺,从而互相竞争、对抗乃至斗争。其中,“受众制造”的融合文化成为媒介内容后,无疑挤占了“传者生产”的传播渠道(版面空间或节目时间),当然,也丰富了传播内容和彰显了受众的话语权。这是“受众制造”和“传者生产”之间复杂的博弈关系的体现,也是受众自我赋权(self-empowerment)的表征。

传播中的赋权问题一直以来是个绕不开的话题。当前,人们尤其对媒介融合的核心——互联网带来的权力扁平化与权力分散化问题投入了极大的热情,如有论者认为,网络“作为权力源和影响源,具有给个人和集团赋权的离奇能力”[②]。赋权一般被定义成“给予权力或权威;给予能力;使能,给机会”。哈佛大学著名管理学家奎因·米勒(Quinn Miller)指出:“赋权是描述一种管理风格,其含义非常接近于授权,但是如果要进行严格的定义,

---

① 石义彬:《单向度、超真实、内爆——批判视野中的当代西方传播思想研究》,武汉大学出版社2003年版,第145页。

② 蔡文之:《网络:21世纪的权力与挑战》,上海人民出版社2007年版,第91页。

赋权是指下属获得决策和行动的权力，它意味着被赋权的人有很大程度的自主权和独立性。”赋权如同增加权力的过程，发展权力，抓住权力，或是促进权力。换一种角度来理解，赋权是指发展积极的自我能力意识，对周围的社会政治环境有一个批判性的、分析性的理解和认识，同时可以增加个人和集体的资源。

在媒介融合中，没有任何主体会主动地赋权或授权（给）受众，受众通过参与和互动生产融合文化而实现了自我赋权，这个过程是在与“传者生产”的博弈中实现的。

在当下的信息社会，规定权力和财富性质的游戏规则已然改变，信息即权力。而运用知识权力的一个重要方面就是努力控制信息的生产与流通，知识和信息的分配必然影响权力的分配。美国未来学家阿尔文·托夫勒（Alvin Toffler）对此认识深刻，他认为，知识重新分配后，建立在知识上的权力也将重新分配。因此，受众参与和互动生产的融合文化必然引发附着于其上的权力发生转移：受众相对地分享了原来由垄断媒介文本和媒介文化生产的“传者”所牢牢掌控的媒介文化权力。辩证地分析，融合文化中受众的自我赋权过程也是媒介文化权力转移/下移的过程，也即“传者生产”的分权过程。

参与是受众自我赋权的核心，而互动赋予受众自我赋权基于广泛参与之上的合法性。融合文化是受众集体智慧的产物，广泛参与基础上的受众群体内的互动是自我赋权的一种反思机制，它保障受众创造融合文化的集体智慧合理而有序的发挥。虽然从短期看，有时受众个体的参与会使融合文化发生偏差或扭曲，但是从长期看，受众集体智慧的汇集和互动能够通过反思不断促进融合文化的发展进步。进一步分析还可以发现，广泛的受众互动还是受众自我赋权的能量的聚积和升级，起着一种滚雪球或传染病似的“放大效应”，并最终促成受众自我赋权的实现。

融合文化中受众的自我赋权与传者的媒介文化权力的转移是一个对应的、长期的博弈过程，而不是简单的、平稳的交接。当前，受众借由参与和互动的自我赋权是体制外的一种运动或活动，传播新技术的巨大解放能量使得社会规制滞后于“收编”之。但是，由于传者企图持续地掌控媒介文化权力，我们期冀媒介和传播者“赋给”或“授予”受众媒介文化权力便带有某种乌托邦的幻想和无知，融合文化中的受众须自觉地广泛参与和互动，争取“受众制造”对“传者生产”的优势，如是方能实现自我赋权。

三、文化转型:融合文化的未来图景和受众自我赋权的扩张?

对于融合文化的未来,人们用乐观主义和悲观主义两种视角看待。乐观主义者如亨利·吉金斯用“数字文艺复兴”[①]来形容,而悲观主义者则以“数字移民”表达忧虑。

融合文化自身是否是一种文化转型?对此笔者持谨慎的乐观态度。融合文化是一种新型的大众文化,也是当下正在出现的新兴的文化样式和文化特征。融合文化中受众拥有双重身份:既是大众文化的消费者,又是大众文化的生产者,并且能够在双重身份之间相对自由地转换和游走。融合文化的生产和最终产品都打上了受众视角的“烙印”,并最终打破甚至颠覆传者主导的媒介文化生产格局。用比较的眼光分析,融合文化是以受众为主体生产者的、多元的、分散的、原子化的文化,与由传者生产的、一元的、有中心的、统一的文化不同。从某种意义上讲,融合文化实则是实现了一种受众参与和互动、自下而上地生产社会文化的模式,显然与以社会精英为主体的文化生产模式不同。

不过,当前不断发展的融合文化能否最终实现我们期待的文化转型甚或是促成培育一种新的社会文化,还要接受其生存的社会环境与媒介环境变迁的考验和时间的检验。

随着融合文化的发展,受众的自我赋权及其模式也将不断扩张。受众通过参与和互动以生产融合文化来实现自我赋权的路径和模式具有深刻的解放意味和榜样效果,并与更大范围的和更为深刻的自我赋权相呼应。自我赋权激发了社会大多数人的创造力、想像力和灵活性,从此我们不再是“沉默的大多数”,而是主动表达自己的看法和观点的社群,这是一种进步。换个角度思考,自我赋权可以理解为社会权力或公共权力的放开与扩大。

作为新型大众文化的融合文化是一个过程,其中受众的自我赋权在不断扩张,也面临着复杂的现实困境。

首先,商业文化的“消解”和“收编”挑战融合文化和受众自我赋权的反抗意味。融合文化和其中的受众自我赋权具有反抗的意味,“受众制造”在一定程度上冲击了文化工业和商业文化。具有雄厚的资本实力、完备的组

---

① 纪莉:《两极权力中冲撞与协商——论媒介融合中的融合文化》,《现代传播》2009 年第 1 期,第 45—48 页。

织机构和成熟的运作经验的商业文化，想方设法将受众生产的融合文化纳入自身的体系并用之吸引更大范围的受众以获取经济利益，这是商业文化的逻辑，最终它们用低廉的成本就做到了这一点。更有甚者，有时受众还会无意识地诉求和期冀商业文化吸纳融合文化成为主流媒介内容的一部分，并以此为荣（例如版权问题）。这样一来，商业文化有意识地吸纳和受众无意识地寻求被吸纳便稀释和消解了融合文化的反抗意味，并导致最终“收编”融合文化，这是令人担忧的危险走向。当然，商业文化“收编”融合文化的行为也会产生意外的可能：商业文化传播的“放大效应”扩大了“受众制造”的影响力，甚至鼓励和激发了受众更进一步的融合文化生产行为。

第二，受众把关的不足引发人们质疑融合文化生产的质量。积极的受众是融合文化的生产主体，但是，在融合文化的生产中，它们人人都是“守门人”，而不是“把关人”：他们基于各自的认知能力和伦理觉醒进行“自我把关”，把关的能力和程度各异；他们未接受统一的把关训练，把关标准参差不齐，这些同时也都影响着融合文化的发展。

第三，受众自我赋权的泛滥威胁其有序扩张和健康发展。融合文化中受众的自我赋权释放了受众生产和创造文化的潜能并激发了他们的主动性，是一股积极的力量。但是，受众在实现和运用自我赋权的过程中常常会过度扩张甚或是扭曲使用这种便利的“权力”，结果导致自我赋权的泛滥，最终威胁到自我赋权的有序扩张和健康发展。如何保障融合文化中的受众自我赋权在合理和合法的范畴内运行而不脱离它正常的轨道，是个难题，如何促使和规范受众达至理性的自我赋权也有待深入研究。受众自我赋权的约束机制、伦理问题、均衡和平等问题也需要进一步的考察。

概之，笔者对融合文化的未来及其中受众的自我赋权扩张持谨慎的乐观。对于它们当下面临的问题须正面应对并积极寻找破解之道。融合文化的健康发展和其中受众自我赋权的有序演进需要越来越多的受众有序地参与和良性地互动，而不是冷眼旁观式的宏观或综合批判。

四、结　语

融合文化的时代正在到来，技术的进步和社会的发展使我们有理由乐观相信，融合文化中受众的自我赋权将不断扩张和深入发展，它与人的自由和解放的历史趋势相契合，我们每个人于此当有所作为：积极地、深入地参与融合文化的生产，并有效地、友善地互动，进而有序地、循序渐进地实现自我赋权。

新媒体从业人员从业生态调查报告

陆高峰*

引　言

当前正处于新媒体发展活跃期，不仅新媒体数量发展速度迅猛，而且融合、分化的速度加快，无论在传媒经济中所占份额、收益增长速度上，还是受众人数上，都保持着较快的增长。资料显示，2008 年中国新媒体产业保持了快速的增长，市场规模达到 634.3 亿元，较 2007 年增长 37.0%①。截至 2009 年 6 月，我国互联网受众人数已经达到 3.5 亿②，手机流媒体类手机视频用户也已经达到约 568 万人③。

在新媒体及其产业快速发展的情况下，新媒体从业人员的生存状况、生存环境还没有得到应有的关注，相关研究特别是实证研究贫乏。经过对中国期刊全文数据库文献等文献资料进行检索后发现，目前国内尚没有专门针对新媒体从业人员从业生态的调查研究。人是生产力中较为活跃的因素，是新媒体及其产业健康持续发展的基础性力量和创造力源泉。为了解新媒体从业人员生态，研究者在进行“中国新闻人从业生态”调查时，专门增加了新媒体从业人员调查选项。从 2009 年 8 月 24 日至 9 月 20 日近一个月时间内，研究者通过网络调查方式在全国范围内收集了 636 份问卷，剔除其中无效问卷 15 份，共收集到有效问卷 621 份。其中新媒体从业人员参与

---

* 作者系南京师范大学新闻与传播学院新闻学博士。

① 《2009—2012 年新媒体行业竞争格局与投资战略研究咨询报告》(推介资料)，[EB/OL]. 2009-09-04. http://www.chinaccm.com/48/4808/480804news20090904/121948.asp.

② 《2009 上半年中国互联网有效受众规模突破 3.5 亿》，中华网[EB/OL]. 2009-07-10. http://tech.china.com/zh_cn/zhuanti/2009adworld_hdyx/foucs/11076659/20090710/15557111.html.

③ 《2011 手机流媒体用户将增至 1.25 亿》，人民网[EB/OL]. 2009-07-28. http://wireless.people.com.cn/GB/9738695.html.

调查的问卷共有61份，问卷分布相对均衡，涵盖国内16省市。具体分布情况请见表1。

表1 调查样本地域分布情况 （单位：人）

总数	北京	江苏	上海	山西	重庆	广东	四川	山东	湖南	湖北	河南	江西	甘肃	云南	浙江	陕西
61	14	7	6	5	5	5	4	3	2	2	2	2	1	1	1	1

一、新媒体从业人员的基本情况

(1)新媒体从业人员占媒体从业人员一成，数量仅次于报纸、电视，与期刊基本持平。见图1。

1、您所工作的媒体是：

频率分析

	备选项	频数	频率
1	A□.报社	397	63.93%
2	B□.电视	85	13.69%
3	C□.广播	14	2.25%
4	D□.期刊	57	9.18%
5	E□.通讯社	7	1.13%
6	F□.网络或其他新媒体	61	9.82%
	合计	621	100%

关键分析

关键因素:77.62%
- A□.报社:63.93%
- B□.电视:13.69%

最小值:1.13%
- E□.通讯社

图1 不同媒体从业人员比例

(2)男女性别比例约为7∶3，女性所占比例略高于传统媒体。见表2。

表2 媒体从业人员性别比例

媒体类型	男性频数	男性频率	女性频数	女性频率
新媒体	42	71%	17	29%
传统媒体	409	74%	143	26%

(3)中青年人"一统江湖",29 岁以下近七成。见图 2。

3、您的年龄是：

频率分析

	备选项	频数	频率
1	A□.29岁以下	40	65.57%
2	B□.30～39岁	17	27.87%
3	C□.40～49岁	3	4.92%
4	D□.50岁以上	1	1.64%
	合计	61	100%

关键分析

关键因素:93.44%
- A□.29岁以下 :65.57%
- B□.30～39岁 :27.87%

最小值:1.64%
- D□.50岁以上

图 2　新媒体从业人员年龄构成

(4)近八成新媒体从业人员拥有本科以上学历,学历程度与传统媒体基本持平,但高中以下及博士以上从业人员比例低于传统媒体。见图 3。

说明新媒体从业人员以本科为主的中间层次学历集中度较高,而高、低学历的两头较少。

4、您的教育程度是：

频率分析

	备选项	频数	频率
1	A□.高中（中专）及以下	1	1.64%
2	B□.大专	13	21.31%
3	C□.大学本科	45	73.77%
4	D□.硕士	2	3.28%
5	E□.博士及以上	0	0.00%
	合计	61	100%

关键分析

关键因素:95.08%
- C□.大学本科 :73.77%
- B□.大专 :21.31%

最小值:0%
- E□.博士及以上

图 3　新媒体从业人员学历状况

(5)近九成人从事采编工作,从事采编工作比率略低于传统媒体。见表3。

从事编辑或编导、记者、主持人的占到87%,而传统媒体的比例达到92%,采编比例略低于传统媒体。需要说明的是新媒体目前没有法定的采访权,但是有事实上的采访权。人民网等媒体甚至明确称采访人员为"记者"。另有一些从传统媒体转换来的从业人员延续了"记者"的称呼,甚至持有记者证。

表3 新老媒体从事工作类别对比表

类别	记者	编辑或编导	主持人	广告经营	其他	采编比例
新媒体	35%	50%	2%	3%	10%	87%
传统媒体	62%	29%	1%	4%	4%	92%

(6)新媒体用工灵活,人员身份多样,"正式在编"人员不足四成。见图4。

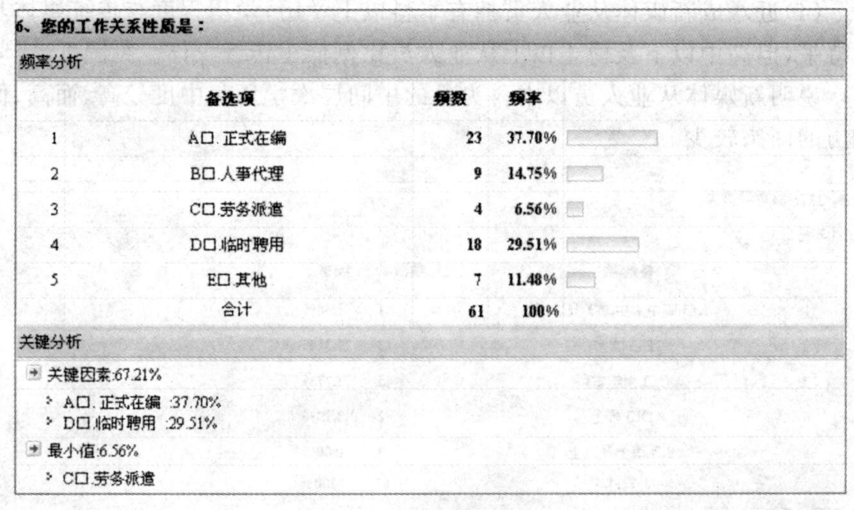

6、您的工作关系性质是:

频率分析

	备选项	频数	频率
1	A□.正式在编	23	37.70%
2	B□.人事代理	9	14.75%
3	C□.劳务派遣	4	6.56%
4	D□.临时聘用	18	29.51%
5	E□.其他	7	11.48%
	合计	61	100%

关键分析

关键因素:67.21%
- A□.正式在编 :37.70%
- D□.临时聘用 :29.51%

最小值:6.56%
- C□.劳务派遣

图4 新媒体从业人员编制情况

二、职业稳定性情况

(1)"入行"时间短,八成以上人不足五年,以两年以下为最多。见图5。

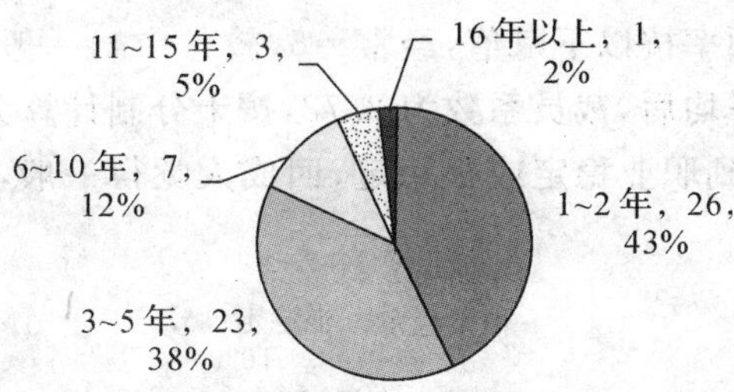

图 5　新媒体从业人员从业年限

近一半的人工作年限在 1～2 年，超过 10 年以上的只有 6%。需要说明的是，部分从业人员从业年限较长，可能计算了自己在传统媒体的工作时间。

(2)职业流动频率高，3/4 人在两家以上媒体工作过。见图 6。

8、您在几家媒体工作过？

频率分析

	备选项	频数	频率
1	A□.1家	16	26.23%
2	B□.2-3家	39	63.93%
3	C□.4-5家	4	6.56%
4	D□.5家以上	2	3.28%
	合计	61	100%

关键分析

- 关键因素:90.16%
  - B□.2-3家 :63.93%
  - A□.1家 :26.23%
- 最小值:3.28%
  - D□.5家以上

图 6　新媒体从业人员职业流动频率

(3)近三成新媒体单位经常或较常裁员，裁员率略高于传统媒体，但从不和较少裁员的近一半，说明职业相对稳定。见图 7。

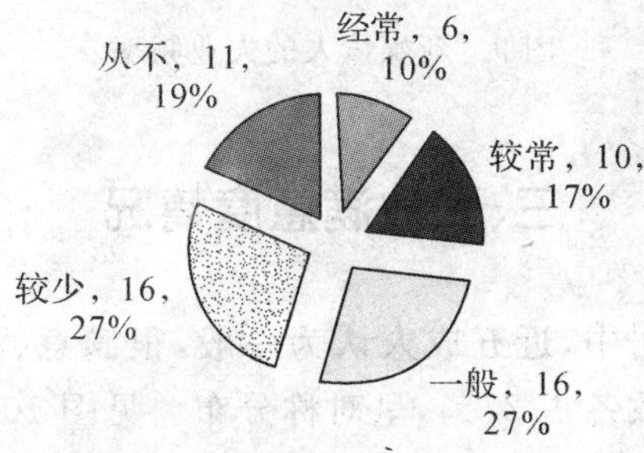

图 7　新媒体单位裁员情况

如果对裁员频率按以下赋值：经常＝5，较常＝4，一般＝3，较少＝2，从不＝1，经过加权平均后，裁员系数为2.73，按十分制计算为5.46。

(4)三成人感到职业稳定或很稳定，四成人觉得一般，职业稳定感总体良好。见图8。

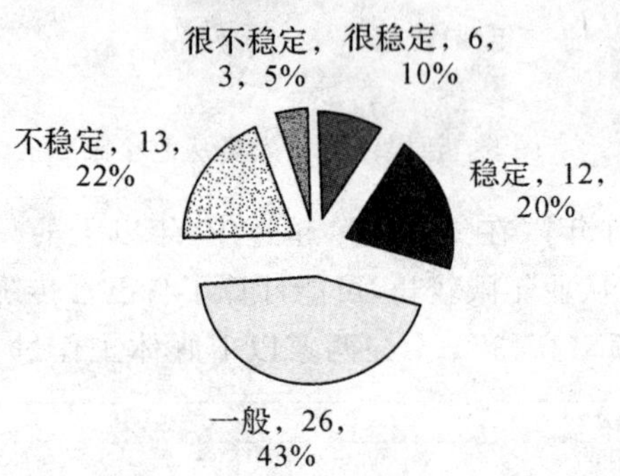

图8 新媒体从业人员的职业稳定感

(5)近八成人没有失业经历，有过1～2次的占两成略多。见图9。

说明职业相对稳定，稳定程度超过传统媒体，但是，考虑到新媒体人从业时间年限较短，被裁员而失业的经历相对较少，因而真实的失业频率很可能没有完全反映出来。

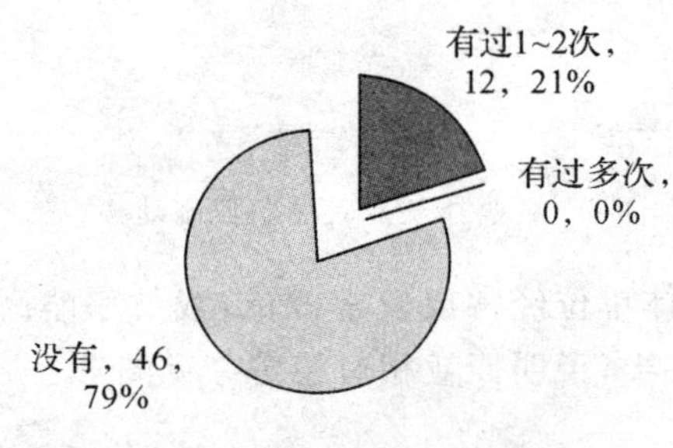

图9 新媒体人的失业频率

三、职业满意度情况

(1)职业满意度居中，近五成人认为一般，很满意、满意与很不满意、不满意的人数相等，总数各占27%，呈对称分布。见图10。

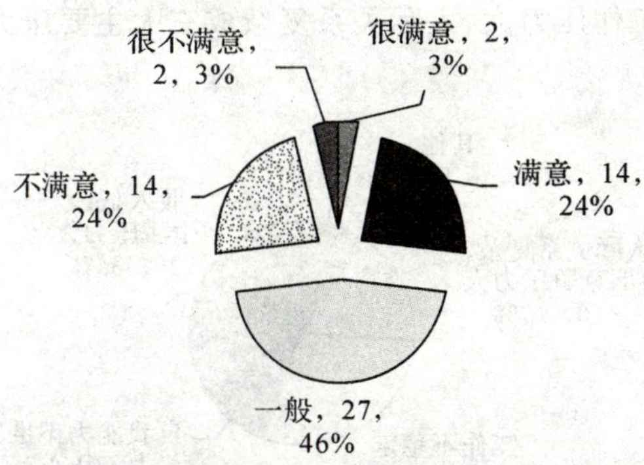

图 10　新媒体从业人员的职业满意度

(2)对新闻人从业地位评价中等偏高，超四成人认为新闻人(记者)地位较高，但也有近 1/6 人认为较低或很低，认为很高的为零。见图 11。

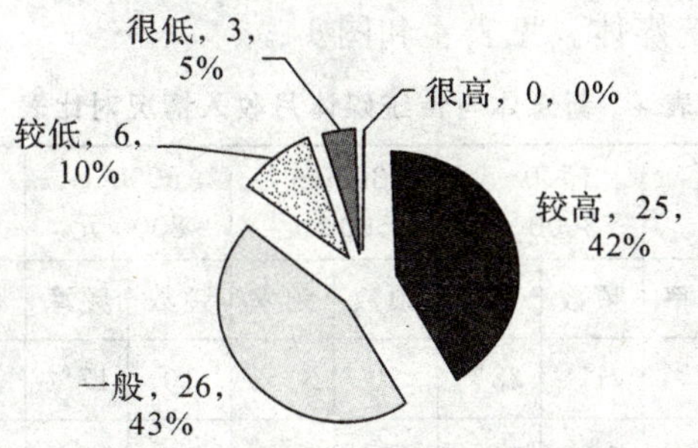

图 11　新媒体从业人员对新闻人从业地位评价

(3)工作压力大、较大和很大近八成，很小和较小仅占 5%。见图 12。

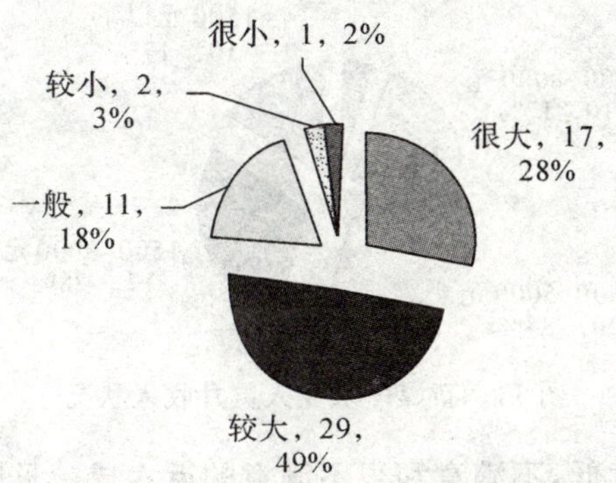

图 12　新媒体从业人员工作的压力状况

(4)收入低、工作压力大、人际关系复杂成三大主要压力来源,占总数八成。见图13。

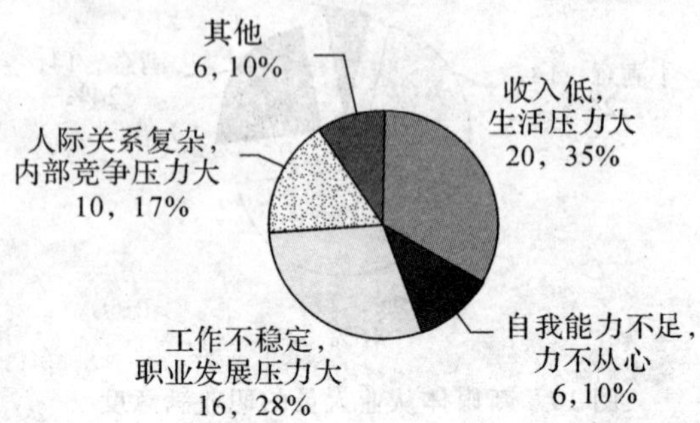

图13 新媒体从业人员工作压力的主要来源

(5)六成人月收入在1500~5000元之间,收入水平与传统媒体不相上下,均值略高于传统媒体。见表4和图14。

表4 新媒体与传统媒体月收入情况对比表

媒体类型	1500元以下		1500~3000元		3000~5000元		5000~8000元		8000元以上		收入均值
	频数	频率	频数	频率	频数	频率	频数	频率	频数	频率	
新媒体	10	17%	17	28%	20	33%	10	17%	3	5%	3792元
传统媒体	85	15%	190	34%	154	28%	91	16%	39	7%	3737元

注:月收入8000元以上取中数为10000元

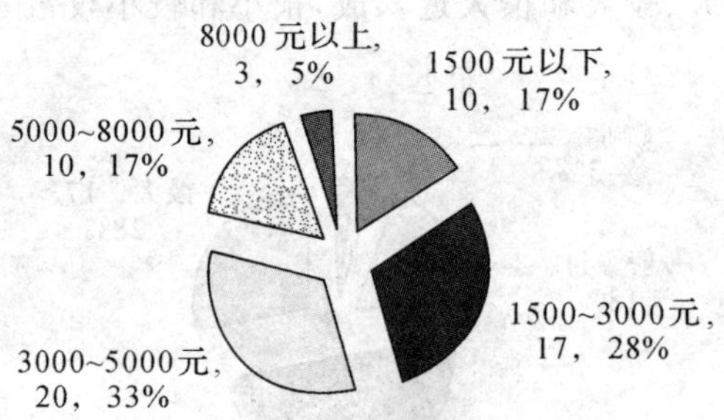

图14 新媒体从业人员月收入状况

(6)收入满意度低,不满意和很不满意的近六成。见图15。

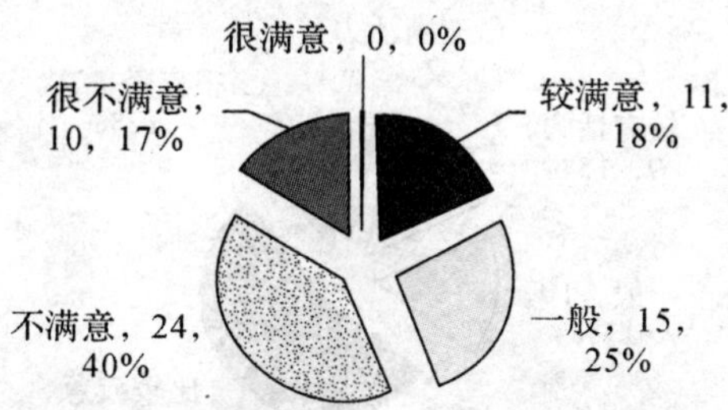

图 15　新媒体从业人员的收入满意度

(7)工作自主性评价适中，近半人认为一般。见图 16。

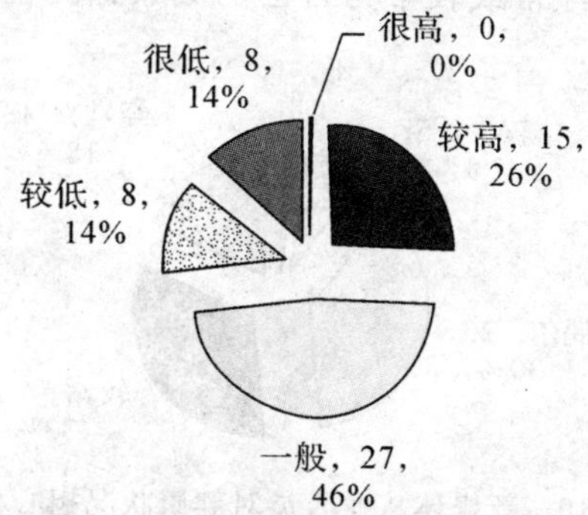

图 16　新媒体从业人员对工作自主性评价

(8)职业竞争程度高，3/4 的人认为较高和很高。见图 17。

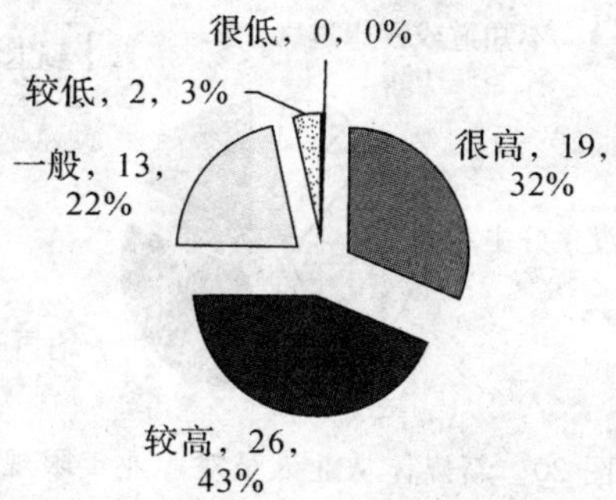

图 17　新媒体从业人员对工作竞争程度评价

(9)职业倦怠指数高，近七成人感到身心比较疲惫和很疲惫。见图 18。

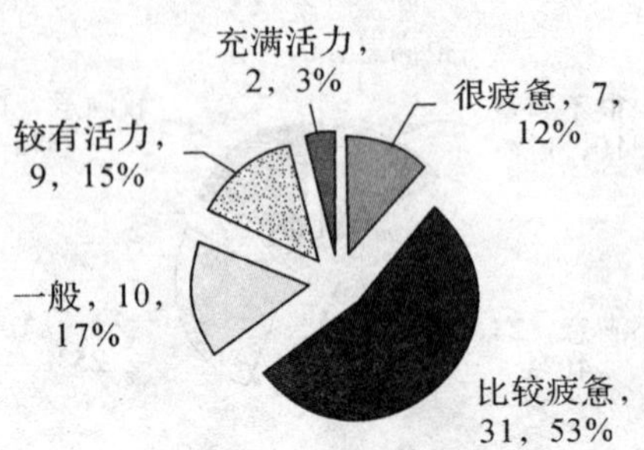

图 18　新媒体从业人员的身心状态

(10)超过一半人经常或较常为自己的健康状况担心。见图 19。

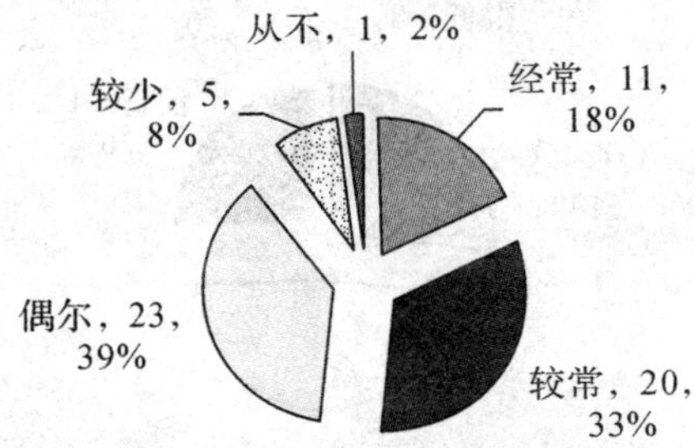

图 19　新媒体从业人员对健康状况担心程度

(11)对于职业寿命缺少信心，仅两成人认为会一直干到退休。见图 20。

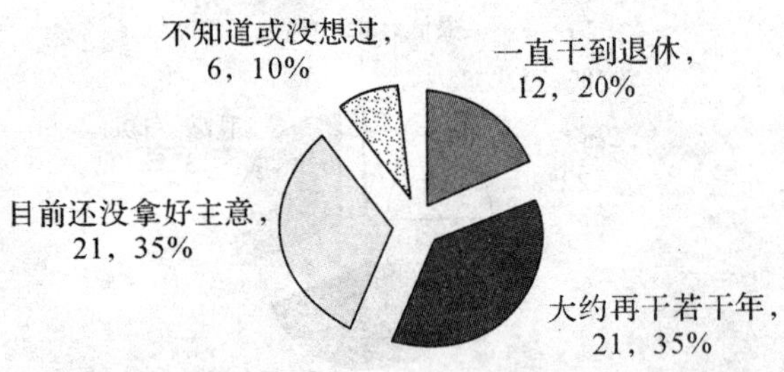

图 20　新媒体从业人员对职业年限规划

(12)职业忠诚度低，超过半数人如果有机会会选择转行。见图 21。

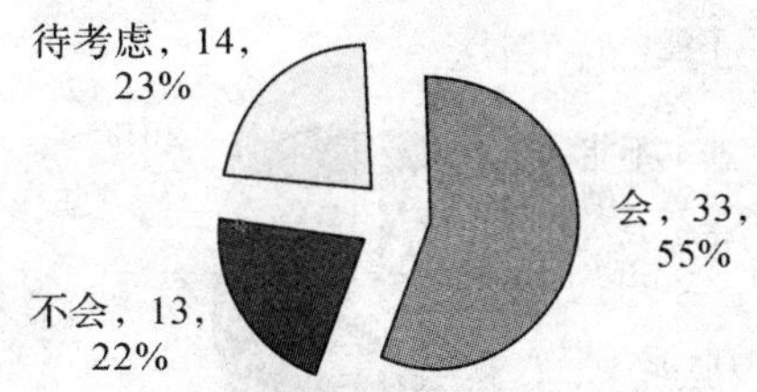

图 21 新媒体从业人员对是否会转行的评价

四、职业保障情况

(1)工作超时严重,八成以上从业者每天工作超过 8 小时,每天工作超过 10 小时的超过 1/3。见图 22。

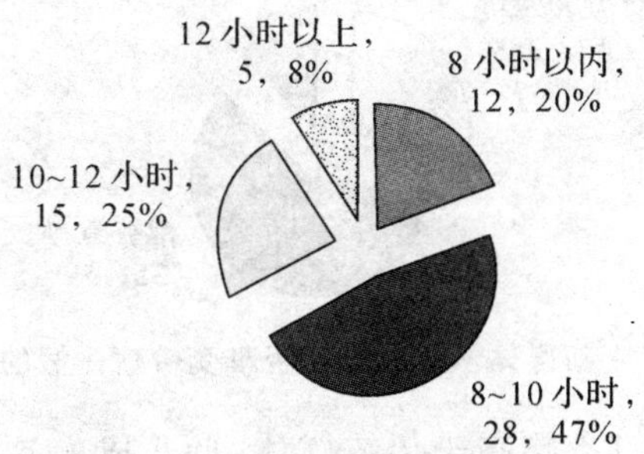

图 22 新媒体从业人员每天工作时间

(2)约 1/4 从业者基本不能或不能享受到“双休”,能基本能或完全能享受的不足一半,其余三成只是有时能享受。见图 23。

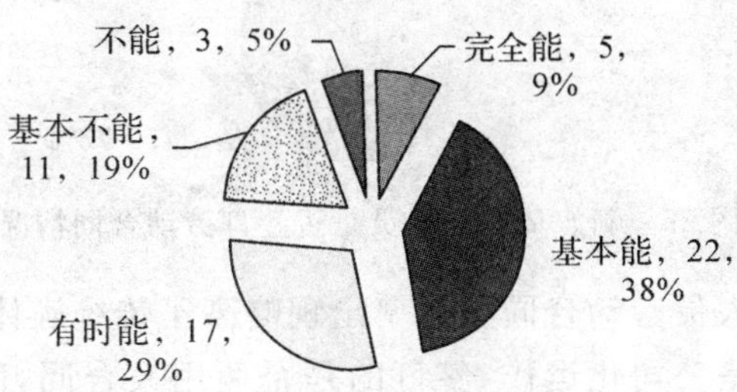

图 23 新媒体从业人员能否享受“双休”情况

(3)基本能与完全能享受国庆、五一、春节等法定节假日的超过六成,但仍有近三成人基本不能或不能享受到法定节假日休息的权利。见图 24。

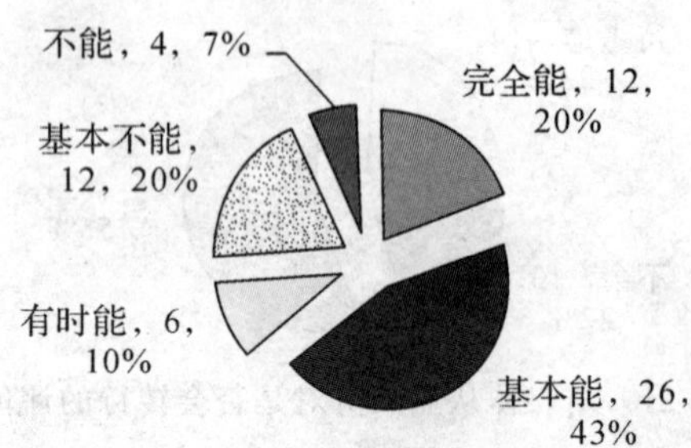

图 24　新媒体从业人员能否享受到法定节假日情况

(4)近三成从业者从没享受过带薪休假，全部能享受的仅占一成多，其余近六成人员只能部分享受。见图 25。

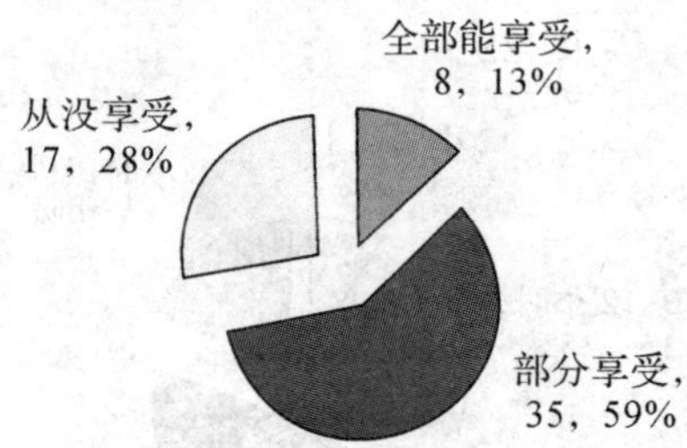

图 25　新媒体从业人员能否享受带薪休假的权利

(5)劳动合同签订率略高于传统媒体，近八成人签订了劳动合同，但仍有超过两成人没有签订。见图 26。

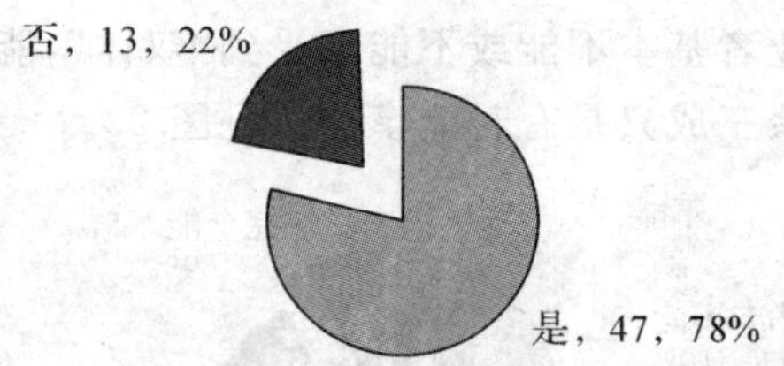

图 26　新媒体从业人员是否签订劳动合同情况

新媒体从业人员劳动合同签订率出现略高于传统媒体情况主要原因可能是新媒体大都是公司化运作，签订的是企业用人合同，而报社、电视台存在着事业与企业、编制内与编制外等纠葛，导致劳动合同签订率反而低于企业化运作的新媒体。

(6)新媒体单位为超过七成的从业者缴纳了"三险一金",但仍有近三成未有享受到法定保障。"三险一金"缴纳率略高于传媒行业总体和传统媒体。见表5。

表5 "三险一金"缴纳率对比

类别	缴纳比例	未缴纳比例
新媒体	73%	27%
传统媒体	64%	36%
行业总体	65%	35%

(7)超七成单位为从业者配备了相机或DV等采访设备,但仍有近三成单位"都没有"。设备配备率远高于行业总体水平和传统媒体。见图27。

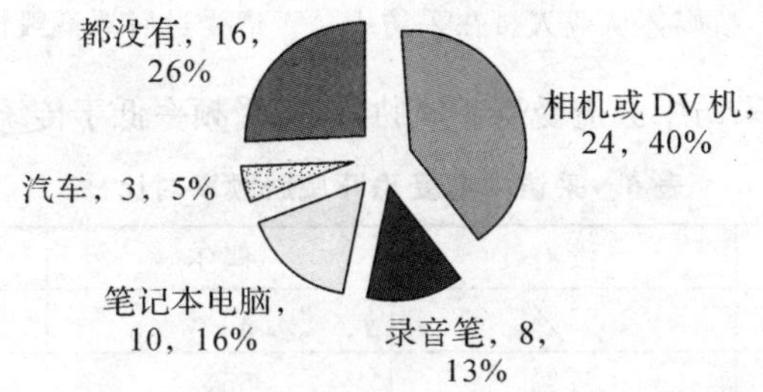

图27 新媒体单位为从业人员配备采访设备情况

(8)超过七成新媒体从业者没有记者证,近三成有证,持证率远低于传统媒体持证率超过六成的水平。见图28。

新媒体从业人员记者证持证率远低于传统媒体主要是目前新媒体从业者尚没有法定的采访权,一些媒体只有事实上的采访权。按规定新媒体"记者"无法申领记者证,现有持证的"记者"大都是采取变通的办法获取,如从传统媒体带来的,或者以传统媒体名义申办的。

31、您所供职的单位是否为您申领记者证?

频率分析

	备选项	频数	频率
1	A□.有	17	27.87%
2	B□.无	44	72.13%
	合计	61	100%

图28 新媒体从业人员记者证拥有情况

五、职业安全情况

(1)超过四成人在采访中遭受过辱骂诋毁,另有四成人表示自己没有遭遇过,但同事遭遇过。与传统媒体频率基本持平。见图 29。

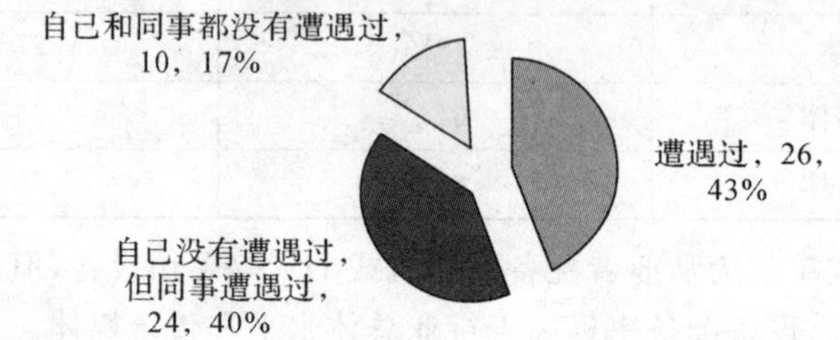

图 29 新媒体从业人员在采访中是否遭受过辱骂诋毁情况

(2)近半人在采访中会遭受恐吓威胁,但遭受频率低于传统媒体。见表 6。

表 6 采访中遭受恐吓威胁频率对比

类别	没有	偶尔	经常
新媒体	51%	42%	7%
传统媒体	37%	55%	8%

出现这种情况主要原因在于传统媒体外出采访的人数与频率高于新媒体。

(3)近 1/3 人在采访中遭受过人身攻击,另有 1/3 表示自己没有遭受过,但同事遭受过。总体频率低于传统媒体。见图 30。

34、您在工作中是否遭受过人身攻击?

频率分析

	备选项	频数	频率
1	A□.遭受过	19	31.15%
2	B□.自己没有遭受过,但同事遭受过	20	32.79%
3	C□.自己和同事都没有遭受过	22	36.07%
	合计	61	100%

图 30 新媒体从业人员在采访中遭遇人身攻击情况

(4)超过一成人因工作遭遇过法律纠纷,超过四成人自己没有经历过但同事经历过。遭受频率比传统媒体低 10 个百分点。见图 31。

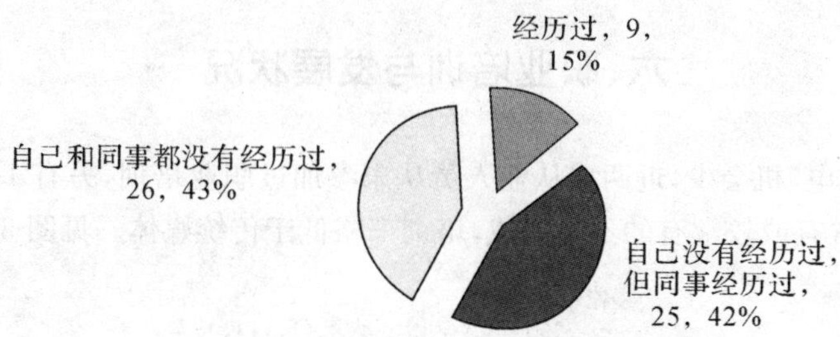

图 31　新媒体从业人员因工作遭遇法律纠纷情况

(5)超过两成人在工作中有过因遇到自然灾害、交通事故等而受伤的经历。频率与传统媒体持平。见图 32。

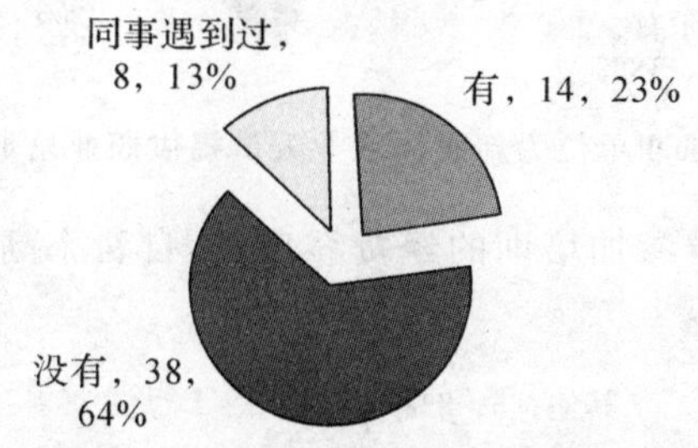

图 32　新媒体从业人员在工作中因灾害事故而受伤情况

(6)超过四成人认为从业人员(记者)最需要法律支持。见图 33。

37、你认为记者最需要社会上哪些方面的支持？

频率分析

	备选项	频数	频率
1	A□.法律支持	26	42.62%
2	B□.政府保护	15	24.59%
3	C□.意外伤害保障体系	11	18.03%
4	D□.专业培养	9	14.75%
5	E□.其它	0	0.00%
	合计	61	100%

关键分析

- 关键因素:67.21%
  - A□.法律支持 :42.62%
  - B□.政府保护 :24.59%
- 最小值:0%
  - E□.其它

图 33　新媒体从业人员最需要的支持

六、职业培训与发展状况

(1)"充电"机会少,近两成从业人员从未参加过职业培训,另有1/4人员极少有,而经常有或较常有的不足两成,培训率略低于传统媒体。见图34。

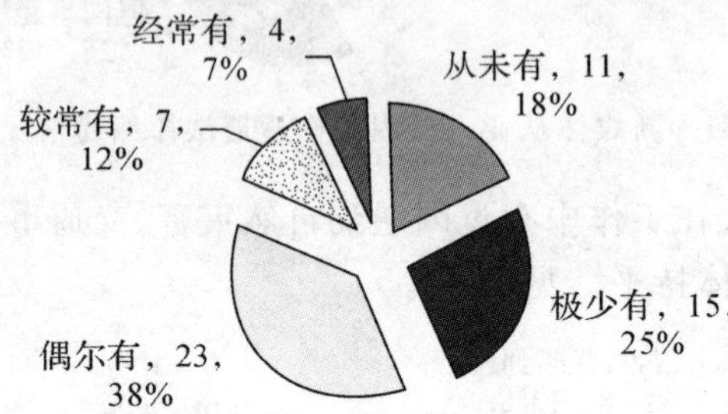

图34 供职单位为新媒体从业人员提供职业培训情况

(2)四成从业人员参加培训的经费靠自费,自费率高于传统媒体1/3的自费比率。见图35。

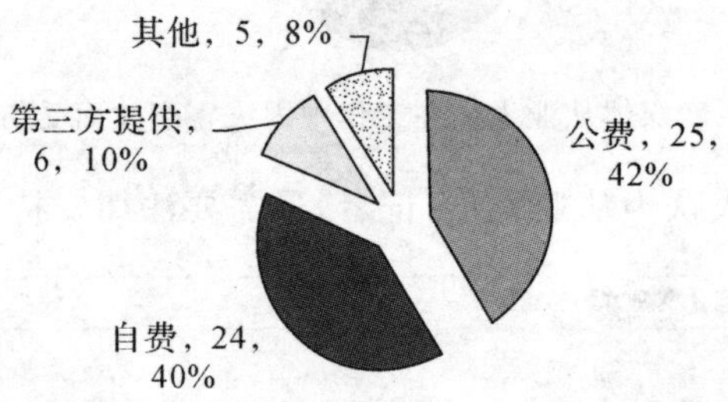

图35 新媒体从业人员参加培训经费的来源情况

(3)近七成人参加培训内容与本职工作相符,相符率与传统媒体基本一致。见图36。

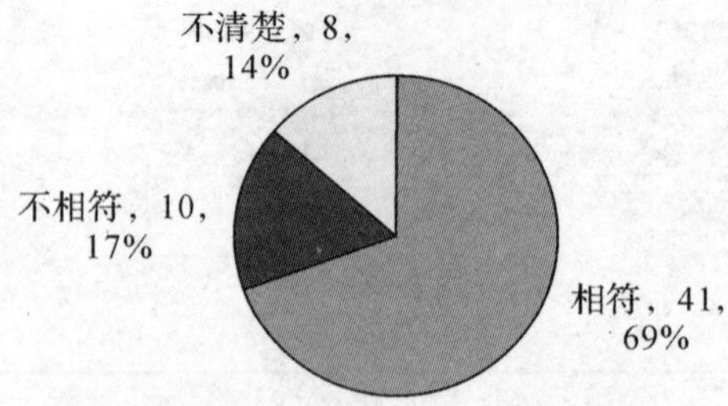

图36 新媒体从业人员参加培训与本职工作相符程度

(4)近半人从事新闻工作是为了实现新闻理想、体现社会责任，超过1/3人是因为个人喜好，也有超过一成人是因为没有别的选择。见图 37。

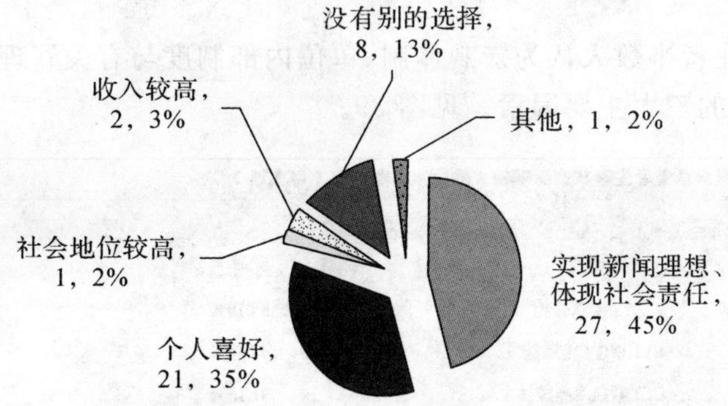

图 37　新媒体从业人员从事新闻工作的主要动因

(5)关于职业发展规划，六成人选择改行或跳槽，只有两成人选择维持现状。见图 38。

42、关于职业发展，您会有哪种想法？

频率分析

	备选项	频数	频率
1	A□.跳槽	19	31.15%
2	B□.辞职	2	3.28%
3	C□.改行	18	29.51%
4	D□.转岗	3	4.92%
5	E□.出国	3	4.92%
6	F□.维持现状	12	19.67%
7	G□.其他	4	6.56%
	合计	61	100%

关键分析

- 关键因素:60.66%
  - A□.跳槽:31.15%
  - C□.改行 :29.51%
- 最小值:3.28%
  - B□.辞职

图 38　新媒体从业人员职业发展规划

七、从业者对改进媒介从业生态的建议与意见

(1)从业者半数人认为宏观体制、单位内部制度与有关管理部门是影响从业者生态的三大主要因素。见图 39。

43、你觉得对媒介从业者生存状态影响较大的因素有哪些?(可多选)

频率分析

	备选项	频数	频率
1	A□.宏观体制	33	54.10%
2	B□.单位内部制度	29	47.54%
3	C□.新技术新媒体	19	31.15%
4	D□.单位自我发展压力	26	42.62%
5	E□.广告公关等外部经济压力	26	42.62%
6	F□.上级宣传管理部门	30	49.18%
7	G□.内部管理文化	23	37.70%
8	H□.社会文化意识	19	31.15%
9	I□.其他	3	4.92%
	合计	61	100%

关键分析

- 关键因素:30.29%
  - A□.宏观体制 :15.87%
  - F□.上级宣传管理部门 :14.42%
- 最小值:1.44%
  - I□.其他

图 39　影响新媒体从业人员生存状态的因素

(2)近半数人认为当前从业生态对舆论导向有负面影响,认为有负面影响的比率低于传统媒体。见图 40。

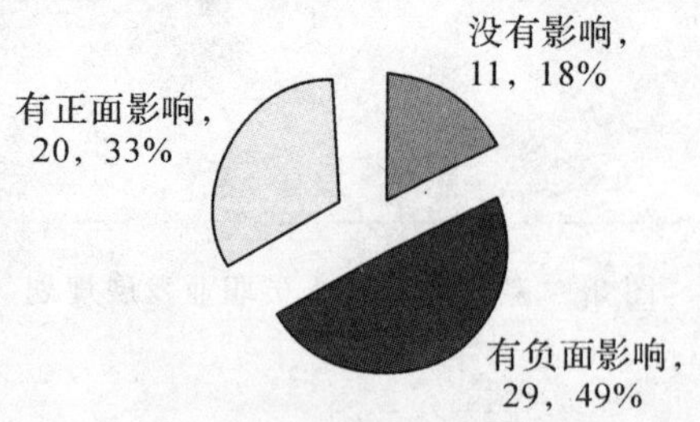

图 40　新媒体从业人员对当前从业生态对舆论导向的影响评价

(3)对改变新闻从业生态的意见建议。

新媒体从业人员对从业生态调查的参与度总体不如传统媒体,特别是与报纸媒体从业人员,相比参与热情有较大差异,这也是报纸从业人员所占比例较大的一个主要原因。造成这种情况主要是传统媒体内部存在老人老办法、新人新办法,以及编内与编外在各种待遇身份上存在较大差异,而新媒体通常都是企业化运营,内部采取较为公平的新型薪酬方式,没有身份与待遇差异等传统媒体的纠葛,因此从业人员对于薪酬以外的身份待遇等没有太多的期待,加之从业人员从业年限短,对从业生态体会不深,所以,对改变当前新闻从业生态的呼吁与需求不如传统媒体强劲。

对于改进新闻从业生态的意见建议,调查采取开放式问卷的方式,新媒体从业人员的参与率同样不如传统媒体。传统媒体从业人员参与的比率超过40%,而新媒体从业人员的参与率只有30%。意见建议的质量从字数上看也多是只言片语,远小于传统媒体。但是,传统媒体从业人员的思维活跃,只言片语中“闪光”的亮点不少。具体意见建议大体集中在以下几个方面:(1)新闻宏观体制、制度改革。如认为“新闻制度也需要改革开放”,“完善行业规范和保障等制度”,“健全采访相关法制,保障采访权和公众知情权”。(2)企业内部制度改革。如提出“改变‘干事的不拿钱,拿钱的不干事’的分配体制”。(3)提高收入待遇与社会地位。如要求“大家都要提高收入”,“希望福利再高些”,“记者社会地位应高一些”。(4)加强新闻立法。如提出“新闻法尽快实施”。(5)加强行业自律。如提出“廉洁从记”,“打击假记者,规范媒体单位”,“每一个记者都需要保持最纯洁的理想,否则不纯洁的将是整个社会”等。

八、研究结论

新媒体从业者虽然也存在职业流动频率高、单位经常或较常裁员、工作压力大、人际关系复杂、收入满意度低、职业竞争程度高、职业倦怠指数高、超过一半人经常或较常为自己的健康状况担心、对于职业寿命缺少信心、职业忠诚度低、工作超时严重、休息休假权难以保障、记者证持证率远低于传统媒体、职业安全系数低、“充电”机会少等问题;但是,由于新媒体单位机制新、单位新、人员新,没有传统媒体中各种遗留问题与身份待遇等差异上的包袱,加之新媒体从业人员多为新人,对于薪酬福利以外的非经济性待遇期待较少等,新媒体从业人员在对新闻人从业地位评价、职业满意度、职业稳定感、工作自主性评价、采访中遭受恐吓威胁、人身侵犯几率，以及劳动合同签订率、“三险一金”缴纳率、采访设备配备率等方面都优于传统媒体从业人员和行业总体水平。因而，从业生态总体来讲比传统媒体略为乐观。

后记:本研究的缺点与不足

由于研究条件所限，加之时间仓促，本研究也存在以下不足：

(1)样本数量少。虽然样本数量超过了统计学意义上所要求的社会调查研究样本总数不能少于 30 个的最低样本数要求，但是样本总数仍然偏低，因而代表性说服力不足。

(2)非概率抽样。本研究由于没有条件在全国范围内进行较为精确的概率抽样研究，虽然在网络调查中遇到受访者具有“随机”性，而事实上样本分布也较为均衡，但是从方法上说仍然属于非概率抽样研究，因而在样本代表性和研究结果的说服率上难尽如人意。

这些不足望能为其他后续研究者提供借鉴，同时也为研究者本人今后更加深入地研究提供改进的基础。在本文的最后，谨向那些积极参与本调查的新媒体从业人员表示感谢。

社会性媒介传播环境中的议题互动模式分析

冯丙奇*

社会性媒介(social media)主要指以互联网为传播技术基础,传播由普通公众生产的信息的媒介。该概念涵盖广泛,包括网络论坛、布告栏、博客、维基、播客(podcast)等等。社会性媒介已经成为公众相互分享观念、进行社会互动的重要渠道。正是在这种意义上,社会性媒介的参与,直接促使传统媒介体系转变为全新的体系。

社会性媒介有时仍被视为“另类”媒介。不过实际上,在社会议题的传播、发展过程中,社会性媒介发挥着越来越明显的作用,与传统大众媒介之间存在着深刻的议题互动过程。在本文中,与社会性媒介相对的是传统大众媒介(报纸、杂志、广播、电视、电影、新闻网站等)。本文主要通过文献研究的方法来说明社会性媒介与传统大众媒介之间的议题互动的状态,主要目的是为下一步很可能广泛开展的社会性媒介的应用提供一种比较明确的理论框架。

一、社会性媒介的传播特性

与传统大众媒介相比,社会性媒介在传播中具有显著社会性。具体表现在以下两个方面:

第一,大部分社会性媒介的内容生产者是普通公众,或者说,在社会性媒介的传播过程中,传统大众传播框架中的受众承担起了专业媒介从业人员的角色。在传统新闻传播中,一般公众也开始扮演起关键性的角色,进而很大程度上颠覆了传统的媒介接近问题,显著提高了媒介消费者的权益。①

---

* 作者系中国传媒大学广告学院公共关系系副教授、博士。

① Reich, Z.. How citizens create news stories: the “news access” problem reversed. *Journalism Studies*, 2008, 9(5), 739-758.

这种意义上的公众有了新的名称，比如“公民记者”(citizen journalists)，[①] 这种特征也被称为“公众即讯息”(people are the message)。[②] 这个特点在消费者生产的内容/媒介[consumer generated content(CGC)，consumer generated media(CGM)，user generated content(UGC)，user generated media(UGM)]等概念中得到了充分的体现。

需要留意的是，一般公众可以通过社会性媒介来传播自己生产的内容，特定的组织同样也可以创建自己的社会性媒介来进行有目的的信息传播。这种社会性媒介的内容生产者本质上是公共关系从业人员。不过，即使如此，这些人员也不是传统传播意义上的专业媒介从业人员。同时，即使是特定组织创建的社会性媒介，其他公众也可以比较自如地参与到内容的生产以及传播过程中，这直接导致这些组织对其社会性媒介的控制力明显削弱。所以，总体而言，内容生产者的这种差异的影响并不明显。

第二，社会性媒介传播的基础是公众之间的互动与交流，这个过程中信息的流动基本已经超越了传统大众媒介中的各种类型的守门人，或者更准确地说，社会性媒介的传播革命性地转变了传统的传播守门过程。[③]

相对而言，传统大众媒介在传播的社会性方面较差。有了社会性媒介的加入，传统的传播媒介体系才能升级为新的传播媒介体系。

二、媒介间议题设置

媒介间议题设置的概念最初于 1989 年被提出。[④] 媒体间议题设置与议题建构(agenda building)紧密关联。

早期议题设置理论的焦点在“设置”公众议题(public agenda)的角色，

---

① Thurman，N.. Forums for citizen journalists? Adoption of user generated content initiatives by online news media. *New Media & Society*，2008，10(1)，139-157.

② Alikilic，Ö.. When people are the message… public participation in new media：user generated content. *Journal of Yasar University*，2008，3(10)，1345-1365.

③ Storm，E.. *The endurance of gatekeeping in an evolving newsroom：a multimethod study of web-generated user content*. Paper presented at the annual meeting of the International Communication Association，TBA，San Francisco，CA，2007-05-23. http://www.allacademic.commetap172623_index.html.

④ Reese，S. D. & Danielian，L. H. (1989). Intermedia influence and the drug issue：Converging on cocaine. In P. Shoemaker (ed.). *Communication campaigns about drugs：Government，media and the public*. Hillsdale，NJ：Lawrence Erlbaum. 29-46.

有研究者将此称为"受众的议题设置"(audience agenda-setting)。[①] 随着议题设置研究的发展,研究者们发现媒体议题(media agenda)同样也需要关注,进而开始探讨是谁在影响媒体议题,即关注"建构"的过程。[②] 议题建构研究立足于如下提问:媒体在设置公众议题,谁又在设置媒体的议题呢?[③] 媒介间议题设置的相关研究中,一种媒介被视为众多消息来源中的一项。也就是说,媒介间议题设置理论认为,媒介之间的关系就是"谁在设置媒介的议题"的答案。[④] 典型的说法如:"媒介间议题设置研究并不关注媒介议题对公众议题的影响,而是关注媒介议题是如何被建构的。"[⑤]这种影响有时被形象地称为"扳机效应"(triggering device)。[⑥]

本质上,媒介间议题设置是媒介间议题互动的一种表现形式。

从消息来源的角度上讲,有研究者将媒介间议题设置形象地称为新闻食物链(news food chain)。[⑦] 处于该链条上的所有传播媒介之间无疑都是相互依赖、难以脱离的。

研究结果显示,媒介间议题设置并不是单向的,而是多向的(multidirectional)。[⑧] 这种结果从特定的方面反驳了所谓的"共鸣效果"(conso-

---

① Reese, S. D. (1991). Setting the media's agenda: A power balance perspective. *Communication Yearbook*, 14: 309-339.

② Johnson, T. J., & Wanta, W. (1996). Influence dealers: A path analysis model of agenda building during Richard Nixon's war of drugs. *Journalism & Mass communication Quarterly*, 73 (1), 181-194.

③ Weaver, D., & Elliott, S. N. (1985). Who sets the agenda for the media? A study of local agenda-building. *Journalism Quarterly*, 62(1), 87-94.

④ Lee, B., Lancendorfer, K. M. & Lee, K. J. (2005). Agenda-Setting and the Internet: The Intermedia Influence of Internet Bulletin Boards on Newspaper Coverage of the 2000 General Election in South Korea. *Asian Journal of Communication*, 15(1), 57-71.

⑤ Du, Y. R. (2007). *Is the Agenda-Setting Process Different Outside the United States?: A Multinational Agenda-Setting Test*. Paper presented at the annual meeting of the International Communication Association, TBA, San Francisco, CA. 2007-05-23. http://www. allacademic. commetap169714_index. html. 2009-05-24.

⑥ Breen, M. J. (1997). A Cook, A Cardinal, His Priests, and the Press: Deviance as a Trigger for Intermedia Agenda Setting. *Journalism and Mass Communication Quarterly*, 74(2), 348-356.

Cobb, R. W. & Elder, C. D. (1983). *Participation in American Politics: The Dynamics of Agenda Building*. Baltimore: John Hopkins University Press.

⑦ Rogers, E. (2001). *Audience and online news delivery: the impact of technology on editorial gatekeeping*. http://web. mit. edu/comm-forum/papers/Rogers_Audience. html. 2009-06-08.

⑧ Sweetser, K. D., Golan, G. J. & Wanta, W. (2008). Intermedia Agenda Setting in Television, Advertising, and Blogs During the 2004 Election. *Mass Communication and Society*, 11(2), 197-216.

nance effect)与“溢散效果”(spill-over effect)。“共鸣效果”的说法认为,媒介中存在“意见领袖媒介”(opinion-leader media),当这些意见领袖媒介最先报道相关的新闻后,其他的媒介才会跟进,形成一股连锁反应。[①]“溢散效果”的相关说法指出,一些“反对性议题”(counter-issue)往往先由“另类媒介”最先报道,之后议题由这些另类媒介流向主流媒介。[②] 我们可以明显发现,无论“共鸣效果”,还是“溢散效果”,都偏向于一种单向的媒介间议题设置过程,这种单向性不利于我们对新媒介的传播角色进行深入、恰当的认识。

媒介间议题设置的现象几乎发生于所有形式的媒介之间。下面仅作简要说明。

1. 通讯社与报纸之间

媒介间议题设置的最早研究集中关注了通讯社议题与报纸议题之间的关联。例如,相关的研究发现,美国的全国性通讯社的报道影响了美国地方媒介的报道角度与选择。[③] 赫斯基(P. M. Hirsch)在 1977 年就明确地表明,美国报纸编辑的新闻选取行为实际上是对通讯社议题的一种无意识复制。[④]

2. 报纸之间

稍后的研究开始关注不同报纸之间的影响。比如,里斯(S. D. Reese)等对美国 1985 年到 1986 年两年间的毒品报道作了比较分析,发现《纽约时报》的议题对其他报纸(如《华盛顿邮报》、《洛杉矶时报》)有明显影响。[⑤] 另外的研究显示,《纽约时报》在美国媒介中发挥着核心守门人(central gatekeeper)的角色,这种角色的具体表现是:如果《纽约时报》忽略某一议题,其

① Noelle-Neumann, E. & Mathes, R. (1987). The 'Event as Event' and the 'Event as News': The significance of 'Consonance' for media effects research. *European Journal of Communication*, 2(4), 391-414.

② Mathes, R.. & Pfetsch, B. (1991). The role of the alternative press in the agenda-building process: Spill-over effects and media opinion leadership. *European Journal of Communication*, 6(1), 33-62.

③ Becker, L. B. & Whitney, D. C. (1982). "Keeping the Gates" for gatekeepers: The effects of wire news. *Journalism Quarterly*, 59(1), 60-65.

④ Hirsch, P. M. (1977). Occupational, organizational, and institutional models in mass media research: Toward an integrated framework. In P. M. Hirsch, P. V. Miller & F. G. Kline (Eds.), *Strategies for communication research* (pp. 13-42). Beverly Hills, CA: Sage.

⑤ Reese, S. D. & Danielian, L. H. (1989). Intermedia influence and the drug issue: Converging on cocaine. In P. J. Shoemaker (Ed.), *Communication campaigns about drugs: Government, media, and the public* (pp. 29-45). Hillsdale, NJ: Erlbaum.

他大部分媒介也会如此，但是一旦《纽约时报》开始对某一议题加以关注，美国的其他媒介也开始加以仿效。[①]

3. 电视与报纸之间

以往的研究结果似乎表明，报纸议题对电视议题的影响更加明显。比如，麦克库姆斯等分析了1990年德克萨斯州州长选举的新闻报道，发现大部分电视的报道议题都来自于报纸的新闻报道。[②] 美国总统大选的报道中，报纸主导电视报道议题的效果也相当显著。[③] 另外，《纽约时报》会明显影响美国三档主要的晚间国际新闻报道的议题。[④]

4. 电视之间

电视台进行新闻报道时，在确定不同新闻显著度的过程中也会相互引导[⑤]。

5. 候选人政治广告与其他传统大众媒介之间

在媒介间议题设置的研究中，部分关注了政治广告对其他媒介议题的影响。比如，罗伯特(M. Roberts)等的研究结果显示，选举过程中，候选人的政治广告对地方性报纸与电视的议题都会产生影响。[⑥] 1996年美国总统大选过程中，候选人的电视政治广告也对报纸、电视的相关议题产生了明显的影响。[⑦]

另外一项研究分析了西班牙地方选举过程中的传播现象，不仅发现候选人的广告能够建构媒介的议题，同时也发现这些受到影响的媒介还会进

---

① Dearing, J. W. & Rogers, E. M. (1996). Communication Concepts 6: Agenda-Setting. In S. H. Chaffee, (ed.) *Communication Concepts 6*. Thousand Oaks, CA: Sage. 33.

② McCombs, M. E. & Roberts, M. (1994). Agenda setting and political advertising: Origins of the news agenda. *Political Communication*, 11(3), 249-262.

③ Cronkite, W. (1998). Reporting presidential campaigns: A journalist's view. In D. Graber, D. McQuail & P. Norris (Eds.), *The Politics of News: The News of Politics* (pp. 57-69). Washington, DC.: CQ Press.

④ Golan, G. (2006). Inter-media agenda setting and global news coverage: Assessing the influence of the New York Times on three network television evening news programs. *Journalism Studies*, 7(2), 323-334.

⑤ Reese, S. D., Grant, A. & Danielian, L. H. (1994). The structure of news sources on television: A network analysis of "CBS News," "Nightline," "MacNeil/Leher," and "This Week with David Brinkley." *Journal of Communication*, 44(2), 84-107.

⑥ Roberts, M. & McCombs, M. (1994). Agenda setting and political advertising: Origins of the news agenda. *Political Communication*, 11(3), 249-262.

⑦ Boyle, T. P. (2001). Intermedia agenda setting in the 1996 presidential election. *Journalism and Mass Communication Quarterly*, 78(1), 26-44.

一步影响其他媒介的议题。该研究将这种现象称为议题的传递(relay)。[①]

6. 互联网一般媒介与传统大众媒介之间

本文使用的"互联网一般媒介"指以互联网为传播技术基础的社会性媒介之外的传播形式,比如网络报纸等。相关的研究显示,传统报纸对网络报纸的议题显著度以及总体报道都有明显影响。[②] 反之亦然——网络报纸能够对通讯社的报道议题产生影响。[③]

7. 互联网一般媒介之间

相关研究显示,韩国网络报纸对网络通讯机构(online wire service)的报道议题产生了明显影响,同时较大规模的网络报纸会影响规模比较小的网络报纸的报道议题。[④]

三、议题削弱

为了说明议题削弱(agenda cutting)的现象,本文需要首先说明议题的生命周期(agenda lifecycle)。

对于议题的生命周期,不同的研究者提出了不同的说法。比如四个阶段的说法:(1)潜伏期与预备期:另类媒介率先报道,形成一定强度时议题由另类媒介流向主流媒介;(2)上升期:主流媒介开始进行报道;(3)高峰期:主流媒介与另类媒介都进行大量报道;(4)衰退期:两类媒介对该议题的报道逐渐减少。[⑤] 本文为了简明便利地说明社会性媒介在议题发展过程中的传

---

① Lopez-Escobar, E., Llamas, J.P., McCombs, M. & Rey, F. (1998). Two levels of intermedia agenda-setting among advertising and news agendas in the 1995 Spanish regional elections. *Political Communication*, 15, 225-238.

② Lee, K. (2004, August). *Salience transfer between online and offline media in Korea: Content analysis of four traditional papers and their online siblings*. Paper presented at the annual meeting of AEJMC, Toronto, Canada.

③ Lim, J. (2006). A cross-lagged analysis of agenda setting among online news media. *Journalism and Mass Communication Quarterly*, 83(3), 298-312.

④ Lim, J. (2004). *Intermedia Agenda-setting of Online Wire Service*. Paper presented at the annual meeting of the International Communication Association, New Orleans Sheraton, New Orleans, LA.

Lim, J. (2006). A cross-lagged analysis of agenda setting among online news media. *Journalism & Mass Communication Quarterly*, 83(2), 298-312.

⑤ Mathes, R. & Pfetsch, B. (1991). The role of the alternative press in the agenda-building process: Spill-over effects and media opinion leadership. *European Journal of Communication*, 6(1), 33-62.

播角色，仅仅将议题的生命周期分为三个阶段：发展期、流行期与消退期。

与此相应，众多的议题设置研究者都强调了媒介将特定话题放在受众议题框架中的能力，不过相反的方面——媒介将特定话题从受众议题框架中削弱、排除掉的能力，却被明显忽略了。这个过程就是所谓的议题削弱（本文暂时进行如此翻译，以试图表明，该过程涵盖程度不同的多种状态，由一定程度的弱化到被完全屏蔽）。①

早在1984年，麦克库姆斯等就说明，媒介并非平等地对待所有的话题，其中部分被详尽报道，另外部分的报道则被削减（cut）得十分严重。② 这种说法已经对议题削弱有所指涉。

最早明确提及该概念的是沃伯（J. M. Wober）等，他们于1988年明确指出，与议题设置过程相比，议题削弱是一个相反的过程，在这个过程中，公众对特定话题的关注被转移，主要原因是媒介对这些话题的报道很少或根本就不作报道。③ 同时他们也指出了议题削弱的三种方式：（1）给予特定内容比较低的新闻议题等级（所谓深藏效果，burying it）；（2）将曾经被纳入新闻议题中的特定内容剔除；（3）自始至终完全忽略特定内容，从而将其完全排除在新闻议题的框架之外。

很明显，比较而言，以往议题设置的研究者们所指称的“设置（set）”实际上仅仅强调媒介对特定议题的强化功能，这明显是一种研究的偏颇，因为就字面意义而言，“设置”既可以指“强化”设置，也可以指“弱化”设置。沃伯将议题削弱称为议题设置隐藏着的孪生兄弟，④无疑比较明确地显示了这种偏颇。不过，本文暂时仍遵循传统的“议题设置”含义。

这里需要强调的是，很明显，议题建构或媒介间议题设置，在议题削弱过程中同样有用武之地。

---

① Colistra, R. (2006). *Agenda Cutting: New Theoretical Developments in the Agenda-Building and Agenda-Setting Processes*. 4th International Symposium: Communication in the Millennium. Anadolu University, Eskisehir, Turkey.

Colistra, R. F. (2008). *Reporter Perceptions of Influences on Media Content: A Structural Equation Model of the Agenda-and Frame-Building and Agenda-Cutting Processes in the Television Industry*. Doctor dissertation, University of North Carolina.

② McCombs, M. E. & Shaw, D. L. (1984). The Agenda Setting Function of the Press. In Doris A. Graber (ed.) *Media Power in Politics*. Washington, D. C.: Congressional Quarterly Press.

③ Wober, J. M. & Gunter, G. (1988). *Television and Social Control*. New York: St. Martin's Press.

④ Wober, M. (2002). Agenda cutting: The hidden twin of agenda setting. *Media Tenor Quarterly Journal*, 3, 64-67.

四、社会性媒介传播环境中的议题互动

有研究者在说明媒介间议题设置时表示，媒介间议题设置指大众媒介报道议题之间的相互影响。① 很明显，这种说法还没有涵盖新媒介的独特传播现象。

在上述议题建构研究发展的轨迹上，传统大众媒介与社会性媒介之间的议题设置研究是比较近期的现象，这是本研究的关注重点。比较明显的例子是，2000 年韩国大选过程中，网络布告栏与报纸在报道过程中存在着明显的相互影响。②

在传统大众媒介研究领域，研究者们在分析影响媒介报道的外在因素时，似乎很少将受众纳入其关注的视野。③ 从这种意义上讲，结合社会性媒介的传播特性，本文认为，社会性媒介在传播媒介体系中的角色，实际上就是传统大众媒介领域中受众在新的媒介体系中的传播角色。

海姆(K. Heim)指出，当研究者们将博客纳入媒介体系中的时候，实际上就打开了新的一处研究媒介间议题设置的领域。当博客与传统新闻媒介同时报道同一问题时，到底是博客对传统新闻媒介的议题产生影响，还是博客跟随传统新闻媒介的引导呢？以往有关博客的相关研究显示，这两种情况可能同时存在。也就是说，博主拥有两种角色——既可能是议题建构者(议题建构的角度)，也可能扮演着议题跟随者(议题设置的角度)。④ 这与网络布告栏的情形类似——议题既可以从主流报纸流向网络布告栏，发生所谓的“媒介共鸣”现象，也可以从网络布告栏流向主流报纸媒介，产生所谓

---

① Lopez-Escobar, E., Llamas, J. P., McCombs, M. & Lennon, F. R. (1998). Two Levels of Agenda Setting Among Advertising and News in the 1995 Spanish Elections. *Political Communication*, 15(2), 225-238.

② Lee, B., Lancendorfer, K. & Lee, J. (2005). Agenda-setting and the Internet: The intermedia influence of Internet bulletin boards on newspaper coverage of the 2000 general election in South Korea. *Asian Journal of Communication*, 15(1), 57-71.

③ Neuman W. R., Just, M. & Crigler, A. (1992). *Common Knowledge: News and the Construction of Political Meaning*. Chicago: University of Chicago Press.

Dearing, J. W. & Rogers, E. M. (1996). *Agenda-Setting*. Thousands Oaks, CA: Sage.

Shoemaker, P. J. & Reese, S. D. (1996). *Mediating the Message: Theories of Influences on Mass Media Content*. White Plains, N. Y.: Longman.

④ Heim, K. (2008). *Blogs and the Iraq War: A Time-Series Analysis of Intermedia Agenda Setting and Agenda Building*. Submitted to the Association for Education in Journalism and Mass Communication Mass Communication and Society Division.

的“溢散效果”。①

作为议题跟随者的博客，往往将传统新闻媒介视为观念与灵感的来源，主要是因为大部分博主并不能亲历新闻事件，他们只能从传统新闻媒介那里获取线索②。主张博客作为议题设置者的研究者强调，博客有能力揭示传统大众媒介关注范围以外的社会事件。③ 博主通过发挥自己的“最初推动者的有利条件”（first-mover advantages）来对议题设置过程加以控制——博主可以在事件发生后立即发表自己的观念与看法，而不必等待传统媒介的新闻报道周期，同时博主还可以直接与整个世界进行交流，而不必等待接受记者的采访。④

依据上述分析，本文将社会性媒介与传统大众媒介之间议题设置的相关研究总体上分为两类：传统媒介设置社会性媒介的议题；社会性媒介设置传统媒介的议题。前者可称为社会性媒介作为议题跟随者的现象，后者即社会性媒介作为议题建构者的现象。从后者的意义上讲，社会性媒介可以提供无限的、散乱的信息来源，这直接导致信息流动过程的关口趋于散乱，并导致如下情形——没有确定的大门，也就没有确定的守门人。⑤

1. 社会性媒介作为议题跟随者

2002 年发表的一项研究显示，“美国在线”（America On-Line）电子布告栏的讨论议题受到《纽约时报》报道的影响最明显，其次是美联社与路透社，受《时代》杂志的影响最小。⑥

2. 社会性媒介作为议题建构者

2006 年公布的一项研究结果表明，网路日志（online diary）能通过网络

---

① 陈映：《BBS 与主流报纸的议题互动》，暨南大学 2005 级硕士学位论文。

② Haas, T. (2005). From “public journalism” to the “public's journalism”? Rhetoric and reality in the discourse on weblogs. *Journalism Studies*, 6(3), 387-396.

Reese, S. D., Rutigliano, L., Hyun, K. & Jeong, J. (2007). Mapping the blogosphere: Professional and citizen-based media in the global news arena. *Journalism*, 8(3), 235-261.

③ Woodly, D. (2008). New competencies in democratic communication? Blogs, agenda setting and political participation. *Public Choice*, 134(1), 109-123.

④ Farrell, H. & Drezner, D. W. (2008). The power and politics of blogs. *Public Choice*, 134, 15-30.

⑤ Williams, B. A. & Carpini, M. X. D. (2000). Unchained reaction: The collapse of media gatekeeping and the Clinton-Lewinsky scandal. *Journalism*, 1(1), 61-85.

⑥ Roberts, M., Wanta, W. & Dzwo, T. H. (2002). Agenda Setting and Issue Salience Online. *Communication Research*, 29(4), 452-465.

论坛设置报纸的议题走向。① 另外的一项研究结果也发现，广播媒介的议题受到博客的影响。②

在上述基础上，并参考“沉默的螺旋”等理论体系，本文对社会性媒介与传统大众媒介之间的议题互动关系总结为“议题纺锤”的模式（见图1）。

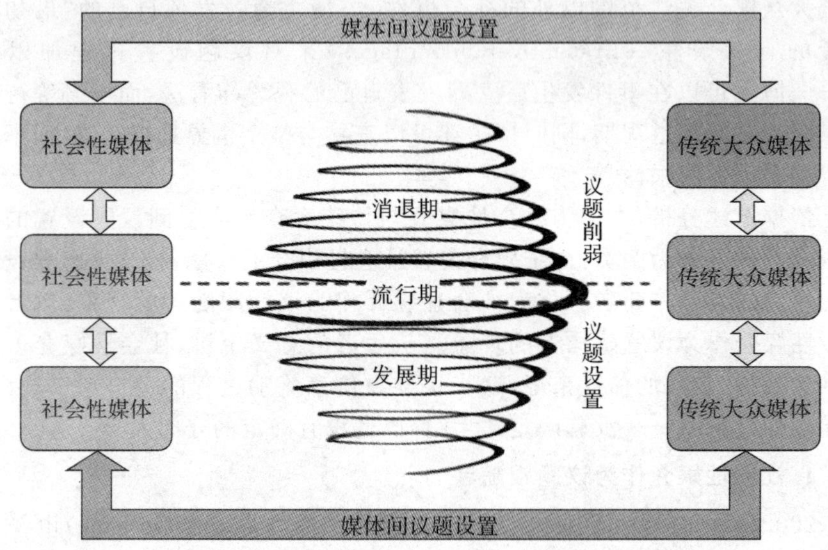

图1 议题纺锤——社会性媒介与传统大众媒介之间的议题互动模式

五、议题互动模式的启示

图1强调了新的传播媒介体系中议题互动的几项特点：

第一，在社会议题的生命周期中，社会性媒介与传统大众媒介同样发挥着十分重要的议题设置、建构与削弱作用。

第二，社会性媒介不仅能在社会议题的发展期发挥议题设置、媒介间议题设置/议题建构的作用，在消退期也同样发挥着议题削弱的作用。当然，在这一点上，传统大众媒介亦是如此。

---

① Schiffer, A. J. (2006). Blogswarms and press norms: News coverage of the downing street memo controversy. *Journalism & Mass Communication Quarterly*, 83(3), 494-510.

② Sweetser, K. D., Golan, G. J. & Wanta, W. (2008). Intermedia Agenda Setting in Television, Advertising, and Blogs During the 2004 Election. *Mass Communication and Society*, 11(2), 197-216.

第三,不同的议题,社会性媒介的传播角色也有不同。也可以说,并不是所有的议题都适用于社会性媒介的这种传播角色,这与议题的类型紧密关联。这也是将来需要加强关注的问题。

同时,无论什么类型的社会组织,在应用性传播过程中,不仅应当提高对社会性媒介的重视,而且更应当深入、清楚地理解社会性媒介与传统大众媒介之间的议题互动的模式。总之,既不能无视社会性媒介重要、独特的传播角色,也不能忽略传统大众媒介仍拥有的传播功能。这就是所有希望获得更加积极传播效果的社会组织应当树立的观念基础。

新媒体时代与媒介素养

——以手机报为例

吕凌婧*

我们主要通过新闻媒体来了解和理解外在的客观世界，从而在我们的头脑里形成一个关于这个外在世界的想像途径。然而，这个外在世界的真实图景对于我们绝大多数人是“摸不着、看不见、难于想像的”。

——李普曼

传播者和受众相生相伴、如影随形。一部人类的文明史也可以说是一部传播史。伴随科技的发展，传播的内容和形式也由简单向复合、低级向高级演变。互动是传播最根本和最普遍的要求和形式。今天，科技的最新成果使新媒体层出不穷，也使互动更加完美生动地出现在我们的一切传播活动中。互动频繁的新媒体时代的传播者和受众应该如何各司其职？媒介素养的作用和意义不可小觑。

一、新媒体与媒介素养的概念

新媒体这个概念，在不同的历史阶段，其外延各异。人类的文明史的进程伴随传播史的发展，从远古的烽火台、竹简木牍，近代的报纸、杂志，现代的广播、电视，直至当今的网络、手机等等。每个时代都因有划时代意义的新媒体作为主流传播媒介的出现而影响、改变人们的视野和认知世界的方式。

对于新媒体，目前较流行的定义是，新媒体(New Media)是一个宽泛的

* 作者系湖南科技大学商学院广告系教师。

概念，是利用数字技术、网络技术，通过互联网、宽带局域网、无线通信网、卫星等渠道，以及电脑、手机、数字电视机等终端，向用户提供信息和娱乐服务的传播形态。新媒体是信息科技与媒体产品的紧密结合，是媒体传播市场发展的趋势和方向。在另一种比较技术层面的定义中，新媒体被阐释为“TMT”，即高科技（Technology）、媒体内容（Media）和通讯传输（Tele-com）的结合。[①]

媒介素养（media literacy）是个舶来词，是指人们对不同媒介的特质、功能的认知能力，对媒介传播信息的解读、批判能力，以及运用传媒及其信息为个人生存发展和社会进步服务的能力。[②] 媒介素养的宗旨是使大众成为能积极地利用媒体，对无所不在的媒介讯息具有主体意识和独立思考能力的优质公民。它与提高社会文化品质和健全公民社会息息相关。

伴随着的传播科技的发展，网络、手机等新媒体正改变着传播者和受众的关系，甚至在某些情况下，将这一组概念的界限模糊化。我国手机用户量居世界第一位，这个庞大的客户群成为媒体竞相追逐的对象，手机报的诞生和发展是一个良好佐证。在新媒体层出不穷的时代，在媒体无所不在的环境中，媒介素养的培养是现代公民所应注重和具备的能力。

二、新媒体时代的传受双方

任何传媒，不管是传统媒体还是新媒体，都需要考虑社会责任，这是传媒作为社会公共媒介必须承担的义务。因为媒介传播直接关系到国家的经济发展、政治稳定和社会进步，对受众的思想和行为会产生直接或间接的影响作用。

新媒体作为正在蓬勃发展的大众传媒，由于其相对于传统媒体的特殊性，其所承担的社会责任也应该更大。新媒体的受众在使用新媒体的过程中获得的权利可以成为社会的一个积极的督导因素。

1. 传播者

在新闻传播活动中，传播者与社会有着千丝万缕的联系。这种联系不仅表现在传播者与受众的相互关系上，还表现在传播者肩负的社会责任和所履行的社会职责中。

---

① 辛摘：《新媒体的定义》，《新闻与写作》2006 年第 12 期，第 17 页。

② 刘勇等：《当代媒介素养教程》，合肥工业大学出版社 2007 年版，第 6 页。

在媒体的社会角色中，有一种行为对社会具有至关重要的作用，即信息把关行为。对新闻事实的选择和对信息的筛选过滤，是各类新闻媒体在新闻传播活动中的基本功能。不同媒体的选择标准各不相同，但存在一个共同的标准，或者说是所有媒体都会考量的共同因素，这就是传播效果。任何媒体都希望获得更多的受众，但是在争取受众的时候，如何做好信息把关、发挥传播的社会效果，是媒体工作者必须考虑的问题。李希光先生曾指出："新闻媒体在选择新闻和为受众设置议程的时候，绝不可以滥用职权，不能出于个人的价值偏见或所在媒体的商业利益作出新闻价值判断。"①这样的论述不论是对于传统媒体，还是对于新媒体，都具有同样重要的意义。

对于手机的媒体功能，学界早有诸多理论的探讨。将其信息传播功能运用得最早的，还得数对突发性新闻事件的短信传播。2003 年 2 月 1 日 22 时 32 分，美国哥伦比亚号航天飞机失事 16 分钟后，新浪网把这则新闻以手机短信的方式发送给万千客户，由此开创了国内手机传播新闻的先河。直到 23 时 50 分，央视一套插播了"哥伦比亚"号坠毁的新闻，比短信晚了一个多小时；而纸质媒体要在第二天才刊登此新闻，其速度绝非以时分秒计算，而是以"天"，优劣一望可知。

除了占据时效性的明显优势，手机报还具有交互性、定位明确、点对点传播等特点。这个交互性不仅存在于传统意义上的传播者与受众之间，还同时存在于接收到手机报内容的受众的"二次传播"的过程中，即他们可能将这些信息转发给其他的手机用户。这个过程中，原先的受众充当的也是传播者的角色。麻省理工学院的尼葛洛庞帝教授把网络分为星状网络和环状网络，电视的传播方式就是属于环状网络，"一对多"是其传播方式的特点；而电话网则属于典型的星状网络，是一个"多对多"的传播系统。基于电话网的手机彩信正体现了这一特点，在此传播体系中，传播者与受众一律平等，受众亦构成这个传播体系中的一环，传播者与受众之间没有明确的界限。因此，手机报不仅给用户发送他所需要的新闻，更可实现跟踪、报料搜集、读者调查、读者评报等多方面的功能。②

2. 受众

手机报是手机与传统媒体结合的产物，人们在使用手机接收手机报的时候，就成为了这一媒体的受众。作为这种新兴媒体的受众，已进入"我的

---

① 蔡帼芬等：《媒介素养》，中国传媒大学出版社 2005 年版，第 123 页。
② 陆云红：《手机报的传播特点》，《当代传播》2005 年第 2 期，第 41 页。

新闻我‘掌握’”的时代。

20世纪，麦克卢汉就提出“媒介是人的延伸”，他认为技术的任何进步都会使人类更有效地生活和劳动，媒介具有有机体的性质。手机的诞生真正实现了人和媒体在空中的无缝链接，让人感觉拥有和控制媒体的能力：媒介既不是和人分离，也不是主宰人，而是“人的延伸”。手机是一种完全以个体为中心构造的媒体。手机在实现“人的延伸”的功能上，比起传统媒体有了更多显而易见的优势。一个用惯它的人一旦缺了它，就会像失去了某种“感官”，他对周围事物的感觉能力和沟通能力将大大减弱。

面对内容制作水平良莠不齐读者定位各异的手机报，受众在进行信息接收和选择时，应该注意把握好以下两个方面：

(1)在接收信息时趋利避害。能选择资质好的手机报的内容供应商，正确地分辨信息内容，从手机报中获得更多的有益成分，同时合理规避手机报传播的消极影响和危害，包括防止个人手机的信息安全问题。

(2)发送出更好的传播内容。手机报已经突破传统的传受双方的严格界限，内容消费的需求让每个人都可能成为信息的传播者和受众。处于“拟态环境”中的受众，接受到的信息往往与现实环境存在差距，这就要求受众在“两级传播”中传递信息，扮演传播者角色的时候，能够引领受众穿越“信息迷雾”，并配合信息环境朝着良性的轨道健康发展，这就要求处于“一级传播”中的受众具有信息的甄别能力和正确的人生观、价值观和世界观。

3. 传播者与受众的互动

手机报作为新兴的信息传播模式，确实有着平面媒体所不具备的优越性。当有重大新闻价值的事件发生时，手机可以第一时间传递讯息；读者不受时空限制，只要有信号就能接收阅读报纸；手机传播的交互性改变了以往读者被动接受信息的状态，使实时的编读往来成为可能；随着科技的发展，手机多媒体功能会更加强大，为内容的多元化传播提供了技术上的支持。①

手机报融合了纸媒体的书写和互联网的交互，还包括无线的基本特征：移动、即时。特别是随着多媒体短信的出现，整合视频、图片、声音和文字等多种信息形式，把已有的各种媒体优势融于一身，开创了一种全新的阅读方式。随着手机短信功能的拓展以及各大媒体对手机报更加成熟的认识，媒体可以借助手机报简单快捷、即时互动的传播优势，手机报也可以借助媒体庞大的信息数据库，实现广大手机用户和四大传统媒体之间的多向互动。

---

① 吴信训：《手机报离春天还有多远？》，《中国计算机报》2006年03月10日。

在传播学历史上，从“传者本位”到“受众本位”的转变是一种历史的进步，但其背后的历史烙印太过明显，而且二者始终被置于二元对立的框架中。英国文化研究学派的领军人物霍尔在传受双方互动的框架内提出了“解码”理论。传受互动的受众观同样强调了受众的主动性，但这一理论认为受众的主动性是有限的，它在一定程度上会受到媒介机构及其生产的媒介文本的制约。

以上，我们可以看出，关于受众角色、地位的观念是处于不断变化中的。从某种意义上说，受众并不只是一个被动处理信息的弱者，也远非一个主动处理信息的强者，是传受双方的有机互动建构了传播的意义。①

三、媒介素养对于新媒体时代受众的意义

媒介素养的概念，我国是在20世纪90年代后期才逐渐引入，对其研究只能说是处在起步阶段，然而，伴随着传播环境的巨大变化，新媒体层出不穷，信息产品的内容和形式极大地丰富了我国公民的视听选择，媒介环境变得复杂而且多变，提高我国公民的媒介素养成了迫切的任务。

在新媒体时代，新媒体已经与大众生活须臾不可分，对每一位生活在当代的公民而言，尤其是青少年，接受“媒介启蒙”已经成为成长过程中的必要和必须。媒介素养是一种能力，它包括对媒介的认知力、理解力、思辨力和使用能力。美国著名社会学者英格斯关于人的现代化研究表明，人与大众传媒接触与人的现代性显著相关，而人的心理素质或人格力量是国家获得现代化的基础。无疑，在这一过程中，媒介素养有助于人们建立正确的世界观、价值观、道德观和传播观念。

新媒体时代，传播的即时性和准确的到达率，以及海量的信息资源，使人们仿佛置身于信息的海洋。一方面，人们疲于接受媒介传播的海量信息，成为信息的奴隶，退化了对信息的思辨和梳理能力，长此以往形成盲从的心态；另一方面，一些缺乏自律的媒体所传递的信息中含有过多色情、暴力等负面内容，影响人的身心健康。因此，受众对媒介的认识，对媒介的选择与接触，对媒介传播内容的甄别与判断，对媒介的作用和使用，就直接关系到人们社会生活的质量。②

---

① 刘勇等：《当代媒介素养教程》，合肥工业大学出版社2007年版，第229页。

② 张开：《媒介素养概论》，中国传媒大学出版社2006年版，第110页。

李普曼在其经典论著《公众舆论》中曾以“外部世界与我们头脑中的景象”为题专章论述了这种楔入人和环境之间的“虚拟环境”——“偶然的事实,创造性的想像,情不自禁地信以为真,这三个因素便会产生一种虚假的现实,导致人们作出激烈的本能反应。显而易见,在某些情况下,人们会像对待现实那样对虚构的东西作出有力的反应。”大千世界,每时每刻都会发生层出不穷的新闻事件,不同国家、地域,不同定位的传媒选择的报道重点、报道角度也会有所不同,其呈现出来的现实世界往往也大相径庭。一个拥有媒介素养的人就能够透过这些信息觉察到“媒体世界”和“现实世界”的差异,进而做出合理的分析和判断,利用媒体来帮助我们更好地认识和思考世界。

试析传统媒体应对公民新闻的策略

郭翠玲*

在大众传播时代，传统媒体是社会传播特权的拥有者，虽然普通大众有出版和传播信息的自由，但是在先进的传播技术和昂贵的传播设备掌握在传统媒介组织手中的情况之下，他们的媒介使用权几乎完全被剥夺。在这其中也有普通民众争取媒介接近权的斗争，且也起了一定的效果，有些媒介也将特定频道在特定时间向公众开放，但是受众对于媒介的使用权仍然是非常有限的。

互联网的出现尤其是新传播技术的发展，使普通公众也可以参与到新闻信息的制作和发布中来，就像公民新闻网站的先驱 OhmyNews 所提出的口号一样，只要你愿意，"人人都是记者"。新的移动通信技术和传播技术的发展带给受众前所未有的体验：他们可以在网络媒体上记录自己的衣食住行和日常琐事与网民分享；他们可以用手中的移动设备记录发生在自己身边的重大突发事件并将其传递到世界各地；他们还可以就传统媒体的某些报道进行补充和评论，甚至对某些不实或歪曲报道提出质疑，从而使事件真相大白于天下……

公民新闻就是没有经过专业新闻训练的普通公众通过运用新的传播技术和网络全球传播的特点来创作和发布的新闻信息，这些信息在为传统媒体提供的新闻信息增加新的素材的同时，也可以对媒体所提供的信息进行查证和检验。可以说，公民新闻的涌现及活跃，从一定意义上讲，代表了普通大众对主流媒体精英霸权的抗争，它使新闻的采访权和编辑权不再为少数人所垄断。它打破了传统的新闻生产流程，通过多渠道的新闻信息报道满足日益多元化发展趋势下公民的知情权需求，让话语权利从"少数人"回归"多数人"。公民新闻使传统意义上的受众转变为新闻信息的提供者，受

* 作者系兰州大学新闻与传播学院讲师，兰州大学新闻研究所副所长、博士。

众之间也可以通过网络这块方寸之地进行几乎没有界限的交流和沟通。这超越甚至颠覆了新闻事业的传统理念，对新闻业的影响巨大而深远。

一、传统媒体应对公民新闻的实践

再大的媒介也有自己的触角所不及的地方，再专业的新闻记者也有自己观察事物的“盲点”。传统媒体对公民新闻的借鉴及其与公民新闻的互动融合可以使受众关注的各类议题聚焦呈现，从而使传统媒体的报道更贴近民众的需要。传统媒体与公民新闻的互动融合不仅可以整合传统媒体的力量，还可以将网络公民新闻延伸至传统媒体新闻报道机制，让个人关注的新闻更具影响力。

当然，就整个新闻传播领域而言，专业新闻工作者永远是新闻报道的主力，这是毋庸置疑的。但同时我们也应该看到，普通公众在新闻传播中的主动权越来越大，他们不仅能提供新的事实或线索，还可以对专业记者的报道进行补充或质疑，对新闻机构“缺席”的新闻信息进行主动、自觉的提供，同时他们对某些问题的观点与意见也能够引发“舆论风暴”，并构成了新闻内容的重要组成部分。公众不仅想从媒体上看到“记者怎样说”、“事实怎么样”，还要知道“大家怎么看”，甚至“我要说几句”。新闻媒体如果漠视公众的声音，闭目塞听，传媒机构“瞭望者”、“风向标”的功用就无从谈起，传媒作为社会公器存在的意义也就不复存在了。而如果传统媒体能够充分认识到普通公众在新闻信息传播中的重要性，把他们的参与看作是对媒体新闻报道的有益补充，并主动提供互动平台与内容共创的机会，那就能吸引更多的关注和参与，在增加自己报道的深度和厚度的同时，传媒的社会价值也能够得到更好的体现。

传统媒体与公民新闻互动融合的探索主要表现在以下几个方面：

1. 视公民新闻为信息源，寻找新闻线索

随着公民新闻的发展，信息量逐渐丰富，许多传统媒体从业者开始习惯于从各类博客中寻找新闻线索。web 2.0 时代，千万个草根记者的内容在发挥价值，让草根的观点获得展示和挥发，“公民新闻”已经成为传统媒体新闻线索的重要来源。

2. 利用新媒体、新技术创建面向普通公民的评论与意见反馈平台

传统媒体开放公共评论，其实就是给受众提供一个对专业新闻记者报道内容进行反馈的机会，公众可以对新闻报道内容进行补充、评论或批评、质疑。这个渠道的开辟使传统媒体了解公众众对于这则新闻信息的态度和报道中存在的问题，为后续的新闻报道提供借鉴。有些公众会对文章细节做补充，补充作者所遗漏的内容，或增加一些记者所不及的专业信息，这些都会使记者所报道的新闻信息更加丰富和全面。

3. 传统媒体开设公民新闻频道或栏目

公民新闻的出现使新闻生产不再是少数媒体机构中编辑和记者的专利，“多数人向多数人传播新闻”的媒体形态促使现有传媒格局重组，传统媒体与公民新闻的融合已经是大势所趋。这种传统媒体通过开设公民新闻频道或栏目的传播模式已经为多家新闻媒体采用，并收到了良好的传播效果。

2005 年 10 月，在美国新奥尔良市遭遇“卡特里娜”飓风袭击的当天，CNN 在其官方主页上，增加了一个名为“Citizen Journalist”的板块。CNN 网站试图凭借这一新型新闻采集渠道为自己收获大量的一手资料，而这些东西可能和专业记者的报道角度完全不同，以此来达到“独家”的效果。事实证明，这种做法取得了很好的效果，目击者们在这个板块上发布了大量文字及影像资料，加上专业记者所收集的信息，CNN 对这一灾难性事件进行了全景式的报道，这是专业新闻报道和业余新闻报道（公民新闻）的完美结合。之后，CNN 于 2006 年 8 月 15 日正式推出了公民报道栏目“iReport”。

4. 传统媒体建立独立的公民新闻网站

除了在自己的网站上开设公民新闻频道或板块之外，还有一些媒体建立了独立于自己之外的公民新闻网站，这些独立的公民新闻网站可以为传统媒体提供鲜活的报道素材，两者的互动融合将会给目前的新闻传播格局注入新的生机和活力。

在西班牙语世界，多数具有影响力和吸引力的公民新闻网站都来源于报纸的支持。在阿根廷，*Clarin* 报最近开通了一个博客网络平台，为普通民众提供了自己传递信新闻信息的一片天地。西班牙报纸 *El Pais* 也建立了一个公民新闻板块：Yo，Periodista（我，新闻记者），在这个板块之内，读者可以通过发表评论、文字、照片和视频等多种形式参与到信息的传递和分享中来。除了传统媒介涉猎公民新闻之外，也有很多网民自发建立的网站，而这些网站都包含着对公民新闻的期待：架起传统媒体和公众之间的桥梁，用自己的语言让读者知道更多关于自己社区的重要信息。

在大陆，传统媒体建立独立的公民新闻网站的做法也初见端倪。在《中国日报》支撑下成立的"直播客"(www. moobol. com)可以看作是一个公民新闻网站。这个以"把你看到的拍下来"为口号的网站鼓励网友自己用数码相机和手机记录生活中一切有意义的事情,并且标注相关标签信息,从而建立日益专业、庞大的社会信息数据库。

传统新闻媒介在新闻生产硬件上的优势与公民新闻信息传播上的优势相结合,从某种意义上说是对公民新闻传播优势的吸纳与肯定,而此举在客观上也必将带来主流媒介公共参与度的提升。

二、前瞻:传统媒体与公民新闻的融合应贯穿于新闻报道的全过程

在大众传媒时代,受众只能通过大众传媒得到关于周围世界变动的信息。这种单向的传播模式使大众传媒在信息传递方面具有绝对的权威,它决定了新闻报道什么、不报道什么,以及怎样对事件进行报道。受众只能被动接收大众传媒传递的信息,在整个传播的链条上处于绝对的被动地位。随着网络传播的出现和公民新闻的出现和发展,这种传播模式被打破,普通公众利用网络越来越多地参与到新闻信息的制作和共享中,公民新闻对传统媒体的影响也日益加深。传统媒体与公民新闻的互动融合应体现于新闻报道的全过程,在新闻报道的各个时期采用不同的手段实现与普通公众的信息互动。

1. 报道前期

首先,在新闻报道前期,要将公民新闻视为新闻源,在普通公众所发布的新闻信息中寻找和发现新闻线索。

对于专业新闻媒体来说,公民新闻就是一个巨大的信息资料库,传统媒体可以从中发现很多有价值和有意义的信息,并以此为线索进行深度的发掘和加工,使信息达到最佳的传播效果。除此之外,传统媒体还可以采用主动开设公民新闻报料渠道的方式,吸引公众参与到新闻信息的提供和分享中来。

其次,传统媒体向普通公众征集报道主题,实现对报道议题的策划和对公民新闻资源的开发利用。

普通公众是传统媒体新闻信息的消费者,是传统媒体的主要服务对象。而从普通公众那里征集他们最关注的话题,通过媒体有计划的组织和报道来满足他们的需求,解决他们最为关心的问题,可以实现报纸与普通公众的

良性互动。在这种互动中,传统媒体还可以通过各种途径实现对议题的引导,使大家说出的都是自己的心里话,提出的都是有建设性的意见和建议,而不仅仅是就某个或某些问题发发牢骚而已。

2. 报道中期

在报道过程中,传统媒体也要时刻保持与普通公众的互动,吸引受众参与到新闻报道中来。尤其是大型系列报道或深度报道过程中,要随时注意公众在每个报道阶段的反应,以便在必要的时候及时对报道的角度、报道的方式等进行调整。

首先,在报道过程中与普通公众即时互动,了解他们对具体报道阶段的需求以及他们对报道的意见,及时对报道过程进行调整。

在网络时代,大众传媒在信息报道方面已经由信息提供者的角色,慢慢向信息服务者的角色转变。对新闻事件的报道也不能仅仅停留在告知阶段,而是要在信息的传播中充分尊重普通公众的需要,并不断调整以满足这种需要。有时候,由于记者和编辑不是事件发生的当事人,他们对问题的看法就可能会不深入,不能身临其境地体会事件相关人的想法和需要。这就要求专业媒体在新闻报道过程中高度重视公众在具体报道阶段的要求,充分尊重他们的想法和要求,以期达到最佳的报道效果。

其次,在报道过程中吸引公众参与到报道中来。

虽然没有记者的新闻专业知识和专业素养,但在新闻报道的过程中,公众对新闻报道的参与也可以补充专业记者的报道内容,丰富专业记者报道的形式。新闻现场的目击者、当事人对新闻事件的描述和现场报道比新闻记者的报道更具感染力,因为在报道的过程中,他们或以普通人的视角讲述发生在普通人身上的故事,或站在普通人的立场上对身边发生的事件或社会问题进行评论,或展示普通人的生存状态,这些无论在内容、形式、风格和语言上都能够使公众感同身受,从而引起共鸣。

3. 报道后期

一则新闻信息见报、播出或上网后,并不意味着对这则新闻信息的报道工作已经结束了,尤其是在 web 2.0 的背景之下,保持报道后期与公众互动渠道的畅通仍然十分必要。

首先,公众可以通过互动渠道提供对新闻信息的补充报道,从而使信息的呈现更加全面和客观。

由于新闻报道对时效性的要求,记者必须在有限的时间内完成对新闻信息的搜集和处理。在这个过程中，就极有可能出现对事件的了解不够全面和客观，对事件的分析不够深刻的现象。虽然网络时代可以对新闻信息进行滚动播报，但也不能完全杜绝此类现象的发生。记者和编辑的知识层面、自身所处的立场以及不同的个人经历都会影响他们看问题的角度。而这种缺失可以通过公众对新闻信息的补充而得以弥补，使新闻信息的最终呈现更为全面和丰满。

其次，公众对新闻报道的评论和反馈可以为媒体以后的报道提供建议和参考。

通过反馈渠道，公众还可以对专业媒体的新闻报道进行评论和反馈。他们以普通公众的视角而不是记者编辑的视角给出的中肯评价可以使专业媒体对以后的报道行为进行调整，改进报道方式，适应公众的需求。

总之，传统媒体在与公民新闻的互动融合应体现在传统媒体新闻报道的全过程中。在这个过程中，传统媒体应最大限度地利用公民新闻的传播互动性和内容丰富性的特点，将与公民新闻的互动融合贯穿于整个新闻报道的全过程，无论是策划选题、吸引受众参与信息报道，还是接受公众对新闻报道的反馈，在新闻报道的各个环节都应时刻保持与公民新闻的联系，以期实现新闻资源的充分利用和对公民新闻的深度开发。传统媒体可以通过整体报道策划实现与公民新闻的融合，而与普通公众的内容共创与互动传播是与公民新闻融合的有效途径。

三、小　结

在传统新闻生产中，大众传媒是新闻议题的设置者，哪些新闻可以用、怎么用都由大众媒体所控制。公民新闻“多数人向多数人”的新闻生产和传播形态使新闻信息的生产不再是大众媒体机构中编辑和记者的专利，大众传媒在信息传播中的统治地位受到冲击和影响，对信息的垄断地位也因为公民新闻的出现而动摇。公民新闻虽然在某些程度上形成了对大众媒体的挑战，但其本身在影响力方面没有办法和专业的新闻媒体机构相抗衡，公民新闻公信力的缺失以及网络暴力也常常为大家所诟病。

可以说，大众媒体已经注意到公民新闻的威力并开始积极寻求两者之间的合作。但更广范围以及更深层次的互动融合仍然需要加强，这是两者发展的方向。专业新闻媒体在与公民新闻互动融合进行新闻生产的过程中，应积极吸纳公民新闻的优点，搭建与公众互动的平台，并以公民新闻为信息源，通过角色的转变实现新闻信息的循环报道和无限延伸，这可以极大地拓展新闻报道范围、挖掘报道深度、提升新闻品质。公民新闻通过大众传媒对信息的“放大”和“把关”，可以强化普通公众声音的表达，同时弥补公民新闻在传播过程中的种种缺陷：虚假信息、网络暴力等等。在两者互动融合的过程中，整个新闻报道的流程应该是建立在普通公众和专业媒体共同协作的基础上的一个不断被公众与专业新闻守门人共同把关、过滤和验证的过程。

报道初期，普通公众发布新闻事件或对大众媒体出现的感兴趣的话题进行讨论。在这一时期，普通公众是自己提供的信息的把关人，自己决定对事件是否报道或以什么样的角度进行报道。这是普通公众“自我把关”的过程。

与公众利益关系紧密、受到多数人关注的新闻或问题会通过读者的点击、版主或网络管理员层层筛选和推荐，在浩如烟海的公民新闻中脱颖而出，并最终得到大众媒体的重视。这是一个“公众把关”的过程。

对于进入大众传媒视线的公民新闻，专业的记者和编辑会从中进行再次的过滤和挑选，符合大众传媒报道要求的新闻信息会通过大众传媒的报道和评论而扩大影响力，迅速成为社会性的话题并对社会产生影响。这是大众媒体的“专业把关”的过程。

大众媒体刊发专业新闻人员撰写的新闻报道或评论后，普通公众仍然可以进行监督和“议题验证”。一旦新闻报道有了新的发展或出现新的例证，普通公众又可以以公民新闻的形式进行再度报道或补充评论。至此，公民新闻与大众媒体的互动融合的运作又进入下一个循环，周而复始。

在融合过程中，我们必须考虑传统媒体时代传播者、受众概念对于融合趋势下的新闻传播情境下的适用性；必须考虑新闻工作者角色以及工作方式的变化；必须重视在两者融合过程中编辑部内部组织结构的调整和变革等等。

无论发生何种改变，满足受众需求、最大限度发挥媒体内容的影响力和提高媒体服务的质量，始终是两者互动融合的出发点和归宿所在。

参考文献

[1]Anthony J. Eksterowicz and Robert N. Roberts. *Public Journalism and Political Knowledge*. Rowman & Littlefield Publishers, c2000.

[2]Dan Gillmor. We the Media—Grassroots Journalism by the People, for the People. *O'Reilly*, *First Edition*, 2004.

[3]Jay Rosen. *What are Journalists for?*. Yale University, 1999.

[4]蔡雯:《新闻报道策划与新闻资源开发》,中国人民大学出版社 2004 年版。

[5]胡泳:《众声喧哗——网络时代的个人表达与公共讨论》,广西师范大学出版社 2008 年版。

[6]熊澄宇:《信息社会 4.0:中国社会建构新对策》,湖南人民出版社 2002 年版。

论媒介融合对新闻报道与传播的优化

杨旦修*

一、媒介融合的定义

随着以媒介融合为目标的全媒体试验在全球的一些媒体机构展开，媒介融合受到新闻从业者、学界的密切关注。作为与当今传媒业态发展紧密相联的一个前沿性研究课题，媒介融合(Media Convergence)至今尚未有一个明确定义。“媒介融合”(Media Convergence)的概念最早由美国学者伊契尔·索勒·普尔(Ithiel De Sola Pool)在其《自由的科技》(*The Technologies of Freedom*)中提出：“数码电子科技的发展是导致历来泾渭分明的传播形态聚合的原因。”①科隆(Colon)认为：“坦帕模式所代表的现代媒介融合方式充分说明了其更为丰富的内涵”。②詹金斯详细阐述了媒介融合的五种形式：“技术融合、经济融合、社会或组织融合、文化融合和全球融合。”③国内学者徐沁认为：“应该从广义的范围来考察和研究媒介融合，它的演进是递进式、立体式的。媒介融合包括媒介形态、媒介功能、传播手段、资本所有权、组织结构等要素的融合。它既指各种融合的结果，又涵盖了各方融合的过程。”④可以看出，学者们不局限于媒介融合的技术和内容层面，而是将其置于更为广阔的社会环境中考察。基于本文的研究视角，本文认同国内学者彭兰对媒介融合的定义：“媒介融合是各种媒介呈现出多功能一体化的发展趋势……各种媒介间业务的交叉、渗透、互动，直至融合，并逐渐发展到

---

* 作者系南京大学文学院博士生。

① Quinn, S. (2005). *Convergent Journalism: The Fundamentals of Multimedia Reporting*. New York: Peter Lang Publishing.

② Colon, A. (2000). The multimedia newsroom. *Columbia Journalism Review*, 39, 24-27.

③ Jekins, H. (2001). Convergence? I Diverge. *Technology Review*, 104, 93-94.

④ 徐沁：《泛媒体时代的生存法则——论媒介融合》，博士论文，中国知网。

媒体平台及市场的交汇、相融。而更高层次的融合，将会在电信、IT界域、传媒行业的各类机构大汇流的基础上出现。”[①]本文将根据媒介融合的业务层面来探讨其对新闻报道与传播的优化。

二、技术融合带来新闻报道与传播模式转变

媒介融合下的新闻传播所需要技术更为复杂，其新闻生产需要更加精细的划分和更为明确的专业分工，并呈现出多样化的合作模式。从当下的数字报纸、电子杂志来看，传统媒体充当的大多是纯粹的内容提供者，而专业的技术公司充当电子化的包装者和发行者。技术公司凭借其专业技术将媒介提供的内容精心包装，再通过自身的平台优势将内容发布出去。例如美国的NewsStand公司，利用自身在电子技术方面的优势，与全球200多家报刊形成了合作关系，为其制作电子报纸并通过该公司的网络平台发行，*New York Times* 和 *USA Today* 的电子报纸即由该公司制作发行。以电子杂志为例，由Zcom公司为某音乐杂志制作的电子杂志不仅外观精美，而且利用多媒体技术制作了Flash、方便快捷的操作界面。同时专门设置了“联系我们”、“我来评论”等板块，使得受众能在线与编辑实时交流、与其他受众分享视听经验。在这种发展趋势下，未来的新闻报道与传播形式将更加丰富多彩和个性十足，同时技术的强大保证也会使得新闻传播在互动性、及时性等方面的表现更加突出。因此，在媒介融合的背景下，传统媒体应积极改造新闻的生产流程，找准自己的定位，发掘出最适合自己的合作模式，以求获得自身的生存和发展。

三、产业融合带来新产业链中的新闻报道与传播角色的重新定位

从宏观层面来看，媒介融合带给传媒业前所未有的外部压力。运作模式上，媒介成为内容的提供者，专业的技术公司来负责内容的加工和内容的发行，技术因素成为传媒业发展的瓶颈。媒介融合不只牵涉到专业技术，更为重要的是牵涉到各类产业——IT、电信业，IT、电信业对传媒业的影响已经在媒体生产模式、信息传输通道、消费终端等环节显示出来。随着媒介融

---

① 彭兰:《融合趋势下的传媒变局》,《新闻战线》2008年第7期。

合的进一步发展，对传媒业的钳制力也越来越大。“在手机媒体的发展中，电信行业的控制力已经逐渐显现出来。”[①]因此，媒介融合带来的不仅是作为业务层面的融合，“更为深远的影响是产业的重组与融合”[②]，媒介机构已处于一个新的产业链上，这个产业链还包括IT业、电信运营商及其他与信息生产相关的企业。因此，传媒业要积极协调与相关产业的关系，主动投入到融合中去，不断优化新闻生产、流通与消费的内部和外部环境，为其自身的发展创造良好条件。这其中，新产业链中的新闻报道与传播角色的重新定位显得尤其重要。

四、媒介融合对新闻报道与传播的优化

无论是BBC整合电台、电视台及网站为一的新闻编辑部，还是美国的“坦帕新闻中心”，这些媒介融合的一个基本层面就是媒介业务形态的融合。多媒体报道是“将各种传统单媒体的内容汇聚到一个平台后的自然结果，是对单媒体业务的革新和继承”。[③] 数字化技术促进了媒介融合，同时媒介融合也催生了一些融合媒介，这些新兴媒介给新闻报道与传播带来的革命性变化，不仅使得不同媒介形态采集和共享新闻事实成为可能，还“对受众结构、受众消费方式、信息获取渠道等产生了重要影响”[④]。由于技术上的原因，媒介融合首先在网络上付诸实践。因此，考察网络上的新闻报道与传播对于理解媒介融合有着十分重要的意义。目前，类似于网络这样的新兴互动多媒体媒介对新闻的传播与报道的优化主要表现在以下方面：

1. 新闻报道与传播互动性、即时性的增强

传受双方在传播过程中的地位以及互动反馈的频率与传播技术的发展有着密切的关系。“在促进传受双方的互动方面，新的传媒技术被认为具有更大的潜力。”[⑤]尼葛洛庞帝曾经对网络做过形象的描绘：“数字化会改变大众传播媒体的本质，推送(pushing)比特给人们的过程将改变为允许大家拉出(pulling)想要的比特的过程。这是一个剧烈的变化，因为我们以往的媒体整体概念是通过层层过滤之后，把信息和娱乐简化为一套‘要闻’或‘畅销

---

① 彭兰：《融合趋势下的传媒变局》，《新闻战线》2008年第7期。

② 彭兰：《融合趋势下的传媒变局》，《新闻战线》2008年第7期。

③ 彭兰：《媒介融合方向下的四个关键变革》，《青年记者》2009年2月下。

④ 陶喜红：《媒介融合背景下传媒服务理念的重塑》，《新闻记者》2007年第10期，第18页。

⑤ 丹尼斯·麦奎尔：《受众分析》，中国人民大学出版社2006年版，第32页。

书’,再抛给不同的‘受众’。”[①]在网络中,受众进入了一个巨大的信息超级市场,自由地挑选自己感兴趣的或需要的信息,还能成为信息的接受者、传播者和发布者。克林顿的丑闻事件最初出现于麦特·德鲁吉的个人网页上,经网民们的转帖、讨论后,成为当年影响颇大的政治丑闻。网络中的职业传播者也可以通过设置论坛、公布编辑部的E-mail、在每篇报道后设置讨论区等手段,做到媒体与网民之间的互动和交流。这种即时、互动的交流使得传播者能迅速接收到受众的反馈,了解受众的需求和看法,并积极主动地调整自己的报道议程,使其适应受众的需要,从而提高传播的效率。同时,由于信息的公开发表,网民可以浏览其他网民对该新闻的意见和态度,并以帖子的形式表达自我观点,实现网民间对新闻事件的交流。

网民对传播者信息的这种反馈还可能引发新的热点讨论,形成不可忽视的舆论力量,甚至引发对现实环境的行动。网络上吵得沸沸扬扬的“范跑跑事件”,正是由于网友们的几十万的跟帖,从而在网络上掀起了声势浩大的“讨伐范跑跑”的浪潮,引发了全国对重大紧急事件的道德问题的讨论。并且,在2009年桥梁坍塌、“沪6·27倒楼事故”、舞厅火灾、工厂爆炸等大大小小的事故发生后,网络民意的强大力量和密切关注,使得媒体不再满足于报道“各级领导妥善处理事故”,更注意挖掘事故发生的深层原因,最终使得官员腐败、建筑公司偷工减料等问题浮现出来,引起相关部门重视并予以解决问题,甚至还促使相关法规的出台。另外,网站编辑利用网络的即时性随时更新、跟进、补充信息,实现24小时报道,大大提高了传播的时效性。如新浪网在2001年美国世贸大厦遭受袭击后10分钟便发出了第一条快讯,在美英轰炸阿富汗之后两分钟发出了第一张图片。

基于媒介融合而产生的新媒体吸取了互联网服务理念的精华,注重与受众的深层次互动。手机电视是基于电视和电信产业融合产生的一种新兴媒介。当手机与电视融合,“移动通信的双向传输和对交互性的全面支持,使互动式服务向更深层次发展”[②],受众可随时随地选择观看自己感兴趣的内容,传播者也可直接接受受众的反馈。“新媒体正在改变大众传播的面貌,个人对个人、个人对多人、多人对多人的网络传播已经形成,传受者一体化将成为新闻传播的主体特征。”[③]网络和手机等新媒体所具有的互动性和

---

① 尼葛洛庞帝:《数字化生存》,海南出版社1999年版,第104页。

② 陶喜红:《媒介融合背景下传媒服务理念的重塑》,《新闻记者》2007年10期,第18页。

③ 蔡雯:《媒介融合前景下的新闻传播变革——试论“融合新闻”及其挑战》,《国际新闻界》2006年第5期。

即时性大大激发了受众参与到传播过程中的积极性，并通过即时的反馈与传播者进行更多的互动交流，而交流的及时和频繁使得传播者能了解受众，并据此迅速调整日程，从而使得新闻的报道与传播进入良性循环，也提高了传播的效率；同时，这种互动性和即时性使得“受众对传媒信息的关注度、批判性或者创新性反应、个人的媒介行为和媒介选择都有了很大的主动性”[①]。

2. 注重新闻报道与传播的个性化

新兴融合媒介的受众主要是年轻、收入较高和学历较高的人群，他们追求快节奏、高品位的生活，媒介的个性消费越来越成为传媒吸引受众的主要手段。为了满足不同受众的个性需求，新闻报道与传播出现小众化和分众化的趋势，媒介市场和受众资源逐渐被细分。“小众化传播和分众化传播使受众接触媒介的盲目性减少，受文化职业、心理、生活观念、消费观念以及价值观念等因素的支配，受众对传播信息的选择将更加精细与专注，他们的信息消费定位更准确、个性化更强。媒介融合与融合新闻可以根据不同受众的个性化选择，制作不同类型的信息产品来满足他们的需求。”[②]网络电视、手机电视的专业频道也是对分众化传播的反应。手机电视可以实行个性化的内容定制，在有限的手机屏幕上显示受众最感兴趣的内容，比如利用生动的图片、简洁的文字信息，使受众能迅速根据页面上的内容简介点击进入。在小众传播和分众传播的传播情境下，专业化的频道和网站利用互动技术向具体的、个性化的受众提供全方位、个性化的服务，受众不再是人口统计数字中其个性和喜好被整合、平均甚至忽视和隐匿的“那一个”，而是有着自己独立思考能力、选择能力、独特的“这一个”。“‘我的日报’正在渐渐取代‘我们的日报’。”[③]此时的媒体过渡为个人的数字信息处理器，“‘受众’的概念也已从原来的被动接受转变为主动的‘终端客户’”[④]，受众作为媒介的消费者获得了空前的自主选择的权利。

3. 新闻报道与传播的大容量、立体化的“多兵种协同作战”

具有多媒体特点的新兴融合媒介具有强大的综合性和包容性，它们吸收了传统媒体所有的传播符号：文字、声音、图片、图像、动画，允许信息的不

① 陶喜红：《媒介融合背景下传媒服务理念的重塑》，《新闻记者》2007年第10期，第18页。

② 陶喜红：《媒介融合背景下传媒服务理念的重塑》，《新闻记者》2007年第10期，第18页。

③ 李凌凌：《网络传播理论与实务》，郑州大学出版社2004年版，第25页。

④ 欧阳友权：《网络传播与社会文化》，高等教育出版社2005年版，第66页。

同形式自由流通。网络传播保留了传统媒体营造“强势新闻”的手段:(1)版位,重要新闻一般放在靠前的版位上,且在同一版上的上左位置。(2)标题,重要消息的标题大、字号大、加长加粗、浓墨重彩。(3)报道量,在一段时间内大量采用多种形式集中报道重要新闻。

同时还通过自身优势,运用其他手段来强化、突出重要新闻:(1)设置专题,利用媒介融合超链接等,及时设置相关热点问题,对某事件做深度报道,提供给受众更为详尽的细节和背景。如腾讯网对“迈克·杰克逊突然死亡”做了一期专题,回顾了迈克·杰克逊的童年、成长、成名的一生路程;以文字配合视频和音频,详细介绍了出事当晚的状况、医生的鉴定结果、网友的悼念等一系列相关内容。(2)网页层次安排,利用新闻的标题在不同的页面层次来表现新闻的重要性,最重要的新闻在首页,次重要的在二级页面……有效利用了有限的页面资源,提供了深层次的新闻报道。(3)“多兵种协同作战”,集中了各种信息形式,如文字、声音、图片、图像、动画,并采用了多种报道题材,消息、通讯、专访、新闻评论等,实行“多兵种协同作战”,积极利用网络的互动性,组织网民讨论,并邀请专家进行现场交流,深化大家对该报道的关注,并巧妙地实现舆论的引导。(4)媒介融合的新媒体编辑还会利用超链接和版面的安排,来分门别类地整理、归纳信息,如开设“今日要闻推荐”、“国内国际要闻”等各种新闻板块,来满足受众多样的需求,吸引受众的点击。

4. 新闻业务形态的融合带来新闻报道与传播的整体和规模效应

彭兰教授所说的“全媒体化”,是指“一种业务运作的整体模式与策略,即运用所有媒体手段和平台来整合、构建大的报道体系”①。“坦帕新闻中心”整合了 WFLA 电视 8 个频道、《坦帕论坛报》和 TBO. COM 网站,成为集电视、报纸、网站为一体的新闻中心。在这个新闻中心中,不同类型的媒体工作人员精心安排业务流程,新闻生产与消费的全过程都相互合作、互相联通。《坦帕论坛报》记者不仅出现在 WFLA 的电视屏幕上,还为他们准备打包好的新闻;而电视记者提供的署名消息也会出现在报纸上;TBO. COM 网站则通过超链接等技术和更为详尽的新闻背景让对此新闻感兴趣的读者能进一步挖掘信息。“坦帕新闻中心”业务经理将收到的消息分别告知电视台、网站和论坛报;负责查察看三个部门的新闻报道计划的联络人是将该新闻中心的报道系统联系起来的重要角色,他在其中起着协同、调节、统一规

---

① 彭兰:《媒介融合方向下的四个关键变革》,《青年记者》2009 年 2 月下。

划的作用，保证论坛报、电视台以及网站有效发挥部分功能，从而创造出更大的整体效应、规模效应。

5. 媒介融合进一步促进了新闻报道与传播的全球化

全球传播技术的发展带来了媒介融合，将人类的传播范围扩展到整个世界。一方面，人们需要更多关注外部世界的信息来满足其生产、生活、社会交往以及服务的信息。比如，一个想要环游欧洲的人想要了解这个旅程的各个看点、住宿、特色等等，都需要从欧洲旅游网站上获取各种信息，以便做好旅游路线图和安排。另一方面，媒介融合所带来的海量信息大大丰富了原有媒介的信息资源，同时也提高了信息的透明度，满足了人们的知情权。网络的海量信息增加了"把关"的难度，人们通过网络点开外国网站，可直接了解到国外发生的各种信息，不必再经过国内媒体的新闻再次"把关"。受众可以根据自己的经验和理解对该新闻作出价值判断、形成认识。从这个角度来说，媒介融合带来的海量信息以及媒介易得的接近权一定程度上丰富了"意见市场"、提高了信息透明度、满足了人们的知情权。

五、媒介融合对新闻报道与传播的优化的反向思考

媒介融合无疑是媒介发展主流趋势，可以相信，未来的媒介融合会比今天更为充分、技术更发达，受众的选择、传播都拥有更多主动性。但现实表明，媒介融合对新闻报道与传播不只是优化的一个面向，它还会带来一些负面影响。

1. 对文化多样性减少的担忧

早在联合国教科文组织就在《保护和促进文化表现形式多样性的公约》中提出，"注意到信息和传播技术飞速发展所推动的全球化的进程，为加强各种文化的多样性创造了前所未有的条件，当同时也对文化多样性构成了挑战，尤其是可能在富国与穷国之间造成种种失衡。"[①]媒介融合带来的超级媒体集团，尤其是发达国家的媒体集团，其从技术、人员、资金、传播范围、信息获得等各方面都比发展中国家的媒体占有优势，国际间业已存在的不均衡的信息流动现象：从发达国家流向发展中国家，很有可能在媒介融合的推动下变得更为突出，文化帝国主义将更加普遍，发达国家的声音和意识形

① 赵月枝：《文化产业、市场逻辑和文化多样性》，《新闻大学》2006年第2期。

态将成为主导全球信息市场的主流。

2. 对公众利益和意见多元化的损害

媒介融合下的新闻报道与传播，使得一种信息可以利用不同的媒介渠道大量复制，这样就可能带来媒介信息市场的单一性和同质化，结果自然是不利于意见的多元化。同时，媒介融合之后的合作媒体由于有共同利益的存在，更容易结成市场势力，损害信息消费者的实质性利益。

媒介融合语境下的新闻报道与传播的现实是不可逆的，问题不在于回避负面影响，而是要积极地面对、承认它们的存在，并寻求多方协商、调节甚至有限度地妥协和让步，因为只有这样才能保证媒介融合语境下的新闻报道与传播的优化能够继续发展。

突发事件网络信息互动模式初探

李文明*

有人说，19 世纪是新闻的世纪，20 世纪是评论的世纪，21 世纪是参与和互动的世纪。[①] 如果说当代传播结构由信息传播、评论传播和互动（意见交换）传播"三要素"组成的话，那么，可以说，媒介化、网络化社会，已经步入互动传播的开放时代。

互动问题不但是理解媒介化社会的关键，也是把握媒介化社会中政府传播发展趋向的核心。就其本质而言，政府传播的发展，就是一个不断满足社会公众信息互动需求的动态过程。"社会—政府—公民"之间的多维互动关系，是媒介化时代传播者思考和实践的关节点。

一、互动模式研究已有成果值得借鉴

交往或交流，既是人的文化本性，也是人类同大自然和社会在相互斗争中力求和谐相处的心理与信息需求，乃人类最基本的一项权利。在各种传播媒介中，互联网"互动性"特点最为显著。

互动，即相互作用、相互影响之意。目前，互动已由一种计算机程序语言，发展成为网络信息传播的一种形式。其应用可以在传播者与受众之间形成一个信息流动的回路，能够影响现实生活中的突发事件。

在传播学的视域里，互动指"处在社会语境下的两个或多个参与者彼此进行的意义交换与协商"[②]。知名学者 Walther、Gay& Hancock 认为，"在互联网等新媒介技术勃兴的背景下，'互动性'的概念主要指传播的双方在

---

* 作者系浙江大学宁波理工学院新闻系教师。

① 高波：《政府传播论——社会核心信息体系与改革开放新路径》，中国传媒大学出版社 2008 年版，第 255 页。

② 约翰·费斯克：《关键概念——传播与文化研究辞典（第二版）》，新华出版社 2004 年版，第 141 页。

扮演信息的发送者和接受者上角色可互换及影响的程度。"[①] Heeter、Paul、Massey&Levy 曾构建了一个互联网"互动性"的理论框架。其中，Heeter 提出了互联网"互动性"的第一个基本维度，即"用户所需付出之努力"；Paul 提出了第二个基本维度，即"制作者所需付出之努力"。其中，"制作者所需付出之努力"，包含了制作者对专栏的设计、对用户的回应和信息的更新速度等方面。[②]

1. 奥古斯特一施拉姆循环模式——"我一他模式"

早期的人际传播关注个人功效、工具性价值研究，现在则开始关注传播如何造就人与人的个性、互动、合作、协商、对话机制等。"奥古斯特一施拉姆循环模式"（Osgood-Schramm Model）对香农（Claude Elwood Shnnon）的通信模式进行加工，提出了"我一他模式"，即把香农传播模式的两头——传播者和接受者，变成了两个交谈的人。

按照这一模式，传播中首先发出讯息的是"编码者"，接受讯息的人是"译码者"，讯息可以是言语也可以是非言语（眼神、手势、图画等）。如果译码者理解了发出的讯息，他就变成了"释码者"。释码往往是一瞬间的事，理解后接受讯息者一般情况下得回应，于是他又作为"编码者"发出回应讯息，对方作为"译码者"接受讯息、理解讯息。

这个传播模式强调传播双方的互动性。诚然，对"译码者"来说，释码过程无疑是最重要的，也是整个传播过程得以完成的关键。

2. 德弗勒环形模式

此后若干年，一大批研究者试图突破单向、直线传播模式的局限。施拉姆（Wilbur Schramm）、奥斯古德（C. E. Osgood）、赖利夫妇（J. W. Larry & M. W. Larry）、马莱茨克（G. Maletzke）等学者全面考察传播系统复杂性，真实呈现信息交流双向性的一系列循环，互动模式纷纷走上学术前台。其中，德弗勒（M. DeFleur）环形模式对危机传播研究具有重要的启示意义。该模式明确补充了传播反馈的要素、环节和渠道，突出强调了噪音在传播过程中的作用机制，体现了突发事件传播形态中的噪音泛化问题，反映了传播诸要素之间复杂的结构关系。[③]

---

① 强月新、张明新：《转型社会的媒介景观》，武汉大学出版社 2007 年版，第 199 页。

② 李芳：《政府网站信息公开的互动性研究》，《现代视听》2009 年第 4 期。

③ 胡百精：《危机传播管理——流派、范式与路径》，中国人民大学出版社 2009 年版，第 40 页。

3. 动态回应的政治传播模式

从20世纪60年代开始，一些政治学家开始提出政治传播的模式，如伊斯顿的政治体系动态回应模式、米铎的政治传播模式。这些政治传播模式有一个显著的共同点，就是着重政府与公众之间的交互作用。①

按照伊斯顿的动态回应模式，政府回应有两层含义：

狭义上的政府回应（Government Response），是指政府在公共管理过程中对公众的社会需求和所提出的问题做出积极反应和回复的过程，它包括政府反应（Government Reaction）和政府回复（Government Answer）两个部分。

广义上的政府回应，即政府责任意义上的政府回应（Government Responsibility），是指作为政府本身，其行政管理职能下的所有行政行为，都要承担相应的责任。所以，政府回应也就是政府的社会责任、政治责任、行政责任和法律责任的综合。

4. 作为双向实践的新均衡模式

1995年，当代全球公关学界代表人物格鲁尼格夫妇、多泽尔等人对他们早前提出的卓越公关理论做出修正，发展出"作为双向实践的新均衡模式"。这一模式对危机状态下组织与利益相关者的关系建构具有同样的解释力。

在这一模式中，格鲁尼格等人使用了"双赢区"概念，并为之确定了"混合动机"、"协同性倡导"与"合作式对抗"三个支点。②

二、突发事件网络信息传播模式开始转型

突发事件应急管理模式，指为应对突发事件而建立起来的应急管理程序与方式，是基于一定先进技术平台的集决策、指挥、救助和处置活动于一体的模型化的管理组织规则或管理体系。依据不同的划分标准，突发事件应急管理模式可以分为不同的类型。③ 若按突发事件应急管理的思路与方向来划分，则可以分为原因型管理模式、结果型管理模式和循环型管理模

① 李希光、杜涛：《超越宣传：变革中国的公共政策传播模式变化》，《新闻与传播研究》2009年第4期。

② 胡百精：《危机传播管理——流派、范式与路径》，中国人民大学出版社2009年版，第76页。

③ 宋英华：《突发事件应急管理导论》，中国经济出版社2009年版，第219－221页。

式。其中,循环型管理模式强调突发事件应急管理要不断反复进行和完善,达到循环发展,是一种全过程科学管理模式。按照这一模式,应对突发事件的思路与方向不仅针对突发事件的类别、原因和造成的结果,同时更注重灾前预防和灾后迅速恢复。作为一门应用科学,应急管理体系建设的思路与方法,应成为其研究的重点之一。

1. 网络促进网民不断提高社会参与程度

目前,中国网民的网络互动,主要表现在社会参与、人际拓展和网络分享三个方面。其中,与突发事件网络信息传播关系最为密切的,是社会参与方面。据中国互联网络信息中心(CNNIC)2009 年 7 月发布的《第 24 次中国互联网络发展状况统计报告》,随着我国互联网的发展,网络在促进网民关注和参与社会活动方面,发挥着越来越重要的作用:81.7%的网民表示,上网以后,比以前更关注社会事件,较 2008 年提升了 4.8 个百分点(见图 1)。

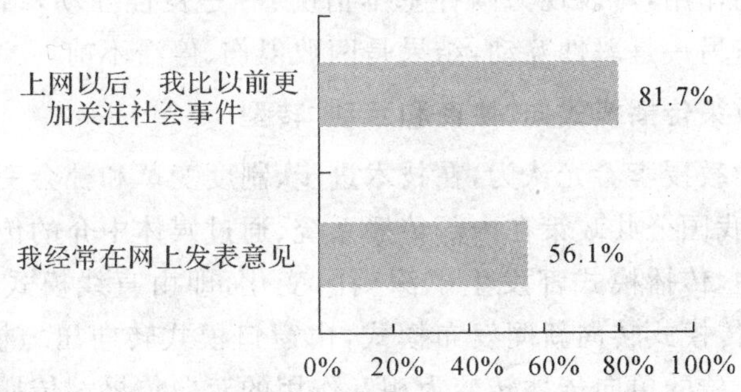

图 1　网络促进网民社会参与程度

深入分析发现:年龄越高,学历越高,收入越高,在网上发表意见的比例越低;从职业身份分析,中小学生比大学生在网上发表意见的比例更高,农村外出务工人员、产业服务业工人比企业公司管理者发表意见的比例更高。这些发现,明显印证了当下中国网络互动平民化、网络社会参与年轻化和网络意见草根化的发展趋势。

2. 高层领导要求顺应网络传播发展趋势

高层领导高度重视网络传播,不仅平时经常上网,关注互联网信息和网民意见,还多次同网民交流,并不断强调要顺应网络传播的发展趋势。

3. 突发事件网络信息传播实践既有教训又有经验

甘肃“陇南事件”后,甘肃省委办公厅人员曾经感慨地说,人民网设有

“给领导干部留言”栏目，他们事后发现，从 2008 年 9 月起，网民留言中对陇南县政府搬离武都镇的不满情绪开始激化，结果 11 月就发生了陇南事件。如果早些了解到这些民意，及时做出回应，或许能有更好的结果。①

当然，也有面对突发事件的网上质疑处置成功的范例。2009 年 6 月 27 日，江苏海安县一名开三轮车的男子因车祸身亡，网友称事故原因是他被两名交警开车追赶。当晚，这个事件的相关帖子在当地论坛全部被删；同时，相关帖子在天涯等论坛受到关注。但仅仅几个小时后，很多当地网友都惊讶地发现，帖子不再被删；28 日，海安县信访局专门跟帖回应，海安县信访局两次跟帖回应，之后网民情绪得到舒缓。有网友认为，这说明当地政府吸取了石首事件不及时公开信息、回应质疑的教训，有助于避免群体性事件的发生。②

由此可见，随着突发事件网络信息社会影响全面扩展，互动作用日益增强。这种互动作用，可表现为两种基本情况：一是良性互动，结果是相互促进、共同发展；另一是恶性互动，结果是两败俱伤、停滞不前。

4. 公共政策传播模式向“协商和互动”转型

清华大学教授李希光认为，在技术进步、制度变革和社会变革等因素的综合作用下，我国公共政策在内部传播系统、通过媒体中介的传播和与公众的直接传播中，传播模式都发生了深刻的变化，即由直线模式转向波形模式，由政策宣传模式转向新闻发布模式，由窗口模式转向压力模式，逐步从原来占主导地位的单向传播转变为相互作用的双向传播。传播框架和逻辑正在发生着由“控制和宣传”向“协商和互动”的清晰转型。③

三、突发事件网络信息互动模式初现端倪

前已述及，突发事件网络信息互动模式，应为危机传播的双向对称模式。目前，这一模式在我国已初现端倪。

1. 双向传播形成

双向传播的形成，得益于压力模式与窗口模式的相互作用。

---

① 潘天翠：《网络群体事件中的对峙与对话》，《网络传播》2009 年第 9 期。

② 《网帖曝江苏海安交警追车致人死亡》，《南方都市报》2009 年 6 月 29 日。

③ 李希光、杜涛：《超越宣传：变革中国的公共政策传播模式变化》，《新闻与传播研究》2009 年第 4 期。

所谓窗口模式，指通过政府与公众发生直接联系的政府部门，实现政府与公众直接交流的单向传播模式（见图2）。

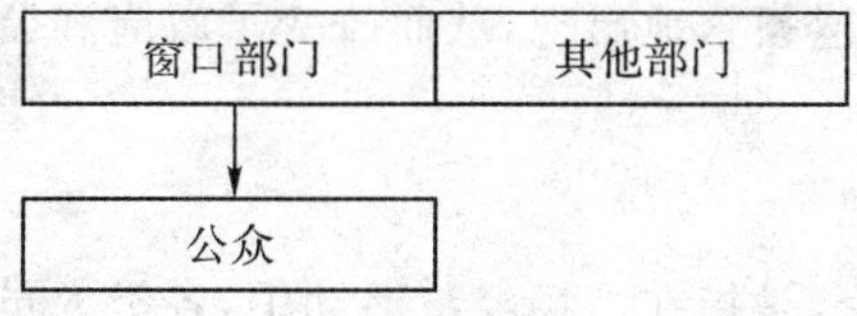

图2　窗口模式

图中所谓的"窗口部门"，通常包括信访部门、宣传部门以及同公众直接交流的职能部门。

据李希光先生分析，这种传播模式的缺陷在于：首先，政府的窗口部门未必就是决策部门，因此，公众与窗口部门之间的直接传播往往收不到应有的效果，传播效率低下；其次，作为非决策部门的信访部门，对于公众的质询不能及时给出权威答复；再者，公众对非窗口部门缺乏反馈渠道。

随着社会的发展，不同社会群体利益日益多元化，公众的政治参与意识增强，他们通过各种直接与间接的手段，对政府提出不同的诉求，甚至要求变革，从而形成了压力模式（见图3）。

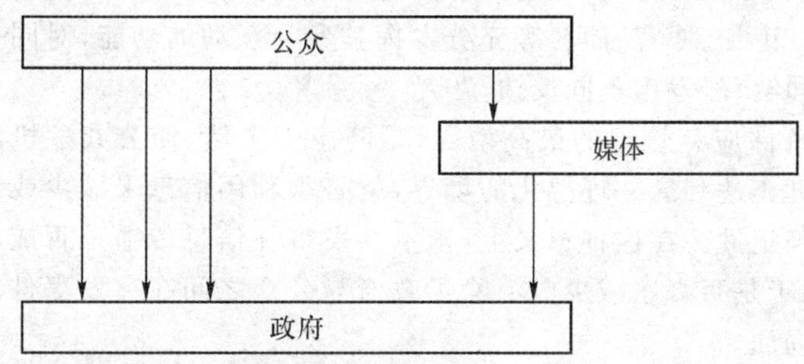

图3　压力模式

压力模式的特点是，压力最初来自公众，经过一段时间的酝酿，在特定事件的诱发下，由潜在舆论转变为显性舆论，甚至出现行动舆论，正式进入政府和公众视野，对政府公共政策的制定与实施产生舆论压力，从而影响政府行为。

正是压力模式与窗口模式一起，形成了双向传播。或者说，正是由窗口模式向压力模式的转变，促使原来占主导地位的单向传播，逐步转变为相互作用的双向传播。

以往中国政策传播中压力模式比较少见。随着网络的兴起和社会深层变化,压力模式越来越频繁地出现,从而改变了政府和公众之间的直接传播关系。

2. 对称模式出现

信息不对称理论,是指在市场经济活动中,各类人员对有关信息的了解是有差异的:掌握信息比较充分的人员,往往处于比较有利的地位;信息贫乏的人员,则处于比较不利的地位。基于经济学"对称交易论"的研究,我们可以视网络互动为双方理性选择的"交易"过程,互动双方在信息与资源方面的交易互动。①

经济学认为,市场交易的成功,取决于交易双方在资源上的对称与一致。就网络互动中的交易而言,测量交易资源主要有两个维度:一是交易资源的真实性,二是交易资源的充足与缺乏。

网络的出现,颠覆了原有的突发事件传播模式。尤其是网络媒体参与重大突发事件报道,充分利用其丰富的信息来源、即时传播速度和无边界的传播范围,舆论呈现多元化之势,大大减少和消除了原来存在于政府和公众之间的信息不对称局面。"这种舆论的多元化主要基于互联网的传播平台来完成的。论坛、博客、播客等充分发挥其参与互动的功能,对同一风险事件做出不同解释,发出不同反馈。"②

突发事件应急管理的最高境界,是防患于未然,使公共危机消弭于无形。而要真正达到这一理想化的境界,就必须利用信息来减少或消除突发事件的不确定性。在这种意义上,衡量突发事件信息传播是否成功的终极标准,正在于是否真正减少或消除了政府与公众之间在突发事件方面的信息不对称局面。

3. 突发事件信息互动模式示意

综上所述,可得突发事件信息互动模式如图 4 所示。

---

① 黄哲:《网络互动的社会学思考》,《楚雄师范学院学报》2004 年第 1 期。
② 张立勤、张世福:《风险传播中的网络编辑》,《网络传播》2009 年第 1 期。

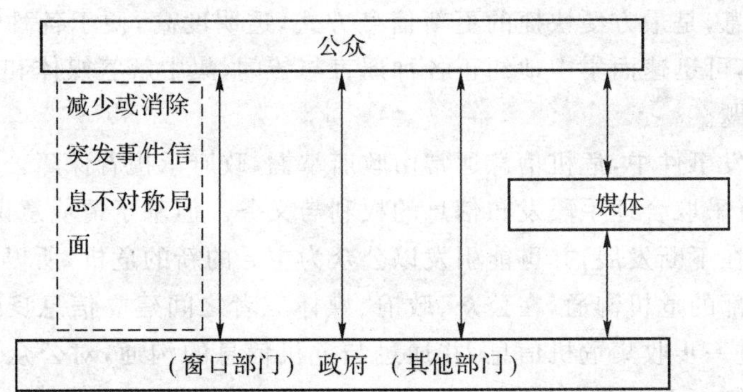

图 4　突发事件信息互动模式

在这一模式中，公众与政府及其部门(包括窗口部门与其他部门)之间，既可以直接互动，也可以通过媒体间接互动，其目的或标准只有一个，就是减少或消除突发事件信息不对称局面。

Cobb 和 Ross 早在 1976 年的研究指出，从议题发起人的性质不同，可以将议题分为公众议题(public agenda)与官方议题(formal agenda)；前者是指由公众发起的议题，后者指的是由政府决策人士发起的议题。公众议题变为政策议题的过程，称为外部压力模式(outside initiative model)；由官方议题变为政策议题的过程，称为(内部)动员模式(mobilization model)。

如果说西方政治参与以竞争性政治传播、政党传播为主要方式的话，那么，中国特色政治参与模式下的政府传播，恰恰成为一种"代偿机制"，用以渐进式满足公民的政治参与信息需求，形成一种有别于西式代议民主的新型"直议民主"，在感知和响应民意中降低政治参与成本并不断扩大公共领域。展望中国改革开放未来之路，相对于"政府主导"而言，今后需要着力解决的是横向"社会互动"和自下而上的"公民参与"问题。"在信息化、媒介化、网络化、全球化不断发展的形势下，政府传播创新为解决这些问题带来契机。"①

政府能否与公众形成良性互动，直接关系到网上舆论的走向。目前网上各类民意的表达，实际上是公众期待与政府形成互动，期盼得到政府的反应，是公众为政府设置的"议程"。政府应充分利用公众议程引导舆论，而互联网也为政府设置议程提供了多种灵活的渠道。利用官方网站向媒体和公

① 高波：《政府传播论——社会核心信息体系与改革开放新路径》，中国传媒大学出版社 2008 年版，第 300 页。

众发布信息,是最方便快捷的更新信息方式,透明度高,便于各种资料的归档和整理,可迅速而集中地纠正各种谣言与传闻,集中解答媒体和公众关注的热点问题。

在突发事件中,危机信息通常由政府掌握,政府承担着保障公民知情权的责任,有采取合理手段发布信息的权利与义务。但基于情境意识,突发事件本身也在不断发展,并可能引发以公众为主导的新的危机,所以政府需要通过与外部的危机沟通,在公众、政府、媒体三者之间建立信息良性互动关系,从而进一步收集危机信息,并通过与危机信息的沟通,对公众的情绪进行有效控制。

当然,"在突发公共事件应急管理中如何发挥媒体作用及采用何种传播模式,要从实际出发,构建政府及公众与媒体之间的良性互动关系"①。

总之,"在信息开放的网络时代,政府必须找到与民众公开良性互动的有效途径,探求大家都能接受的游戏规则,懂得协商、谈判、理性发声,懂得要共存共荣而不是此消彼长。这是保持社会长治久安、可持续发展的根本所在。"②

4. 突发事件网络信息互动模式成型

前述突发事件信息互动模式表明,要实现公众与政府及其各部门之间的双向对称式沟通,需要有一个共同的公共平台。这个平台,非电子政府或电子政务莫属。

由此可得图 5,即突发事件网络信息互动模式。

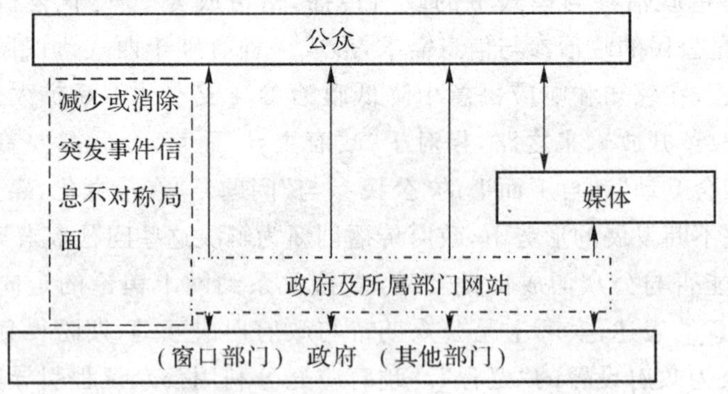

图 5 突发事件网络信息互动模式

① 唐承沛:《纵论媒体在应急管理中的作用》,《光明日报》2007 年 8 月 6 日。
② 李钢:《网络管理的现实难题与博弈困顿》,《网络传播》2009 年第 8 期。

按照这一模式，行政机构应利用受众广泛、传播迅速的政府网站发布突发事件的相关信息，并同公众进行信息交流；无论公众还是媒体，都可以透过政府及所属部门的网站，同政府各部门（含窗口部门与其他部门）进行突发事件信息的互动交流。也就是说，在突发事件发生时，必须维护公众的知情权与参与权。公众既是突发事件的受害者即所谓“受灾体”，同时又是抗灾救灾、应对危机的主体。“因此，政府能否将自己所掌握的、涉及民众生命安全与健康的信息，及时充分地告知民众，对于稳定民心、动员民众力量，具有重大意义。”①这就要求政府应针对公众建立突发事件信息网上发布系统，为市民提供多种、方便、快捷的服务，并通过网络受理市民多种形式的求助，高效率地实施救助。例如，“9·11”事件发生后，美国政府在第一时间引导媒体展开信息传播的同时，还及时通过网站发布权威性的信息，并通过网站普及应急救援知识，帮助公众了解并防范危机，消除恐慌情绪。②

参考文献

[1]曹劲松、庄传伟:《政府新闻发布》，江苏人民出版社 2009 年版。

[2]高波:《政府传播论——社会核心信息体系与改革开放新路径》，中国传媒大学出版社 2008 年版。

[3]桂维民:《应急决策论》，中共中央党校出版社 2007 年版。

[4]胡百精:《危机传播管理——流派、范式与路径》，中国人民大学出版社 2009 年版。

[5]计雷、池宏、陈安等:《突发事件应急管理》，高等教育出版社 2006 年版。

[6]訾强:《中国突发事件报告》(No.1)，中国时代经济出版社 2009 年版。

[7]李文正:《电子政务与城市应急管理》，水利水电出版社 2008 年版。

[8]秦启文等:《突发事件的预防与应对》，新华出版社 2008 年版。

[9]沈荣华:《国外防灾救灾应急管理体制》，中国社会出版社 2008 年版。

[10]宋英华:《突发事件应急管理导论》，中国经济出版社 2009 年版。

---

① 邹建华:《突发事件舆论引导策略——政府媒体公关案例回放与点评》，中共中央党校出版社 2009 年版，第 9 页。

② 邹建华:《突发事件舆论引导策略——政府媒体公关案例回放与点评》，中共中央党校出版社 2009 年版，第 231—233 页。

浅谈法制新闻报道中传媒与司法的关系

苏 媛*

近年来，伴随着新媒体的诞生，各种媒体呈现出多功能一体化的趋势，即综合运用文字、声音、图像、网络、手机等各种传播形式来全方位、立体地展示传播内容，针对受众个体的接受方式则表现为超细分、个性化的信息服务，媒介展现出相互融合的态势。在媒介融合的趋势下，媒体核心竞争力体现为各种传播方式相互匹配所形成的合力。近年来，报纸、广播、电视等传统媒体都在迈向媒介融合的转型之路。在"媒介融合"新形势下的法制新闻报道实践中，司法与传媒的关系是我们必须面对和解决好的一个重大理论和实践问题。本文力图在媒介融合的大背景下，对以上问题加以探讨。

近代传媒自它诞生之日起，就承担起传播信息、监督社会的职能，成为社会转型的守望者和观察者。它通过新闻报道、报刊评论等方式反映民众的呼声与要求，在某种程度上成为民意的浓缩机构和代言人。随着改革开放以来我国民主法制建设的逐步深入，传媒又成为中国法制建设中不可缺少的组成部分，它的产生、发展与兴盛与中国法制建设息息相关，它走过的每一步都记录并影响着中国法制的发展进程。它在联系和沟通法律与社会、形成与提高社会的法律意识、创造良好的法制环境中成为一种不可替代的力量。与此同时，社会舆论和公众也越来越关注这方面的报道。但是，一切事物都是矛盾对立的统一体。也正是由于人们看到了传媒的力量，近些年来，在我国出现了一些当事人直接找媒体解决纠纷、伸张正义的情况，甚至有了"找法院不如找媒体"的说法，这显然是有悖于常理的。出现这种不

---

* 作者系中国青年政治学院新闻与传播系讲师、博士。

① 胡智锋、尹力等：《电视法制节目特质、创作与开发》，中国广播电视出版社 2003 年版，第 68 页。

正常现象主要有两方面的原因：[①]一是司法功能的缺失。当司法领域出现司法不公的现象时，人们便会寄希望于用公众舆论来维护自己的权利，因而媒体也就成为司法不公的特殊社会救济手段。二是媒体角色的错位。媒体作为党和人民的“喉舌”，在人民心中具有较高权威性，由此具有了解、解决纠纷的能力，影响力大。一些即将进入司法程序或正处于司法程序中的未决案件，经过媒体的报道评论后，在某种程度上就已经为最终审判结果定下了基调。这种现象的实质是政府权力或个人权威等借助媒体对司法权力的侵犯，是人治权威对司法独立的法制原则的践踏。

一、不同的声音

基于以上类似传媒与司法相冲突、相抵触现象，传媒与司法的关系成了近几年的热门话题。传媒司法监督与司法独立、司法公正的关系问题更是吸引了媒体与司法两大领域众多人士的关注，不同观点的碰撞也非常激烈。法学家苏力在《法治及其本土资源》一书中谈到加强舆论的司法监督时说，“这可能是短见的政治性的而不是法律的主张”。“不能过多强调社会舆论对司法机关活动的监督”。他主张，“法律是一门专门的知识，需要专门的技术”，“过多强调社会舆论的监督作用在一定意义上是主张外行领导内行”。“过分强调社会舆论对司法机关活动的监督，更有可能是给具体的审判人员造成压力，结果将法律问题道德化、政治化，法律的运行变成隶属于政治和道德的活动。”上述观点可以代表一些法学界人士对此问题的看法，即舆论司法监督有损司法独立，传媒司法监督与司法独立是存在互相排斥和冲突的。而另外一些法学界和传媒界人士则认为两者之间的相融性远远超过两者之间的排异性和冲突性。中国政法大学人文学院的刘斌教授在《论传媒与司法公正》一文中在指出传媒与司法活动有着重大的区别和对立性的同时，也表达了这样的观点：“新闻自由与司法公正都是现代民主法治国家不可或缺的基石，应当在制度和体制的设计上尽量保持两者之间合理的平衡。”“司法与传媒在最终价值的追求方面是一致的，根本目标都是追求社会的公正与正义。司法通过法律来解决纠纷，保障当事人的合法权利，以追求法律上的公正与正义；传媒则通过舆论来评判是非，扬善贬恶，以追求社会道德上的公正与正义。正是由于司法与传媒有许多共同之处，两者都能统

---

① 罗昕：《司法与传媒关系的理性思考》，《新闻前哨》，武汉大学法学院 1999 年第 12 期。

一于'公正与正义'这一根本目标，因而传媒与司法两者之间具有一致性。除此之外，两者还具有兼容性。媒体对司法活动有关信息的搜集与传播是帮助大众行使知情权，由此公众能较好地对司法进行监督，促成司法公正；同时，司法存在的目的、开展司法活动的宗旨，就是为了保障社会正义的实现、保障最大多数人的最大幸福，它天生是同腐败、不平等阴暗面相排斥的。所以传媒与司法有情投意合、互相兼容的一面！"①

二、关系界定

传媒与司法之间的关系究竟如何界定，直接关系到媒体监督司法的必要性和有效性的问题。

在传媒介入司法的过程中，两者是相互影响、相互促进的矛盾结合体。近几年发生的诸如某省司法部门限制若干具体记者采访庭审、某省公安部门限制若干具体的媒体采访本部门等传媒与司法部门的纠纷，其原因一方面是司法独立对媒体报道或监督具有天然的排斥性。司法公正是司法的生命，而司法独立又是司法公正的前提。司法活动需要一个相对封闭的环境。例如，对一起案件的侦破、起诉、审理阶段，要求办案人员与社会保持适度的隔离，防止各种公共权力、社会势力、社会情绪对办案人员的指令、干扰和影响，使办案人员依据事实和法律独立行事，不受包括新闻舆论在内的各种声音和行为的干扰。另一方面，人们需要通过传媒实现自己了解外部世界的权利和需要。传媒的社会职能之一，在于代表社会舆论监督各种权力组织，因此媒体又必须介入司法活动。那么如何看待传媒与司法之间的这种冲突呢？两者的关系又该如何界定？

在这个问题上我们应该看到，传媒与司法在价值追求层面有着高度的一致性。这表现为它们存在的全部意义都是从社会公正的价值理念中获得说明的，这一点对传媒或司法都概无例外。有些学者指出："司法的天然职能在于解决民众间以及民众与政府间的纠纷，它依照民众同意的公共准则——'法律'来保护权利；而传媒的力量则在于一旦它认为有谁侵犯了民众的权利，便通过报道与批评迫使侵犯方自动停止侵犯或引发正常的机制将侵犯行为纳入体制性解决轨道。"②司法公正无论是在程序上还是实体上

① 刘斌：《论传媒与司法公正》，《社会科学论坛》2005 年第 6 期。

② 左卫民：《司法与传媒学术研讨会讨论摘要》，《中国社会科学》1999 年第 5 期。

都依托于法律的标准和机制；而舆论公正则依托于观念上（也包括法理的）道德性的标准和机制。虽在方式和途径上各有特点，却在运用各自的运行机制来达到共同价值目标，两者在实现社会公正，保护公众利益和权利的价值理想上殊途同归。因此，笔者认为，传媒与司法之间存在着辩证的对立统一关系，具体表现为价值追求的一致性与价值实现方式的对立性。传媒监督与司法独立之间表层上互相排斥，实际上，两者可以和谐共存，统一于最大限度地实现社会公正和对人权的尊重这一终极目标。

三、在冲突中寻求传媒与司法关系的和谐

在中国现代化过程中，传媒对社会生活的功能性影响变得越来越大。传媒在规约公共权力的运行中能够发挥重大作用，对司法来说也不例外。许多案件只要一经传媒之手，问题的解决似乎便容易了许多。这与国外的有关法治建设的经验是完全一致的。在那里，传媒事实上已成为实现法治的一个不可缺少的条件，它被一些学者津津乐道地称为“第四权力”。可见，传媒在传达信息、满足公众知情权的同时，也肩负着维护社会安全、匡扶正义人道的道德抱负。传媒不只是消极的社会观察者，还以自身独特的方式积极守护社会。虽然法律在制度设计上安排了各种监督，但传媒以其独特的运作方式发挥着其他监督无法取代的作用。传媒监督虽是一种软监督，但它一旦介入，往往能取得意想不到的效果。现代传媒的触角已深入到社会的细小角落，只要具备了监督的外部环境，舆论监督机制便会自动启动。

1. 公民的权利、媒体的责任

媒体适度地报道或监督司法活动，可以帮助公众满足知情权。知情权是宪法赋予公民诸项表达权利的延伸，是公民以“知悉、获取信息”作为自己实体性的权利要求和利益目标，即公民作为权利人在法不禁止的范围内可以自主地知悉、获取信息；公民许多权利的运用与实现都是以“知情”为前提和要件。例如，不了解有关的信息，公民的平等权、选举权、批评权、建议权、检举权、言论自由权、民主管理权、精神活动自由权等法定权利和自由便难以充分实现。知情权的这种构筑其他权利基础的功能，正是公民基本权利固有的特征。但是，由于现代社会公共事务纷繁复杂，每个人直接获取信息的能力是十分有限的；而传媒是人体的延伸，公民的知情权需要借助大众传媒来实现。人民借助于媒体获取信息、发表言论和参与监督，这是公民权利的延伸：公民通过媒体了解有关司法的重要新闻，实现了知情权；公民又通

过媒体对新闻事实发表意见，实现了表达自由等权利；媒体作为信息的集散地，是公民个人、社会团体、企事业单位、国家机关之间的中介和纽带，是社会舆论的集中体现，带有强烈的社会性，它反映、表达、引导社会舆论。媒体的职责是向社会传播公众关心的、新近发生或发现的、具有典型性或独特性的客观事实、人物、理念及言论。从这个意义上讲，媒体成为实现公民诸多权利的“社会公器”。

2. 权利对权力的约束

我国宪法规定，公民有对政府工作提出批评建议的权利、言论自由的权利以及知情的权利。传媒本质上是新闻和言论传播组织，其监督作用就表现在公民通过传媒行使其上述三项宪法权利的活动之中。而这三项公民权利，也就是媒体介入司法的权力来源和法理根据。[①] 法治社会里新闻舆论监督的要义在于，确保人民当家作主的地位和每个公民的权利不受公共权力侵犯，必须对公共权力进行监督。这就是媒体监督能够与司法独立并存的理论根据。在一定意义上说，这种体制外的约束和监督，就是权利对权力的约束和监督。

3. 司法现实的需要

“从理论上讲，司法的封闭性使程序具有过滤的功能，排除了审判过程中非法因素的干预，使法官能不受任何势力的影响，依据法律和事实公正审判。但在现实中，由于我国法官整体上职业道德和业务素质还有待提高，法院在人事权和财权上受制于行政权，法院的行政领导和审判委员会在很大程度上拥有最终裁判权，公开审判制度没有真正有效实施，因此，司法并没有真正独立。”“具有开放性、透明性的传媒应该介入具有封闭性的司法，客观公正地展示司法过程，这与司法制度本身所要求的审判公开是天然契合的。”[②]

传媒对司法的关注不会对司法的独立、公正产生不良的影响，独立公正的司法也无需惧怕传媒的评述。真正可怕的是“唯一”的声音和绝对权力，这也为美国大法官 Hugo 在 BridSes 案法庭意见中的表述所反映：“强制(让公众保持)的沉默，不管是多么地有限，哪怕仅仅是以保护司法尊严的名义，也可能会招致憎恨、怀疑和蔑视，而不是使尊敬得到加强。”从价值层面上看，新闻自由与司法公正都是现代民主法治国家不可或缺的基石，是民主

---

① 张剑秋、郭志媛：《传媒与司法的辩证关系》，《学习与探索》2003 年第 3 期。

② 罗昕：《司法与传媒关系的理性思考》，《新闻前哨》1999 年 12 期。

社会所必须珍重的基本价值，我们的社会既需要司法机关独立履行职责，也需要新闻对于司法活动的报道与监督，损害其中任何一者都是社会的巨大损失，我们应当在制度和体制的设计上尽量保持两者之间合理的平衡。

4. 互补功能

需要提到的是，传媒与法制具有极强的互补功能。新闻传媒与司法机构在各自发展成熟的路途中，相互依赖、相互提携。司法有许多工作需要借助传媒来展开。比如在司法实践中，司法机关可能会推出许多新的举措，需要通过媒体向社会公示；涌现出的许多英雄模范，需要通过媒体向社会表彰；审理了很多社会影响较大的要案需要通过媒体向社会曝光；运用的法律法规，需要通过媒体向公众宣传等等。例如，从 2005 年 3 月 5 日开始在中央教育台三套连续播出十四天的《中国法治时空》特别节目，《第六届中国十大杰出检察官展播》，将人称"铁人铁面"的王书田、捍卫公正的蒋汉生、"专家型检察官"吴春妹、激情创新的陈思民、坚守"规矩"的王炳祥、不惧威胁的王红日、与病魔抗争的魏艳玲、"剑胆琴心"的芮振伟、"军中护法人"王炼锋、"女包公"李美兰这十位优秀检察官背后的不为人知的感人事迹和检察系统工作人员的风貌展现在观众面前，使观众为之感动。同时，司法部门出于对司法公平、公正的价值追求，也为了减少司法人员从事司法活动的主观性和片面性，自身也提出司法公开的问题。在这种情况下，新闻媒体作为社会公器，介入司法便成为必要。此外，从我国目前司法制度尚不完善的现实出发，舆论的正确监督，仍不失为一种促进和保证司法公正和效能、健全法制的有力手段。

5. 终极价值的统一：对人的终极关怀

新闻传媒以社会公众代言人的身份自称，以宣传法制、弘扬道德、张扬人性、为公众求得社会公正为己任，司法机构以执行法律、维护法制尊严、追求司法公正为其奋斗目标。道德与法律、人性与正义、社会公正与司法公正具有社会理念和价值观念的一致性，是相容的。两者统一于对人的终极关怀。人文精神可以说是传媒自由和司法公正的"魂"。

人文精神存在于古今中外，人们对它的内涵有种种不同的理解，但有一点是基本的共同点，那就是：关怀人类，弘扬人性。其表现分为两个方面：其一，是对人的关注，特别是对人的生存状态和需求的关注。其二，是对人的尊重，是对人性和人的价值的充分肯定和张扬，即马克思所说的"大写的人”。后者是一种更高境界的人文精神。[①] 而传媒和法制正是在这种人文精神力量的推动下被激活并焕发出无穷的魅力,可以说,人文精神是两者的“魂”。缺少了这个“魂”,任何一方只能是一个空荡荡的“壳”。传媒的操作技巧和司法的运行机制很多,但一切的努力都应在人性化的表现方式中实施。放弃了这种人性化就等于把自己反锁在密不透风的房间里,哪怕有三头六臂,也无法真正触摸人的心灵。

总之,任何国家的新闻媒体都不能干预司法,独立审判是各国司法的一致原则。笔者认为,在树立司法权威,并规范传媒介入行为的前提下,以公正公开、客观全面、反映民意、传递人文关怀为核心的传媒介入司法,既有助于维护公民的知情权、言论自由权,又可以在一定程度上保证司法活动的廉洁和促进司法的公正完善,并最终发出情与理、司法与人文、正义与公平的和谐音。

---

① 姜依文:《电视传播的人文精神》,《现代传播》2002 年第 1 期。

图书在版编目（CIP）数据

媒介融合背景下的新闻报道 / 黄楚新主编.
—杭州：浙江大学出版社，2010.9
ISBN 978-7-308-07884-9

Ⅰ.①媒… Ⅱ.①黄… Ⅲ.传播媒介—影响
—新闻报道—研究 Ⅳ.①G212

中国版本图书馆 CIP 数据核字（2010）第 157523 号

媒介融合背景下的新闻报道
黄楚新　主编

责任编辑　徐　婵　xuchan@zju.edu.cn
封面设计　陆晓华
出版发行　浙江大学出版社
（杭州天目山路 148 号　邮政编码 310007）
（网址：http://www.zjupress.com）
排　　版　杭州中大图文设计有限公司
印　　刷　杭州杭新印务有限公司
开　　本　710mm×1000mm　1/16
印　　张　18.75
字　　数　319 千
版 印 次　2010 年 9 月第 1 版　2010 年 9 月第 1 次印刷
书　　号　ISBN 978-7-308-07884-9
定　　价　38.00 元

浙江大学出版社发行部邮购电话　(0571)88925591